재일코리안의 문화예술과 위상

기억을 위한 소묘

이 저서는 2016년 대한민국 교육부와 한국학중앙연구원(한국학진흥사업단)의
한국학총서사업의 지원을 받아 수행된 연구임(AKS-2016-KSS-1230011)

재일코리안100년사 – 한민족으로서의 생활과 문화 01

재일코리안의 문화예술과 위상
기억을 위한 소묘

초판 1쇄 발행   2021년 12월 31일

지은이 ㅣ 황익구
펴낸이 ㅣ 윤관백
펴낸곳 ㅣ 도서출판 **선인**

등 록 ㅣ 제5-77호(1998.11.4)
주 소 ㅣ 서울시 마포구 마포대로 4다길 4 곳마루 B/D 1층
전 화 ㅣ 02) 718-6252 / 6257
팩 스 ㅣ 02) 718-6253
E-mail ㅣ sunin72@chol.com

정가   21,000원

ISBN   979-11-6068-663-0   94900
ISBN   979-11-6068-662-3   (세트)

한국학
총 서
재일코리안100년사 – 한민족으로서의 생활과 문화 01

재일코리안의 문화예술과 위상

기억을 위한 소묘

황익구 저

도서
출판 선인

    청암대학교 재일코리안연구소가 2016년 12월부터 수행한 한국학중앙연구원 한국학총서사업 '재일코리안100년사－한민족으로서의 생활과 문화'가 드디어 총 8권의 연구총서 시리즈로 결실을 맺게 되었습니다. 먼저 이 학술 프로젝트에 참여해 주신 국내외 연구원들께 심심한 감사의 말씀을 드립니다.

    이 학술 프로젝트는 재일코리안의 생활과 문화를 입체적으로 고찰함으로써 재외한인 연구의 새로운 패러다임을 제시하는 것에 목적을 두고 시작되었습니다. 구체적으로는 기존의 정치, 경제, 외교사 중심의 연구를 넘어 문화와 일상 속의 100년이 넘는 재일코리안의 모습을 총체적으로 규명하고자 하였습니다. 특히 전문가들의 비교연구를 통해 새로운 재외동포 연구의 모델을 모색하여, 이민사와 일상사 연구를 보다 심화시킬 수 있도록 노력하였습니다. 동시에 대중학술서라는 총서의 취지에 맞게 전문성에 기초한 대중성을 적극 결합하여 연구의 보편화와 사회적 확산도 염두에 두고 진행되었습니다.

    이러한 연구 목적을 달성하기 위해 재일코리안 100년의 생활과 문화의 일상을 시기, 영역, 주제별로 8개 영역으로 나누어 완결성을 목표로 하여 연관성과 독자성을 갖는 연구 성과를 도출하고자 하였습니다. 간단히 각 권의 연구내용을 소개하자면 다음과 같습니다.

총서 1권『재일코리안의 문화예술과 위상-기억을 위한 소묘』에서는 재일코리안의 문화예술 활동을 미술, 음악, 연극, 영화, 무용, 체육 등의 분야로 나누어 조망하고 재일코리안의 문화예술 활동의 의의와 가치, 역할과 위상에 대한 시사점을 제공하고 있습니다.

총서 2권『재일코리안의 이주와 정주-코리아타운의 기억과 지평』에서는 100년이 넘는 재일코리안의 이주사에 기초한 이주와 정주, 코리아타운의 형성과 변천, 과거와 현재의 변화 등을 종합적으로 조명하고 있습니다.

총서 3권『재일문학이 그린 재일코리안』에서는 재일코리안 문학 연구의 추세와 동향에 대한 총괄과 함께 재일코리안의 생활과 문화의 궤적을 문학 담론을 통해 통시적으로 분석하고 있습니다.

총서 4권『갈등과 화합의 재일코리안 단체의 역사-조직의 변화를 중심으로』에서는 재일코리안의 단체를 중심으로 갈등과 화합의 역사를 구성하고, 조직을 중심으로 한 재일코리안의 정치적 본질에 접근하고자 시도하고 있습니다.

총서 5권『항일과 친일의 재일코리안운동』에서는 1945년 광복 이전 재일코리안의 일상을 통해 재일코리안운동의 역사를 조명하고 항일이나 친일만으로는 규정할 수 없는 재일코리안의 생동감 있는 역사와 문화의 중요성을 제시하고 있습니다.

총서 6권『차별과 싸우는 재일코리안』에서는 일본 사회의 차별적 구조 속에 지금도 존재하는 재일코리안의 대항적 양태를 시기별 사회 변동과 연결하여 살펴보고, 재일코리안이 전개한 반차별 운동의 흐름과 의의를 재조명하고 있습니다.

총서 7권『재일코리안 기업의 성장과 모국 기여활동』에서는 재일코리안 사회의 근간을 형성하고 있는 경제와 모국 기여라는 두 가지 측면의 현실적인 문제를 짚어보고 재일코리안 사회의 과거와 미래를 전망하고 있습니다.

총서 8권 『재일한인 민족교육의 역사와 현재─민족교육을 지키기 위한 노력과 한계 그리고 과제』에서는 재일코리안의 민족교육의 흐름을 조망하고 현재 직면한 재일코리안의 교육문제에 대한 진단과 현실적 대안을 제시하고 있습니다.

이렇게 발간된 우리의 연구 성과가 재일코리안의 생활과 문화, 역사와 운동, 경제와 교육 등 재일코리안 전반에 대한 재평가와 재조명은 물론 연구 지평의 확장에도 크게 기여할 것임을 믿어 의심치 않습니다. 아무쪼록 이 연구총서 시리즈가 재일코리안의 과거와 현재를 조망하고 나아가 발전적인 미래를 모색하는 계기가 되기를 기대합니다. 다시 한 번 이번 학술 프로젝트에 참여해 주신 연구원들의 노고에 깊이 감사드립니다. 아울러 이 학술 프로젝트에 많은 관심과 격려, 그리고 조언을 주신 교내외 여러 선생님들께도 감사를 드립니다. 앞으로도 청암대학교 재일코리안연구소가 소기의 목표를 달성할 수 있도록 많은 관심과 아낌없는 격려를 부탁드립니다. 마지막으로 어려운 여건 속에서도 항상 재일코리안연구소의 많은 간행물을 출판해 주시는 도서출판 선인 윤관백 사장님과 편집진 여러분에게도 감사드립니다.

청암대학교 재일코리안연구소장 김인덕

재일코리안의 역사는 이미 100년 이상에 이르고 있다. 그런 과정 속에서 재일코리안의 생활과 문화도 다양하게 전개되었으며, 또 한반도 정세의 변화와 정주국 일본의 사회적 변화에 발맞추어 많은 부분의 변용을 거듭해 왔다. 그리고 이들 재일코리안은 미술, 음악, 연극, 영화, 무용, 스포츠 등 다양한 분야에서 문화예술 활동을 전개해 왔으며 괄목할만한 성과와 질적인 성장도 이루어냈다. 그러나 이와 같이 활발하게 전개된 재일코리안의 문화예술 활동에 대한 종합적인 정리는 그다지 이루어지지 않았으며, 각각의 분야에 있어서 단편적이고 분절적인 연구 성과를 도출하는데 그치고 있다. 이 책에서는 재일코리안의 다양한 문화예술 활동 전반을 종합적으로 정리함으로써 재일코리안의 문화예술 활동의 흐름과 양상, 나아가 그 의의와 가치를 고찰하고자 하였다.

먼저 제1장 재일코리안의 미술활동에서는 해방 직후의 재일코리안 작가들을 둘러싼 미술환경과 미술단체 활동을 살펴보았다. 아울러 주요 작가들의 활동과 작품을 분석함으로써 재일코리안 미술의 특징과 작품 경향을 고찰하였다. 이 책에서 살펴본 주요 작가에는 전화황, 송영옥, 조양규, 곽인식, 이우환, 문승근 등이다.

재일코리안 작가들은 고국과 고향에 대한 향수와 함께 민족적 정체성을 내면화한 작품활동을 꾸준히 전개하였다. 그 과정에 정체성의 혼란과 심리적 갈등도 재현되었으며, 귀국과 통일에 대한 기대, 전쟁을 비롯한 국가적 폭력에 대한 허탈감과 실망감도 형상화하였다. 때로는 이방인으로서의 고뇌와 투쟁을 재구성하기도 하였다. 즉 재일코리안 작가들은 디아스포라의 경험과 민족적 정체성, 이방인 또는 경계인에 대한 억압과 차별, 역사적 트라우마와 치유를 끊임없이 고민하고 해결하고자 한 것이다. 그러한 측면에서 재일코리안의 미술은 디아스포라의 산물이며 나아가 탈민족적 탈국가적 삶의 가능성을 모색하는 장이었다는 점을 상기할 필요가 있다.

제2장 재일코리안의 음악활동에서는 해방 이후 재일코리안의 음악활동의 개요와 양상을 정리하고 그 의의를 고찰하였다. 해방 직후 재일코리안의 음악활동은 주로 재일조선인연맹(조련) 문화부의 활동이 큰 역할을 하였다. 다만, 당시의 음악활동은 주로 재일코리안 대중에 대한 계몽활동과 조련의 조직활동의 선전이 목적이었으며, 부분적으로 민족운동의 일환으로 활용된 점이 특징이라고 할 수 있다. 또 이 책에서는 해방 직후 일본에서 화제가 되었던 음악공연 『가극 춘향』의 제작 과정과 의의를 살펴봄으로써 당시 재일코리안의 음악활동의 방향과 역할, 한계도 고찰하였다. 이어서 재일코리안의 음악 가운데 전후 일본 사회에서 가장 화제가 되었던 노래 중의 하나인 『임진강』을 고찰함으로써 전후 일본 사회의 반응과 수용 양상을 소개한 점은 주목할 부분이라고 할 수 있다.

제3장 재일코리안의 무대예술에서는 크게 연극, 영화, 무용의 세 분야로 나누어 재일코리안의 예술활동을 고찰하였다.

먼저, 연극 분야에서는 조련의 역할과 재일본예술협회의 활동을 통해 해방 직후의 연극 활동의 양상을 고찰하였다. 그리고 주요 재일코리안 연극인으로 쓰카 고헤이(つかこうへい, 김봉웅), 정의신, 김수진, 유미리 등의 활동을 중점적으로 다루었으며, 2008년에 한일공동 제작으로 공연

된『야끼니꾸 드래곤』을 통해서는 한일 양국의 연극교류의 양상도 살펴
보았다.

　다음으로 영화 분야에서는 일본 영화 속에 나타난 재일코리안에 대한
사회적 시각과 표상을 살펴보고 그 시대적인 흐름과 양상을 고찰하였다.
또 재일코리안을 중점적으로 다루면서 화제를 모았던 주요 작품, 예컨대
최양일 감독의『달은 어디에 떠 있는가(月はどっちに出ている)』(1994년)와
『피와 뼈(血と骨)』(2004년), 유키사다 이사오(行定勳) 감독의『GO』(2001년),
이즈츠 가즈유키(井筒和幸) 감독의『박치기!(バッチギ!)』(2005년), 양영
희 감독의『디어 평양』(2006년) 등에 대한 내용과 특징에 대해서도 살펴
보았다.

　마지막으로 무용 분야에서는 해방을 전후한 재일코리안 민족무용의
전개 양상과 대표적인 민족무용가의 활동, 특히 '동양의 무희'로 잘 알려
진 최승희의 활동을 중점적으로 고찰하였다.

　이들 분야의 활동에서는 식민지지배와 전쟁, 한반도의 해방과 분단,
제주4.3사건과 북송(귀국)사업, 취직차별과 이지메(집단 따돌림), 민족공
동체와 디아스포라, 기억과 트라우마 등 재일코리안을 둘러싼 역사적 거
대 담론과 함께 정치적 사회적 문화적 갈등과 충돌이 다양한 방식으로
재현되고 있었다는 점을 고찰하였다.

　제4장 재일코리안의 체육활동에서는 해방 직후 재일코리안 사회의 체
육활동 및 각 단체의 정책이나 방침 등을 살펴보고, 한반도(남북)의 스포
츠 활동과의 관계도 고찰하였다. 그리고 재일코리안의 스포츠 활동에 있
어서 빼놓을 수 없는 인물 역도산의 활동을 통해 재일코리안의 스포츠에
대한 인식과 의미도 고찰하였다. 또 그 외의 재일 2세, 3세 스포츠 선수
들의 활약상과 귀화문제를 둘러싼 재일코리안 선수들의 아이덴티티의
문제도 살펴보았다. 특히 귀화문제에 대해서는 국적과 민족을 넘어 코리

안계 일본인이라는 삶의 방식을 새롭게 모색한다는 차원에서 귀화에 대한 새로운 시각의 필요성을 지적하였다.

이 책에서는 재일코리안의 문화예술 활동을 미술, 음악, 연극, 영화, 무용, 체육 등의 분야로 나누어 총 4장으로 구성하여 조명하고 재일코리안의 역할과 위상에 대한 다양한 시사점을 제공하고자 하였지만, 재일코리안의 문화예술 활동 전반에 대한 조망과 이해라는 측면에서는 당연히 부분적이며 제한적이라는 문제점을 인정하지 않을 수 없다. 또 재일코리안의 문화예술 활동에 나타난 특이성과 문화적 변용을 둘러싼 논의의 확장성 제고도 과제가 아닐 수 없다. 이러한 문제점과 과제는 반성과 보완을 통해 향후 연구의 개선과 발전에 활용하고자 한다.

끝으로 이 책은 한국학중앙연구원 한국학총서사업(2016) 수행의 일환으로 발행되었으며, 출판에 이르기까지 여러 선생님께서 관심과 조언을 주셨다. 다시 한 번 감사드린다. 그리고 항상 바쁘신 일정에도 편집과 교정 작업에 애써 주신 도서출판 선인의 편집진 여러분께도 감사를 드린다.

2021년 12월
청암대학교 재일코리안연구소 황익구

목 차

발간사 _ 5

저자 서문 _ 9

제1장 재일코리안의 미술활동　　　　　　　　　　　　　　19

1. 해방 전 재일코리안의 미술활동　　　　　　　　　　　22

2. 해방 직후 재일코리안의 미술활동　　　　　　　　　　23

3. 재일코리안 미술단체의 결성　　　　　　　　　　　　27

4. 재일코리안 1세 작가들과 리얼리즘 미술　　　　　　34

5. 주요 작가의 활동　　　　　　　　　　　　　　　　40

　　1) 전화황의 활동　　　　　　　　　　　　　　　40

　　2) 송영옥의 활동　　　　　　　　　　　　　　　42

　　3) 조양규의 활동　　　　　　　　　　　　　　　45

　　4) 곽인식의 활동　　　　　　　　　　　　　　　48

　　5) 이우환의 활동　　　　　　　　　　　　　　　48

　　6) 문승근의 활동　　　　　　　　　　　　　　　50

6. 재일코리안 미술의 의미　　　　　　　　　　　　　52

제2장 재일코리안의 음악활동   57

1. 해방 직후의 재일코리안 음악활동 – 조련문화부의 활동   57
2. 『가극 춘향(歌劇春香)』의 제작과 상연   73
   1) 『가극 춘향』의 제작과 조련   76
   2) 『가극 춘향』의 비극적 결말   82
   3) 『가극 춘향』과 동시대 재일코리안 여성해방담론   90
   4) 『가극 춘향』의 시도와 한계   95
3. 「임진강」을 통해 본 전후 일본과 재일코리안   97

제3장 재일코리안의 무대예술 : 연극 · 영화 · 무용   119

1. 재일코리안과 연극   119
   1) 주요 재일코리안 연극인과 작품   123
   2) 한일 연극 교류와 『야끼니꾸 드래곤』   133
2. 재일코리안과 영화   137
   1) 해방 이전의 영화와 재일코리안   137
   2) 해방 이후의 영화와 재일코리안   140
3. 재일코리안과 무용   150
   1) 해방 전후의 재일코리안의 무용 활동   150
   2) '동양의 무희' 최승희의 활동   155

제4장 재일코리안의 체육활동   167

1. 해방 이후의 체육활동   167
2. 각 단체의 체육활동   168
   1) 재일조선건국촉진청년동맹과 체육부   168
   2) 체육회의 설립   172
   3) 재일본대한체육회의 탄생과 활동   176

　　　4) 재일본조선인체육연합회의 탄생과 활동　　　　184

　　　5) 체련 산하의 지방체육협회와 종목별 협회　　　　186

　　3. 주요 스포츠선수의 활약　　　　188

　　　1) 역도산　　　　188

　　　2) 재일코리안 2세, 3세의 활약　　　　202

　　4. 재일코리안 스포츠 선수와 귀화문제　　　　208

　　5. 그 외의 주요 종목 재일코리안 스포츠 선수　　　　214

■ 참고문헌 _ 221
■ 찾아보기 _ 227

제1장

재일코리안의 미술활동

제1장
재일코리안의 미술활동

한국에서 재일코리안의 미술은 최근까지도 별로 알려지지 않았으며 전시나 연구 등도 미비한 수준에서 그치고 있는 것이 현실이다.[1] 동시에 대중에게도 재일코리안의 미술은 그다지 관심의 대상이 되지 않았던 것이 사실이다. 그것은 한반도의 분단상황과 냉전이라는 이데올로기와 무관하지 않을 것이다. 한국은 오랫동안 재일코리안에 대한 시각의 기준으로 남북분단과 냉전 이데올로기라는 정치적 이념의 틀을 준거로 삼아왔다.[2] 그 결과 한국의 재일코리안에 대한 시각은 극히 부분적이며 편향된

---

[1] 한반도의 개항 이후부터 오늘날에 이르기까지 자발적이든 강제적이든 일본으로 건너가 거주하게 된 한반도 출신의 한인과 그 자손을 지칭하는 용어는 재일교포, 재일동포, 재일조선인, 재일한국인, 자이니치, 재일한인 등 다양하게 활용되고 있다. 그만큼 각 용어에 담긴 함의도 다양하며 그 역사성 또한 제각각인 것이 현실이다. 이 책에서는 모국과 거주국과의 연계성을 고려한 디아스포라 연구의 관점과 국적이나 이념을 초월한 초국가주의의 관점을 반영하여 일본에 거주하는 코리안(Korean)을 '재일코리안'이라는 용어로 총칭한다. 다만, 원문(표나 그림 등의 제목 포함)을 인용하거나 특정 대상을 구분해야 할 경우는 원문의 표현을 그대로 사용할 수도 있음을 밝힌다.

[2] 권혁태는 해방 이후 한국에서 만들어진 재일코리안에 대한 이미지는 '반공군사독재정권 하에서 배양된 것으로서' '민족, 반공, 개발주의'라는 세 가지 필터에 의해 그 이미지가 확산되고 왜곡되었다고 지적한 바 있다(「재일조선인」과 한국사회 - 한국사회는 재일조선인

이미지의 확대와 재생산을 거듭하는 오류를 범하며 오늘에 이르렀다고 할 수 있다. 또한 이와 같은 시각의 오류는 당연히 재일코리안이 영위해 온 문화예술 활동 제반에 대한 인식에도 영향을 주었으며 미술 분야도 그중의 한 영역이라고 할 수 있다. 특히 재일코리안 미술 분야에서 활동해 온 작가들 중에 북한 또는 재일본조선인총연합회(이하, 조총련)와 관련을 맺고 있는 작가들이 상당수를 차지하고 있는 실정에서는 재일코리안 미술 분야에 대한 관심은 그 만큼 위축되지 않을 수 없었을 것이다.

한국에서 재일코리안 미술에 대해 본격적으로 관심을 갖게 된 것은 광주시립미술관을 비롯하여 여러 미술관이나 대학 등에 평생을 수집해 온 미술품을 무상으로 기증함으로써 한국 내의 재일코리안 미술에 대한 관심을 고조시키고 인프라 구축에 노력한 재일본한국인문화예술협회 고문 하정웅의 공헌이 크다. 하정웅은 1982년에 '전화황화업50년전'을 기획하여 도쿄, 교토, 서울, 대구, 광주 등지에서 개최하면서 국내에 처음으로 재일코리안 미술을 소개하였다. 사실상 이 기획을 시작으로 한국 내에서 재일코리안 미술에 대해 관심이 대두되었다고 할 수 있다. 하정웅은 1982년의 '전화황화업50년전'을 개최한 이후 그 동안 수집해 왔던 수많은 콜렉션을 기증하였는데, 특히 광주시립미술관에는 1993년에 212점 기증을 시작으로 1999년에 471점, 2003년에 1,182점, 2010년에 357점, 2012년에 80점, 2014년에 221점 등 총 2,523점을 기증하였다. 그 외에도 부산시립미술관, 대전시립미술관, 포항시립미술관, 전북도립미술관, 국립고궁박물관, 조선대학교 미술관, 숙명여자대학교, 영암군립하정웅미술관 등에 1만여 점의 미술 작품과 희귀자료를 기증하여 한국의 대중들에게 재일코리안의 미술을 소개하고 이해시키는데 일조하였다.[3]

을 어떻게 '표상'해왔는가」, 『역사비평』 78권, 2007 참조).
[3] 광주시립미술관 하정웅미술관 홈페이지 참조(http://artmuse.gwangju.go.kr).

이러한 가운데 한국에서는 재일코리안 작가들의 작품전시회가 속속 개최되었다. 1985년 국립현대미술관에서 '곽인식전', 1998년 국립현대미술관에서 '다시 찾은 근대 미술전', 2001년 국회인권정책연구회와 동북아평화센터가 주최하고 세종문화예술회관에서 개최된 '21세기 인권전', 2002년 광주비엔날레 특별전 '저기: 이산의 땅', 2009년 국립현대미술관에서 '아리랑 꽃씨' 등의 전시회가 개최되었다. 1998년의 '다시 찾은 근대 미술전'에서는 재일코리안 작가 전화황, 조양규, 송영옥 등의 작품이 참여하였으며, 2001년의 '21세기 인권전'에는 재일코리안 2세 작가들을 중심으로 김석출, 손아유, 홍성익, 이말룡, 김선동, 김영숙, 김애자, 강경자 등의 작품이 전시되었다. 2002년 광주비엔날레 특별전 '저기: 이산의 땅'에는 황보강자, 노홍석, 박일남, 채준, 김성민, 김영숙, 윤희창 등의 작품이 소개되었다. 그리고 2009년의 '아리랑 꽃씨'에는 김창덕, 조양규, 백령, 송영옥, 곽인식, 채준, 전화황, 곽덕준, 이용훈, 다카야마 노보루(高山登), 박일남, 노홍석, 문승근, 김애순, 김영숙 등의 작가가 참여하였다.

또한 하정웅이 많은 콜렉션을 기증한 광주시립미술관에서도 재일코리안 작가들의 작품전을 거의 매년 개최하였다. 2000년에 '재일의 인권－송영옥과 조양규, 그리고 그밖의 재일작가들', 2002년에 '곽인식의 세계전', 2004년에 '문승근전', 2005년에 '오일전', 2006년에 '손아유전', 2007년에 '곽인식전'과 '재일의 꽃'전, 2008년에 '이국자전', 2009년에 '전화황 탄생 100주년기념전', 2012년에 '고삼권전', 2012년에 '곽덕준전'과 '이우환전' 등이 개최되었다.[4]

여기에서는 해방 직후의 재일코리안 작가들을 둘러싼 미술환경과 미술단체 활동을 살펴보고자 한다. 아울러 주요 작가들의 활동과 작품을

[4] 2017년 7월부터는 '송영옥탄생 100년전－나는 어디에'가 전시되었다.

살펴봄으로써 재일코리안 미술의 특징과 작품 경향을 고찰하고자 한다.

1. 해방 전 재일코리안의 미술활동

해방 전 재일코리안의 미술활동은 초기의 재일코리안 사회를 주도한 것이 일본으로 유학 간 한반도 출신 유학생들이었던 것처럼 주로 미술 분야 유학생들이 주도적인 활동을 펼쳤다. 미술 분야에서 한반도 출신의 유학생이 많은 활동을 전개한 학교에는 도쿄미술학교가 있다. 이 학교에 유학한 주요 인물들을 살펴보면 다음과 같다. 1915년에 서양화과를 졸업하고 한국 최초의 서양화가가 된 고의동이 있으며, 김관호, 김찬영, 김복진 등도 같은 학교 출신이다. 그 외에도 서양화과에는 공진형, 이제창, 도상봉 등이, 일본화과에는 이한복, 도안과에는 임도제 등이 유학하였다.

미술 분야에 있어서 한반도 출신 일본유학생들은 프롤레타리아 단체에 소속되어 활발한 활동을 전개하였는데 이것이 일본프롤레타리아문화연맹이다. 여기에는 박석정, 윤상렬 등이 활발히 활동을 전개하였다. 박석정은 1920년에 도일하여 1931년에는 프롤레타리아 미술가동맹 식민지위원회위원장을 담당하였으며, 일본과 조선을 연결하는 역할을 하였다. 박석정은 윤상렬과 함께 한반도 출신 조선인의 계몽을 위해『붉은 주먹』을 발행하기도 하였다. 1930년대에는 이중섭이 일본으로 유학을 가서 주목을 받았다. 이중섭은 간다(神田) 주변에서 하숙을 하며 도쿄미술학교에 다녔으며 1940년 자유미협전에「소」를 출품하여 협회장상을 수상하였다.

2. 해방 직후 재일코리안의 미술활동

일본에서 활동한 한반도 출신 작가들의 미술활동은 주로 해방 전에
일본으로 유학을 간 유학생 출신 작가들과 일제강점기에 정치적, 경제
적, 사상적 이유 등으로 일본으로 건너간 재일코리안 1세 작가들로 크게
구분할 수 있다. 일본유학생 출신 작가들의 대부분은 유학이라는 목적으
로 단기 체류하는 경우였으며, 해방 후에는 주로 한반도로 귀국하여 활
동하였다.[5] 그러나 재일코리안 1세 작가들의 상당수는 정치, 경제적 이
유로 한반도로 귀국하지 못 한 채 일본에 정주하게 되었다. 실질적으로
재일코리안 미술의 출발은 이들 재일코리안 1세 작가들의 활동으로부터
시작한다고 할 수 있다.

해방 직후의 재일코리안 1세 작가들의 미술활동에 대해서는 그다지
축적된 연구가 확인되지 않는다. 다만 당시의 재일코리안 사회의 문화
활동을 견인해 온 재일본조선인연맹(이하, 조련)의 미술 분야에 대한 방
침과 활동을 통해 부분적으로나마 재일코리안 1세 작가들의 활동을 개
관해 보는 것은 의의가 있다고 판단된다.

해방 직후의 미술 분야에 대한 조련의 방침은 일본제국주의와 봉건주
의의 청산, 새로운 민족문화의 창출과 국제적 교류라고 하는 문화 전반
에 대한 기본적인 방침을 그대로 수용한 측면이 강하다. 미술 분야는 음
악이나 다른 예술 분야처럼 조련의 문화부에서 주로 담당하였지만 조련
문화부의 미술 분야에 대한 특별한 활동내용은 그다지 확인되지 않는다.

---

[5] 오규상의 조사에 따르면, 1947년까지 도쿄미술대학을 졸업한 수는 64명이며, 중퇴자까지
포함할 경우에는 89명에 이른다고 한다. 그 외에도 제국미술학교(현 무사시노미술대학)에
는 많은 한반도 출신 학생들이 다니고 있었으며 태평양미술학교, 가와바타화학교 등에도
다수의 학생들이 공부하였다고 한다(吳圭祥,『ドキュメント在日本朝鮮人連盟1945-1949』,
岩波書店, 2009, 289쪽).

1948년 6월 25일부터 3일간 개최된 제4회 문화부장회의에서 문화교류에 관한 문제로 조선고전미술전람회를 개최하는 사항과 조선고문헌 조사 수집을 위한 활동을 전개한다고 하는 사항이 결정되었다.[6] 또한 조련의 산하단체인 재일본조선민주청년동맹(이하, 민청)도 '창의성 있는 문화 활동'을 전개해야 한다고 주장하면서 대중들이 스스로 다면적인 문화 활동을 지향하고 '각각의 성격과 정도에 따라서 정치, 경제, 사회, 기술, 문학, 영화, 연극, 음악, 댄스, 미술, 체육, 위생, 출판, 변론, 합창 등 다면적인 문화 활동을 여러 행사나 투쟁을 계기로 수준을 높여 가는 것'이 중요하다고 지적한 바 있다.[7]

그러나 당시의 재일코리안 작가들의 미술활동은 극히 미진하였으며 '아무 것도 한 것이 없다고 밖에 할 수 없는 상태'라는 비난을 받는 수준이었다.[8] 물론 모든 재일코리안 1세 작가들이 비난의 대상이 된 것은 아니다. 일부에서는 조련의 활동에 적극 협력하거나 공헌한 작가들로 있었다. 그 대표적인 예로는 1948년 4월에 효고현을 중심으로 발생한 재일코리안의 민족교육투쟁인 '한신교육투쟁'의 면면을 기록화보로 제작하여 투쟁의 진상을 재일코리안에게 호소하고자 하였다. 이것을 주도한 것은 재일본조선문화단체연합회(이하, 문련)이며 문련은 미술부특파원으로 재일코리안 작가 허경복을 효고현의 투쟁 현장으로 파견하였다. 허경복은 투쟁 현장에서 돌아온 후 고베와 오사카 등지의 기록화 작성에 착수하였다. 문련은 투쟁 현장에서 체포된 사람들의 석방운동을 전개하는 한편 기록화를 『한신교육투쟁기록화보』로서 발행하기로 하였다. 화보는 28편의 기록화로 제작되었으며 '사건의 발단부터 군사재판, 동포의 결의'를

6) 吳圭祥, 『ドキュメント在日本朝鮮人連盟1945-1949』, 岩波書店, 2009, 289쪽.
7) 『民青時報』 1948년 4월 25일자.
8) 吳圭祥, 『ドキュメント在日本朝鮮人連盟1945-1949』, 岩波書店, 2009, 290쪽.

담은 내용, 그리고 교육투쟁의 일지로 구성되었다. 『한신교육투쟁기록화보』는 1948년 9월에 제작되었으며 발행은 도쿄조련중앙지부가 담당하였다.(〈그림 1〉)

〈그림 1〉 『한신교육투쟁기록화보』(1948년 9월)

이 화보에 대해 『해방신문』은 '민족교육을 지키는 동포들의 투쟁이 얼마나 용감하고 그들의 탄압이 또 얼마나 악랄했는가 이 화보를 옆에 두고 당시를 회고하며 투지를 불살랐을 것이다'는 서평을 통해 화보 발행의 의의를 기술하였다. 그와 함께 화보의 수익금은 해방구원회에 구원기금으로 활용하고 있다고 밝히고 화보의 판매와 보급을 권하기도 하였다.[9)]

이 외에도 당시의 미술활동을 살펴보면 정치만화가로서 활동한 채준이 활발한 활동을 하였다. 채준은 『조련중앙시보』나 『해방신문』 등에 정치만화를 통해 활약하였다. 당시 재일코리안 1세 작가들은 민족학교의 미술교육에도 노력하였다. 특히 도쿄조선중학교의 미술부원을 가르친 박주열, 도쿄제8조련소학교의 오병학 등은 학교에서의 미술교육에 적극적으

---

9) 『解放新聞』 1948년 10월 24일자.

로 활동하였다. 특히 오병학은 1942년 도쿄미술학교에 입학하였으나 1948년
에 중퇴하고 회화 제작과 학생들에 대한 미술지도에 기여하였다.

한편 재일코리안 1세 작가들의 개인적인 활동도 일부 확인된다. 패전
직후에 설립된 공모미술단체인 행동미술협회가 개최한 행동미술전에서
전화황과 김창덕이 입선을 하였다. 또 당시의 작가들 중에는 1947년 3월
에 발족한 직장미술협회에 참가한 작가들도 있으며 1947년 6월의 도미술
관에서 개최한 제1회전, 1948년 5월에 개최한 제2회전 등에 출품한 작가
들도 있다.

그러나 해방 직후의 재일코리안 작가들의 미술활동은『재일연감』이나
1962년에 발간된『재일조선미술가화집』등에서 지적한 바와 같이 극히
미진한 수준이었으며 단체 활동도 작가들 간의 친목유지를 위한 정도의
활동에 지나지 않았다고 할 수 있다. 해방 이후 재일코리안 작가들이 본
격적으로 활발한 활동을 전개한 것은 역시 1953년에 결성된 재일조선미
술회 등의 단체가 등장한 이후라고 볼 수 있다.

해방 직후 재일코리안 작가들의 주요 활동 가운데 또 하나 주목할 부
분은 일본의 미술단체를 통한 활동이다. 이 시기에 재일코리안 작가들은
'자유미술가협회', '앙데팡당전', '평화미술전람회' 등과 같은 일본의 화단
에 진출한 것이다. 자유미술가협회는 주제나 표현에 있어서 자유로운 창
작 분위기를 지향한다는 점에서 해방 이전부터 일본유학생들과 조선인
작가들이 많이 참여하던 단체였다. 무엇보다 해방 직후에 재일코리안 작
가들에게 많은 영향을 준 것은 앙데팡당전이라고 할 수 있다.

앙데팡당전은 일본미술회 주최로 1947년에 첫 전시회가 개최되었다.
주로 일본 리얼리즘 계열의 작가들과 재일코리안 작가들의 중요한 활동
무대가 되었다. 초창기에 일본 앙데팡당전에 참여한 재일코리안 작가에
는 김창덕, 백령, 송영옥, 조양규, 표세종, 이철두, 허훈, 오일 등이 있

다.[10] 마지막으로 평화미술전람회는 제1회 행사가 1948년 8월 5일에 히로시마 후쿠로마치소학교에서 약 400여 점의 작품이 참여하여 진행되었다. 평화미술전람회는 말 그대로 평화를 추구하는 미술운동으로 이 역시 리얼리즘 미술의 주요 무대가 되었다.

3. 재일코리안 미술단체의 결성

해방 직후 일본으로 유학을 갔던 대부분의 유학생들은 한반도로 귀국하였으며, 정치나 경제, 그 외 개인적인 사정으로 귀국을 하지 못하고 일본에 정주하게 된 재일코리안 1세 작가들은 일본 내의 재일코리안 사회의 분열로 인하여 그 활동 무대 또한 양분되는 상황을 맞이하였다.

해방 직후 재일코리안 사회는 우파계열의 재일본조선인거류민단(이하, 민단)과 좌파계열의 조련으로 나뉘어졌으며, 재일코리안의 미술활동 또한 이와 같은 정치적 배경에 영향을 받아 분열된 상태로 전개되었다. 재일코리안의 학교교육 또한 이들 양 진영의 정치적 배경을 바탕으로 조련은 민족학교를 중심으로 미술교육이 진행되었으며, 민단은 일본의 교육기관을 통한 미술교육이 이루어졌다. 해방 이후 활동한 대표적인 재일코리안 미술단체로 좌파계열에는 '재일조선미술가협회', '재일조선미술회'가 있으며, 우파계열에는 '재일한국백엽동인회', '재일코리아미술가협회'를 들 수 있다.

재일조선미술가협회는 조련 산하의 재일조선문화단체연합회(문련)에 소속된 재일코리안 최초의 미술단체로 정확한 결성 시기는 불분명하지

10) 白凛,「解放後における在日朝鮮人美術」, 東京学芸大学, 修士学位論文, 2012, 64~67쪽.

만 『문련시보』 제4호(1947년 10월 15일자)에 1947년 10월 이전일 것이라는 기사와 제9호(1948년 8월 5일)에 '7월 1일에 문련 전문별 조직의 협의체'로서 출발하였다는 기사를 종합하여 짐작할 경우 1947년 7월 1일이 유력하다고 할 수 있다.[11] 재일조선미술가협회는 재일코리안 1세 작가 및 미술 관계자들이 민주주의민족전선에 호응하여 당시의 '조선인민미술사'와 '국제화극계발협회'가 합류하여 탄생하였다. 재일조선미술가협회는 주로 계몽선전에 주력하였으며 재일코리안 대중들을 위한 전시회 등도 준비하였다고 하지만 상세한 내용은 불확실하다. 1962년에 조총련 산하 재일본조선문학예술가동맹 미술부에서 제작한 화집 『재일조선미술가화집』에는 조선미술가협회에 대해 다음과 같이 기술하고 있다.

> 이 시기는 해방 직후이며 구체적 사업으로서는 계몽운동이 주되어 좌우를 망라하였던 재일본조선문화단체총연합회에 가입하였다. 미술협회는 전람회도 계획하였으나 상호 친목 단체의 틀을 벗어나지 못하고 활동도 미약했다.[12]

재일조선미술가협회는 최초의 재일코리안 미술단체라는 의의와는 달리 그 활동은 미비하였다고 할 수 있으며 상호간의 친목을 유지하는 수준에 지나지 않았던 것 같다. 재일조선미술가협회에 참여한 인물들을 살펴보면 회장은 이철주가 맡았으며, 김창덕, 박찬근, 김창평, 백령, 표세종이 참여하였다. 재일조선미술가협회는 1953년에 해산되었다.

그 후 재일코리안 작가들 사이에는 조직적인 연대와 민족의식의 재정립 필요성이 대두되면서 새로운 미술단체를 발족하였다. 이것이 1953년에 결성된 '재일조선미술회'이다.

---

[11] 吳圭祥, 『ドキュメント在日本朝鮮人連盟1945-1949』, 岩波書店, 2009, 292쪽.
[12] 재일본조선문학예술가동맹 미술부, 『재일조선미술가화집』, 1962, 98쪽.

재일조선미술회는 앞서 기술한 재일조선미술가협회에 참여하였던 작가들과 미술학교 출신의 작가, 이찬강, 이인두, 박성호, 박사림, 김희려, 성이식, 문삼봉, 이경훈 등이 의기투합하여 만들어진 단체이다.13) 이 시기에 많은 재일코리안 작가들이 미술학교 혹은 미술교육기관을 통해 배출되면서 미술단체의 결성이 더욱 가속화되었다고 할 수 있다. 이 무렵에 재일코리안 작가들이 미술교육을 받은 미술학교 혹은 미술교육기관에는 오사카시 나카노시마에 위치한 나카노시마양화연구소(中之島洋画研究所)와 오사카시립미술연구소, 무사시노미술학교, 도쿄미술학교, 일본미술학교 등이 있었다. 나카노시마양화연구소에서는 김창덕이 미술교육을 받았으며, 오사카시립미술연구소에서는 송영옥과 김희려가 미술교육을 받았다. 그리고 무사시노미술학교에서는 허훈, 표세종, 조양규, 성리식, 이경우, 노충현, 하상철 등이 교육을 받았다. 그리고 도쿄미술학교에서는 이인두, 오병학이, 일본미술학교에서는 허훈과 한동휘 등이 교육을 받았다.

재일조선미술회의 결성에는 김창덕, 이찬강, 노충현, 박성호, 박사림, 박찬근, 조양규, 전화황, 고영실, 오임준, 허훈, 김창평 등이 창단 회원으로 등록되어 있으며 임원으로는 회장에 이인두, 부회장에 김창덕, 사무국장에 오병학, 관서지부장에 전화황이 각각 선출되었다. 그리고 1954년에는 오사카지부장으로 송영옥이 취임하였다. 그 이후 1955년에는 임원진이 새롭게 바뀌었는데 회장에 김락, 부회장에 김창덕, 사무국장에 백령이 선출되었다. 그리고 1956년 제4차 총회에서는 김창덕이 회장에 취임하였다.

재일조선미술회는 일본미술회가 주최하는 앙데팡당전에 출품을 하는

---

13) 재일조선미술회의 참가 작가 등에 대해서는 『재일조선미술가화집』에 상세하게 명시되어 있다.

한편 '재일조선미술협회 순회전'을 개최하기도 하였다. 제1회 재일조선미술협회 순회전은 도쿄(7월 14일부터 16일까지)와 가와사키(7월 19일부터 22일까지), 요코하마(7월 26일부터 29일까지)를 순회하며 개최되었다. 또 재일조선미술회는 재일코리안 미술단체가 만든 최초의 미술잡지『조선미술』을 발간하기도 하였다. 『조선미술』의 창간은 1953년 11월 1일이며, 1961년 6월에 7호까지 발행되었다. 1호는 재일조선미술회 회원명부가 수록되어 있고 총 5면으로 구성되어 있다. 2호와 3호는 각각 1953년 12월과 1954년 3월에 발행되었으며 현재 자료는 남아 있지 않다. 4호는 1955년 12월에 발행되었으며 처음으로 작품이 수록되면서 지면이 24면 구성으로 늘어났다. 5호는 1956년 4월에 28면 구성으로 1956년의 '일본 앙당팡당전' 특집호로 발행되었다. 6호는 1959년 3월에, 7호는 1961년 6월에 조총련 산하의 재일본조선문학예술가동맹(문예동) 미술부에서 발행되었으며 지면은 총 58면으로 1961년에 개최된 '일본 앙당팡당전', '조·일우호전', '연립전' 등에 관한 기고와 함께 도판 28면을 수록하고 있다.

재일조선미술회는 1955년까지는 재일조선문학예술단체총연합회에 소속되어 있었으나 1955년 조총련이 결성된 이후에는 재일조선문화단체연락협의회에 소속되어 있었다. 그 후 1959년 6월 7일에 조총련 산하 재일본조선문학예술가동맹(문예동)이 결성되면서 재일조선미술회는 문예동 미술부로 흡수됨과 동시에 해산되었다. 문예동 미술부에는 전화황, 김창덕, 송영옥, 박일대, 안천룡, 오임준, 조양규, 금정혜, 표세종, 이경조, 김한문, 고삼권, 강영세, 이인두, 오병학, 김희려, 한우영, 오일, 허훈, 백령, 채준 등이 회원으로 참여하였다.

1959년에 문예동이 처음 결성된 무렵에 미술부 부장에는 한우영이 선출되었다. 문예동 미술부의 대표적인 활동으로는 1960년 4월 19일에 가나가와지부 주최로 개최된 '귀국실현 축하 조·일우호전'과 '8.15해방 15

주년 기념 미술전'을 들 수 있다. '귀국실현 축하 조·일우호전'은 조총련의 북송(귀국)사업을 축하하는 성격으로 마련된 것으로 일본미술계와의 교류전 양상을 띠고 있다. 전시회는 1960년 4월 19일부터 28일까지 가와사키역 빌딩 4층 화랑에서 개최되었다. 참여 작가는 일본공산당 활동을 하는 (혹은 일본공산당과 관련이 있는) 일본인 작가와 함께 재일코리안 1세대 작가라고 할 수 있는 오임준, 백령, 고삼권, 한동휘 등이었다. 조·일우호전은 이후에도 계속되었으며, 1961년에 개최된 전시회에 대해서는 허훈과 오임준이 각각 「조·일우호전을 마치고」, 「조·일 미술인들의 우호」라는 제목의 글을 『조선미술』 7호에 기고하기도 하였다. 그 후 조·일우호전은 가나가와뿐만 아니라 오사카와 교토에서도 개최되었다.

'8.15해방 15주년 기념 미술전'은 1960년에 개최되었으며, 같은 해 9월부터는 니이카타, 군마, 오사카에서도 순회전이 이루어졌다. 전시회의 참여 작품은 귀국, 남한의 구국 투쟁, 동포 생활 등을 주제로 하였으며 약 60여 점이 참여하였다.[14]

1960년대에 들어서서 재일코리안 작가들 사이에 획기적인 전시회가 기획되고 개최되었다. 그 전시회는 이른바 '연립전'이다. 연립전은 1960년 12월에 민단계열의 작가들과 문예동 미술부 작가들이 함께 모여서 송년회를 개최한 것에서 시작되었다고 할 수 있다. 당시 송년회는 한국의 4.19 혁명에 대한 상호의견 교환과 정보교류를 목적으로 좌우 진영의 작가들이 한자리에 모인 것으로 알려져 있으며 이를 계기로 양 진영의 작가들은 1961년 1월에도 신년회를 열고 서로 의견을 나누었다. 이 자리에서 양진영의 작가들은 한반도의 평화통일과 남북문화 교류의 촉진을 위해 양진영이 공동 주최하는 전시회인 '연립전'을 개최하기로 합의하였다. 역

---

14) 재일본조선문학예술가동맹 미술부, 『재일조선미술가화집』, 1962, 100쪽.

사적인 제1회 연립전은 1961년 5월 1일부터 5일까지 도쿄 긴자 무라마쓰 화랑에서 개최되었다. 연립전은 조총련 산하 문예동 미술부와 민단 계열의 미술단체 '재일한국백엽동인회 미술부'와 '재일코리아미술가협회'가 공동 주최하였다.[15] 당시에 참여한 재일코리안 작가는 총 33명이었으며 문예동 미술부 소속에는 김창덕을 비롯하여 김희려, 백령, 한동휘, 한우영, 권영일, 허훈, 박일대, 하상철, 김인두, 표세종, 오임준, 오병학, 이경조, 이철주, 성이식, 전화황, 오일, 금정혜, 이경훈 20명이었다. 민단 계열의 재일한국백엽동인회 미술부 소속에는 홍구성, 김식, 김태신, 이북, 이수남, 임경, 정백, 정홍자 8명, 재일코리아미술가협회 소속에는 곽인식, 정신, 경동이, 백희, 황청동 5명이었다. 연립전은 남북분단 상황과 함께 냉전 이데올로기가 첨예하게 대립하던 시기에 좌우로 분열되어 있던 재일코리안 사회가 미술을 계기로 공동의 목적을 위해 일치된 의견을 보여준 획기적인 기획이 아닐 수 없다. 제1회 연립전의 리플릿에는 이 전시회에 대해 다음과 같이 소개하고 있다.

조국의 평화적 통일과 남북의 문화적 교류를 촉진하기 위한 대문화제를 개최하고 또한 오늘날 여기에 정치적 견해, 신앙, 소속을 묻지 않고 재일미술가의 한뜻으로 미술전을 열고 조국의 평화적 통일이 하루라도 빨리 이루어지길 염원하는 바입니다. 민족 동지에 자주적인 평화적 통일을 달성하는데 남·북의 문화교류를 촉진하고 조국의 문화예술에 통일적인 발달을 이르게 함에 있어서 다소나마 힘이 될 수 있다.[16]

---

[15] 재일한국백엽동인회와 재일코리아미술가협회는 민단 계열의 미술단체로 알려져 있지만 두 단체의 설립 및 활동에 대해서는 그다지 알려져 있지 않다. 다만, 재일코리아미술가협회는 곽인식이 주축이 되어 결성된 단체로 주로 모더니즘 경향의 작품 활동을 많이 한 것으로 전해지고 있다.

[16] 김명지, 「재일코리안 디아스포라 미술의 의의와 정체성 연구」, 전남대학교대학원 박사학위논문, 2013, 48쪽 재인용.

인용에서도 확인할 수 있듯이 연립전은 한반도의 평화적 통일과 남북의 문화적 교류를 촉진하기 위한 목적으로 기획된 것이라는 점이 명시되어 있다. 아울러 연립전은 정치, 이념, 신앙, 소속 등을 문제시 하지 않고 양진영의 재일코리안 작가들이 공동의 목적을 달성하기 위해 함께 노력하는 장을 마련하였다는 점에서 무엇보다 의의를 두고 있다는 것을 확인할 수 있다. 연립전은 제1회 전시회에 이어 제2회도 개최되었다. 제2회 연립전은 1961년 8월 14일부터 19일까지 6일간 개최되었다. 이 전시회의 참가자에는 재일한국백엽동인회에서 홍구성과 임춘흔이, 재일코리아미술가협회에서는 곽인식, 정신, 백희가, 문예동 미술부에서는 백령, 한우영, 허훈, 표세종, 이철주, 전화황, 금정혜, 이찬강, 오임준, 고삼권, 안천룡, 한동휘, 오일, 성리식이 참여하였다. 제2회 연립전에 대해 홍구성은 『조선미술』 7호에 기고한 「연립전을 마치며」라는 기고문에서 '해방된 15년 전 너와 나 손과 손을 잡고 가슴과 가슴을 부여안고 환희의 눈물을 흘렸다. 그러나 어찌된 일인지 누군가의 계산으로 무엇의 변상인지를 모르겠지만 너도 나도 모르는 사이에 너는 북쪽에 나는 남쪽이 되어 버렸다'라고 하며 남북의 분단과 재일코리안 사회의 분열을 한탄하는 심정을 토로하기도 하였다.

그 외에도 문예동 미술부에서는 각 지부별로 미술부를 결성하여 활동하였으며 문예동 미술부 소속 전체 작가들이 모여서 '재일조선인중앙미술전'을 개최하기도 하였다. 재일조선인중앙미술전은 총 80여 명의 작가들이 참여하였으며 1956년부터 1966년까지 10년 동안 25회에 걸쳐 전시회를 개최하였다.[17]

---

17) 김명지, 「재일코리안 디아스포라 미술의 의의와 정체성 연구」, 전남대학교대학원 박사학위논문, 2013, 48쪽.

4. 재일코리안 1세 작가들과 리얼리즘 미술

전후 일본의 미술계는 패전의 상흔과 정치적 사회적 혼란, 가치관의
변화, 극심한 식량난 등의 문제를 비판적인 시각으로 표현하려는 움직임
이 일어났다. 그 대표적인 작가에는 가쓰라가와 히로시(桂川寬), 가와라
온(河原溫), 이케다 다츠오(池田龍雄), 나카무라 히로시(中村宏) 등이 있다.
특히 1953년에 발족한 '청년미술가연합'의 작가들은 '전위미술회'와 공동
으로 개최한 '제1회 니폰전'을 통해 작가 자신들의 전쟁체험과 정신적 상
처, 노동자의 비애, 사회적 모순, 정치적 선전, 인간소외 등을 비판적으
로 다룬 작품들을 출품하였으며, 이러한 작품의 경향은 재군비와 전쟁을
반대하는 시대적 사회적 흐름에 발맞추어 더욱 확대되었다.[18] 당시 일본
의 미술계에는 전쟁체험과 패전, 폐허와 상흔, 정치선전과 반전 등의 주
제를 바탕으로 한 리얼리즘 경향의 미술이 활발히 전개되었다. 일본 미
술계에서는 이러한 리얼리즘 경향의 미술을 '르포르타주회화'라고 칭하
였으며 신문방송의 르포와 같이 현장이나 현실상황을 생동감 있게 표현
하는 회화방식으로 정치적 사회적 문제를 작품화하였다.

1950년대에 이르러서 일본 미술계에는 리얼리즘 경향의 미술과 함께
모더니즘을 기반으로 한 작품 경향도 다시 등장하였다. 전쟁의 상처는 여
전히 사람들의 의식 속에 남아있었지만 1950년대에 들어서자 일본사회
전반에 걸쳐 부흥은 급속도로 진행되었다. 그러한 가운데 일본은 1951년
에는 샌프란시스코강화조약이 조인되면서 다시 국제사회의 일원으로 등

---

18) '청년미술가연합'은 1953년에 결성되었으며, 자유와 평화를 현대미술의 과제로 삼은 젊은
작가들이 중심이 되어 결성되었다. 회원은 약 160여 명으로 구성되었으며 '우리는 평화와
자유를 방해하는 모든 것에 대항한다. 우리 창조 활동의 목적은 평화와 자유를 바탕으로
한 현실에 단결을 통해 도달하는 것이다'라는 강령을 내걸고 있다. 재일코리안 작가로는
백령이 운영위원으로 조양규와 한우영이 회원으로 참여하였다.

장할 발판을 마련하기도 하였다.

모더니즘 경향의 미술은 전쟁의 상흔이나 패전 이후의 정치적 사회적 혼란을 점차 극복하면서 일본 사회가 안정을 되찾아가는 과정에서 나타나기 시작했는데 특히 1951년에 개최된 '사롱드·메 일본전'이 개최되면서 프랑스의 중견작가들의 작품이 소개되는 등 추상회화의 융성을 맞이하기 시작하였다. '밤의 모임(夜の会)'이나 아방가르드예술연구회를 조직한 오카모토 다로(岡本太郎), 이과·구실회의 야마구치 다케오(山口長男), 사이토 요시시게(斉藤義重), 모던아트협회의 무라이 마사나리(村井正誠), 데모크라토를 주제한 에이큐(瑛九) 등은 회화의 본질을 추구하고자 하는 시도를 통해 자신의 작풍을 확립하기도 하였다. 또 이 시기에 파리에서 활동한 이마이 도시미츠(今井俊満), 다부치 야스카즈(田淵安一)는 앙포르멜(비정형 예술)에 심취하였으며, 간사이에서는 구체미술협회(具体美術協会)가 유럽의 미술동향에 보조를 맞추는 형태로 추상표현을 추구하였다. 구체미술협회는 또 야외이벤트나 헤프닝 등을 통한 특이한 예술활동을 펼치기도 하였다. 1950년 중반부터 본격적으로 시작된 고도경제성장기에는 요미우리앙데팡당전을 무대로 반예술의 움직임도 등장하기 시작하였다. 구도 데츠미(工藤哲巳), 시노하라 우시오(篠原有司男)와 같은 신세대 작가들이 표현의욕을 솔직히 표명하고, 예술의 한계에 과감하게 도전하는 시도를 하였다.

한편 재일코리안 1세 작가들은 이와 같은 일본 미술계의 흐름에 많은 영향을 받으며 활동을 전개하였다. 특히 패전 직후의 일본 미술계의 리얼리즘 미술은 재일코리안 1세 작가들의 작품 경향에 많은 영향을 주었다. 그러나 앞서 살펴본 바와 같이 전후 일본의 미술계에서 리얼리즘 미술은 전후의 부흥과 고도경제성장을 기반으로 한 모더니즘 미술이나 유럽의 새로운 예술 움직임 등의 등장으로 점차 그 세력은 축소되었으며 작가나 단체의 활동도 부분적이고 제한적으로 변했다. 이 때문에 일본에서의 리얼리즘 미술은 1940년대 후반부터 1950년대에 이르는 짧은 시기에 국한된 미술 경향으로 평가되고 있으며 미술사적인 가치도 상대적으로 저평가되고 있는 실정이다. 그 결과 재일코리안 1세 작가들의 리얼리즘 미술에 대한 평가 역시 일본 미술계에서는 미약한 상태라고 할 수 있다.

일본 미술계의 리얼리즘 미술이 전쟁과 패전의 경험, 정치적 문제와 사회적 모순 등과 같은 주제를 많이 다루었다고 한다면 재일코리안 1세 작가들의 리얼리즘 미술은 민족문제를 중심으로 한 작품세계를 추구하였다고 할 수 있다. 재일코리안 1세 작가들의 리얼리즘 미술은 앞서 기술한 '재일조선미술가협회'의 회원을 중심으로 확산되었으며, 1959년 이후에는 문예동 미술부 작가들에 의해 지속되었다. 재일코리안 1세 작가들에게 있어서 민족문제는 민족운동 혹은 사회운동의 연장선에서 작품화된 경향이 강했다. 재일코리안 1세 작가들의 이와 같은 작품 경향에 대해서는 문예동 미술부가 발행한 『재일조선미술가화집』에도 잘 설명되어 있다.

> (재일조선인 미술이) 테마성이 강하지 않느냐는 비난도 있을 것이지만 우리들의 사업을 하나의 집약면으로서 받아 주길 바란다. 또 편집을 하면서 느낀 점은 귀국문제나 남조선의 인민봉기에서나 개개의 작품을 배열해 보면 하나의 드라마, 재일조선인의 운동의 한 측면이 나타난 것이다. 그러나 이것은 작의적인 합의로서 제작된 것이 아니라 우연적 결과이다. 현재 조선미술가들의 창작사업은 아직 첫걸음에 지나지 않는다. 사회주의 사실주의 추구에 있어서도 불충분한 기법에 있어서도 능숙하지 못하다. 그러나 우리들의 방법이 일본의 전쟁화(그것은 침략전쟁의 구가이며 군국주의, 제국주의의 협력, 선전 수법)와 동일한 차원에 있다느니 하는 고의적 중상과는 단호히 대결할 것이다.19)

인용에서는 재일코리안 작가들의 미술작품은 귀국문제나 한반도 정세 등을 작품화 하고 아울러 재일코리안 민족운동의 일환으로 창작되었다는 점을 강조하고 있다. 또 그와 함께 과거 일본의 전쟁화와 같은 군국주의와 제국주의 프로파간다 차원의 작품과는 차별화된 작품임을 지적하고 있다.

이와 같은 재일코리안 작가들의 리얼리즘 미술에 대한 평가는 일본 미술평론가의 지적에서도 확인된다.

조형적으로는 미성숙하기는 하나 민족적 과제에 응하고자 하는 미술가로서의 자각 위에서 창조활동을 하고 있는 점에 그 박력이 대단하다. 미술에 정치성을 반영하려는 태도에서 통일된 의사를 보여주었다. 정물화와 풍경화에서 리얼리즘을 어떻게 설명하느냐, 조형적 완성도의 추구, 창작에서 개인을 어떻게 존중하느냐가 재일조선인미술가들의 과제라고 하면서 재일조선인미술가가 제기하고 있는 리얼리즘 미술의 본질, 테마성 있는 정치적 미술작품이 비난 대상이 되고 있는 가운데 어떻게 미술을 보느냐는 일본만이 아니라 세계적 규모의 과제다.[20]

인용은 일본의 화가 겸 미술평론가인 미타 겐지로(箕田源二郎)의 기고문의 일부이다. 미타는 재일코리안 작가의 미술이 리얼리즘을 바탕으로 하고 있다는 점을 지적하고 있다. 그와 함께 재일코리안 작가들의 리얼리즘 미술의 한계와 과제도 동시에 지적하였다.

또 일본 미술평론가 마쓰야 쓰토무(松谷彊)는 당시의 재일코리안 작가

---

[19] 재일본조선문학예술가동맹 미술부,『在日朝鮮美術家画集』, 104쪽(김명지, 「재일코리안 디아스포라 미술의 의의와 정체성 연구」, 전남대학교대학원 박사학위논문, 2013, 68~69쪽 재인용).

[20] 箕田源二郎, 「朝鮮の友」, 『在日朝鮮美術家画集』, 97쪽(김명지, 「재일코리안 디아스포라 미술의 의의와 정체성 연구」, 전남대학교대학원 박사학위논문, 2013, 69쪽 재인용).

들의 리얼리즘 미술에 대해 다음과 같이 평가하였다.

> 이역 땅 우리에게 고유한 민족미술의 창조, 그것이 이렇게 집단적인 규모
> 로 이루어진 것은 예술의 역사가 일찍이 경험해 본 적이 없는 특이한 일이라
> 고 말해도 과장이 아닐 것이다. '일본앙데팡당전'에 참여한 재일조선인 작가들
> 에 대해 추상과 초현실주의에서 사회주의 리얼리즘으로 이행하는 작가, 근대
> 주의적으로 굴절된 시각의 제약 속에서 진실을 추구하는 화가다.[21]

마쓰야는 재일코리안 작가들에 대해 '사회주의 리얼리즘으로 이행하
는 작가', '진실을 추구하는 화가'라고 높이 평가하면서 '민족미술의 창조'
를 지향하는 재일코리안 작가들의 미술을 설명하고 있다.

문예동 미술부의 활동 중에 초기의 재일코리안 미술사를 확인할 수
있는 자료가 있다. 앞서 기술한 바와 같이 1962년에 문예동 미술부는
『재일조선미술가화집』을 발행하였다. 초기의 재일코리안 작가들의 미술
활동에 대한 자료가 많지 않은 가운데『재일조선미술가화집』에는 1947년
부터 1962년까지의 재일코리안 작가들의 미술활동에 관한 자료를 수록
하고 있다. 이 화집에는 당시에 활동한 재일코리안 작가들의 명단이 확인
된다.[22] 이 화집에는 컬러로 인쇄된 작품 15점과 흑백으로 된 작품 50점
이 수록되어 있다. 편집자는 백령, 편집위원은 김창덕, 한우영, 허훈, 백
령으로 명시되어 있다. 화집에 수록된 작품은 귀국 문제, 재일코리안의
생활상, 한반도의 정세, 통일 염원 등의 내용을 표현하고 있다. 오늘날

---

[21] 松谷彊, 「10年間」, 『在日朝鮮美術家画集』, 96쪽(김명지, 「재일코리안 디아스포라 미술의 의
의와 정체성 연구」, 전남대학교대학원 박사학위논문, 2013, 69쪽 재인용).

[22] 명단에 수록된 작가는 다음과 같다. 김창덕, 백령, 한우영, 이철주, 허훈, 표세종, 한동휘,
이찬강, 김희려, 이경훈, 오임준, 전화황, 고삼권, 안우종, 이경조(도쿄), 강영세, 김인순,
이경조(오사카), 송영옥, 박일대, 이필건, 손병문, 김성희, 김윤석, 오일, 성이식, 김철, 채
준 등이다.

재일코리안 작가들의 초기 미술사를 살펴보는 데 중요한 사료적 가치가 있는 자료이다.

재일코리안 작가들 중에는 모더니즘을 바탕으로 한 작품 활동을 전개한 인물도 있다. 그 대표적인 작가가 곽인식, 이우환, 곽덕준이다. 곽인식은 초기에는 추상과 초현실주의적인 회화 작품을 주로 발표하였으나 1960년대에 이르러서는 물체에 대한 관심을 바탕으로 물체의 있는 그대로의 상태를 미술작품으로 형상화하고자 한 이른바 '모노파' 작품을 발표하기도 하면서 일본 미술계에도 많은 영향을 주었다.

이우환은 1956년에 서울대학교 미술대학을 중퇴한 후 일본대학 문학부에서 철학을 전공하였으며 곽인식과 함께 일본 모노파에 많은 영향을 주었다. 곽덕준은 회화, 사진, 조각, 비디오, 퍼포먼스 등 다양한 매체를 다루는 작업을 하였으며 시계나 저울, 신문, 잡지 등과 같은 일상생활에서 사용하는 소재를 통해 그 가치와 사회적 통념에 대해 물음을 던지는 작품을 많이 발표하였다.

해방 직후의 재일코리안 작가들의 미술활동은 크게 재일조선미술가협회나 문예동 미술부에 소속되어 활동한 작가들과 곽인식, 이우환, 곽덕준과 같이 리얼리즘 미술과는 거리를 두고 개인적으로 활동한 작가들의 활동으로 크게 나눌 수 있다. 그중에서도 문예동 미술부 등을 기반으로 활동한 재일코리안 작가들의 미술활동은 리얼리즘 미술을 추구하는 경향이 강했으며 주로 재일코리안의 민족운동이나 민족의식을 구현한 작품을 많이 발표하였다. 이것은 재일코리안이라는 디아스포라로서의 삶과 민족이나 국가에 대한 맹목적인 접근이 당시의 재일코리안 작가들의 의식 속에 강하게 작용한 결과라고 할 수 있을 것이다.

5. 주요 작가의 활동

1) 전화황의 활동

　재일코리안 미술의 기점은 평양에서 작품 활동을 하다가 1938년에 일본
으로 건너간 전화황으로부터 출발한다고 할 수 있다.[23] 전화황은 1909년
평안남도 안주에서 잡화상을 운영하는 가정의 장남으로 태어났다. 본명
은 봉제(鳳濟)이다. 1923년에 결혼하였으며 1925년에 평양의 숭인상업학
교에 입학하였다. 이 무렵에 평양에는 도쿄미술학교를 졸업하고 귀국한
김관호와 김찬영이 설립한 삭성회화연구소가 후진양성에 힘쓰고 있었다.
전화황도 이곳에서 이종우, 김관호 등과 만나게 되었다. 전화황이 미술
과 인연을 맺은 것은 동시와 삽화를 동아일보에 투고하면서부터이다. 전
화황의 동시와 삽화는 1929년부터 1931년까지 동아일보에 게재되었다.
게재된 작품의 내용은 주로 농촌의 일상생활과 풍경을 통한 허무를 서정
적으로 그린 것이었다. 1931년에는 잡지『동광』에도 몇 편의 시와 삽화를
기고하였다. 제10회 조선미술전람회 수채화 부분에서 '풍경'으로 입선을
하였다. 당시의 입선 내용은 동아일보에도 소개되었다. 그 후 평양에서
작품 활동을 하였지만 도중에 일본의 종교사상가인 니시다 덴코(西田天
香)의 사상에 심취하여 출가를 결심하였다. 그리고 1938년에 일본으로
건너가 교토에서 '광천림 풍경', '자화상', '천향 씨' 등의 작품을 제작하였

23) 전화황에 대해서는 김병종「심의적 굴절양식의 여정 - 전화황화업50년전」,『公間』(1982년
　6월), 하정웅「구도의 예술 70년 재일교포 원로화가 전화황의 생애와 작품」,『월간미술』
　(1996년 11월호), 홍윤리「염원의 빛을 담은 예술가 전화황의 회화세계」,『하정웅 콜렉션
　특별전 염원의 빛을 담은 예술가 - 전화황탄생100주년 기념전』(광주시립미술관, 2009) 등
　의 자료와 연보를 참조하였으며, 아울러 광주시립미술관 앞의 책에 게시된 전화황의 연보
　를 참조하였다.

다. 그러한 가운데 니시다가 개설한 종교단체 일등원(一燈園)에 입원하였
다. 전화황은 일등원에 입원한 후 화광(和光)이라고 개명하고 약 7년간의
수행생활을 보냈다.

　전화황이 다시 미술활동을 한 것은 니시다의 권유가 계기가 되었으며
1943년에 교토시미술전람회에 '일등원풍경'을 출품하였다. 해방 전후의
시기에는 교토의 서양화가 스다 구니타로(須田国太郎)의 지도를 받았다.
해방 후에는 잠시 조련계열의 민족학교에서 미술교육을 담당하기도 하
였다. 1946년에는 제1회 '일본행동미술전(행동전)'에 참여하였으며 행동
전에는 거의 매년 참여하였다. 1951년에 개최된 제6회 행동전에 출품한
작품 '군상'으로 행동미술상을 수상하였다. 또 1953년에는 재일조선미술
회 결성에 참여하였다. 1958년에는 이름을 화황(和凰)으로 개명하고 행
동전과 교토시미술전을 중심으로 활동하였다. 1959년 6월에 조총련 산하
단체 문예동이 결성된 후에는 문예동 미술부원으로 활동하였다. 1979년
에 한국을 방문한 이래 국적을 한국으로 바꾸었으며, 1982년에는 도쿄,
교토와 함께 서울, 대구, 광주에서도 순회전을 개최하였다.

　해방 직후의 전화황의 작품은 주로 식민지 조선의 암담함과 한국전쟁
의 비극 등 역사적 사회적 사건을 주제로 삼았으며, 어둡고 음울한 분위
기를 연출하는 작품을 많이 제작하였다. 즉 민족의 수난과 비극, 억압과
학살 등의 피해상을 고발하는 작가의 관점을 표현한 것이라고 할 수 있
다. 이 시기의 대표적인 작품으로는 '어느 날의 꿈－총살(ある日の夢一銃
殺)'(1950년)[24], '군상'(1951년)[25], '갓난이의 매장'(1952년), '재회－유아의
부활'(1953년, 광주시립미술관 소장), '전쟁의 낙오자'(1960년)[26] 등이 있다.

---

[24] 교토시미술관 소장.
[25] 광주시립미술관 소장 하정웅콜렉션.
[26] 광주시립미술관 소장 하정웅콜렉션.

'어느 날의 꿈-총살'은 1919년에 일어난 3.1운동을 소재로 삼고 있는 작품으로 독립운동에 가담한 조선인들이 총살을 당하는 비극을 표현한 작품이다. '군상', '갓난이의 매장', '재회-유아의 부활' 등의 작품에는 흰옷을 입은 군중, 절규하는 여성, 죽은 아이, 뒤틀린 육체 등이 어두운 공간 속에 배치되어 있다. 그리고 그 장면 속에는 분노와 절규, 아픔과 고통을 대변이라도 하듯 약자들의 역동적인 몸짓이 감정과 분위기를 전달하고 있다. 그런 한편에 '전쟁의 낙오자'에는 작은 등불 하나에 의지해 어둠을 이겨내고 있는 피난촌의 판자집을 배경으로 남루한 차림의 무기력한 남성과 어린아이를 통해 전쟁의 비극을 표현하고 있다. 이 시기 전화황의 작품은 주로 식민지지배와 전쟁이라는 민족의 수난, 경제적 빈곤 등을 주제로 한 사회고발적인 작가의 의식이 발현한 것으로 볼 수 있다.

한편 전화황은 1960년대 이후에는 일본의 미술계가 추상회화나 모더니즘 미술이 주류를 점해 가는 상황에서 불상을 소재로 한 종교적 색채가 강한 작품이나 꽃을 테마로 한 시리즈 작품, 춘향의 에피소드를 소재로 한 작품 등을 제작하기도 하였다. 1972년에는 자력으로 교토에 전화황미술관을 설립하였으며, 1991년에는 시가현 오츠에 전화황기념관이 건립되었다.

2) 송영옥의 활동

송영옥은 1917년에 제주도에서 태어났다. 1929년에 측량기사였던 아버지와 함께 가족 모두가 일본으로 건너갔다. 도일 후 송영옥은 유리공장에서 근무하면서 야간 상업중학교를 다녔다. 24세 때인 1941년에 오사카미술학교에 입학하여 3년간의 수업을 마치고 졸업하였다. 해방이 되자 여러 차례 귀국을 시도하였으나 귀국은 이루어지지 않았다. 해방 직후에는 전사자의 초상화를 그리면서 생계를 꾸려갔다.

　식민지 시절에 송영옥의 일본이름은 미야모토 히데요시(宮本英義)였지만 해방 이후부터 본명을 사용하였다. 1950년대 후반부터는 오사카에서 도쿄로 거주지를 옮겨 활동하였다. 주요 활동 내용을 살펴보면, 오사카에 거주하면서 오사카시미술전 가작상, 간사이 종합미술전 다나상, 시장상을 수상하였다. 1956년부터 1970년대에 이르기까지 일본 앙데팡당전, 평화전, 자유미술가전 등에 참여하였다. 1990년에는 자유미술전에서 '백제관음상'으로 평화상을 수상하였다. 1980년대 후반에서 1990년대 초반에는 한일교류전에도 참여하였다. 제주도가 고향인 송영옥이 한국을 방문한 것은 1982년에 '재일동포추석성묘단'이 한국을 방문했을 때였다.

　송영옥은 재일디아스포라로서 고향에 대한 향수와 회상을 그려내는 한편 아이덴티티의 혼란과 남북 이데올로기의 대립 속에서 갈등하고 고통받는 재일코리안의 모습을 담은 작품을 많이 제작하였다. 1958년에 제작한 '어사(漁師)'[27]와 1961년에 제작한 '폐선'[28]은 고향 제주도의 어촌 풍경을 회상하며 고향에 대한 그리움을 표현하는 한편 궁핍한 재일코리안의 생활상을 담아내고 있다.[29]

　또 일본사회에서 재일코리안으로 살아가는 삶의 고통과 아이덴티티의 혼란, 작가의 내적 갈등 등을 표현한 작품도 다수 발표하였다. 예를 들면, 커다란 주먹으로 자신의 얼굴을 가린 채 흐느끼듯 고민에 찬 인물을 그린 '슬픈 자화상'(1973년),[30] 조그마한 쇠창살을 배경으로 울부짖고 있

[27] 광주시립미술관 소장 하정웅콜렉션.
[28] 광주시립미술관 소장 하정웅콜렉션.
[29] 김희랑은 작품 '어사'와 '폐선'에 대해 "특이한 것은 고향에 대한 향수라기에는 등장인물이 무표정으로 경직되어 있고, 어부들의 어둡고 고된 삶이 화면전반에 부각되어 보인다는 점이다. 식민지 시대, 가난을 피해 일본으로 건너갈 수밖에 없었던 유년기의 고단했던 삶의 기억이 고향에 대한 추억에 투영된 듯하다"고 평가한 바 있다(광주시립미술관, 『하정웅콜렉션 송영옥 탄생100년전－나는 어디에』, 2017, 44쪽).

는 인물의 절규를 그린 '절규'(1974년),[31] 한국과 북한, 그리고 일본이라
는 세 개의 국가로부터 파생된 복잡하고 다중적인 민족문제, 이데올로기
문제, 아이덴티티 문제를 반사하는 세 가지 거울 속 인물의 복잡하고 혼
란스러운 모습을 그린 '삼면경'(1976년)[32] 등이 있다. 이들 작품은 모두
디아스포라로서의 재일코리안의 삶의 고통과 절박함, 조국의 분단과 냉
전이데올로기로 인한 역사의 소용돌이 속에서 자신의 아이덴티티에 대
한 내적 갈등을 호소하고 있다.

그러한 한편에 송영옥은 귀국선(북송선)을 암시하는 듯한 선박을 묘사
함으로써 북한으로의 귀국이라는 선택의 갈림길에 선 사람들의 아쉬움
과 착잡한 심정을 형상화 한 작품도 제작하였다. 그 작품은 1969년에 제
작한 '갈림(귀국선)',[33] 같은 해의 'Work69'[34]와 같은 작품이다. 배 안의
작고 둥근 창문으로 비쳐진 불안감이 감도는 얼굴과 이별을 고하는 손,
끊어진 철제 사다리, 붉은 글씨로 69라고 쓰여진 숫자, 그리고 끊어진 철
제 사다리를 뒤로하고 담장 벽을 기어오르려고 안간힘을 쓰는 손가락이
재일코리안의 처절한 삶의 질곡을 상징적으로 그려내고 있다.

또 송영옥은 원폭투하의 참상과 베트남전쟁, 5.18광주민주화운동 등과
같은 역사적 사건을 형상화함으로써 국가적 폭력에 대한 고발과 참혹상을
그려내기도 하였다. 이와 같은 작품에는 히로시마 원폭돔을 형상화한 일
련의 작품('부상하는 돔', 1975년)이나,[35] 베트남전쟁을 그린 '베트남69'
(1969년),[36] 5.18광주민주화운동을 그린 '5.17-'80광주'(1981년)[37] 등이 있다.

30) 광주시립미술관 소장 하정웅콜렉션.
31) 광주시립미술관 소장 하정웅콜렉션.
32) 광주시립미술관 소장 하정웅콜렉션.
33) 광주시립미술관 소장 하정웅콜렉션.
34) 광주시립미술관 소장 하정웅콜렉션.
35) 광주시립미술관 소장 하정웅콜렉션.
36) 광주시립미술관 소장 하정웅콜렉션.

송영옥의 작품세계에서 또 하나 주목할 부분은 1977년부터 그려온 '개' 시리즈의 제작이다.[38] 송영옥은 작품 속에서 미친 개, 싸우는 개, 절름발이 개, 무리를 지은 개 등 다양한 형상의 개를 표현하였다. 작품 속의 개들은 기이하고 사납게 그려져 있지만 불안하고 고독한 표정을 짓고 있다. 이것은 재일코리안의 삶의 불안과 고독을 묘사함과 동시에 작가 자신의 자화상을 반영한 것으로 볼 수 있다. 특히 1987년의 '투견'에서 두 마리의 개가 서로 상대방의 다리를 물어뜯으며 원을 그리듯 싸우고 있는 장면은 남북의 이데올로기의 대립과 궁극적으로 통일을 염원하는 심정이 동시에 형상화된 작품이라고 할 수 있다.

3) 조양규의 활동

조양규는 1927년에 진주에서 태어나 진주사범학교를 졸업하였다. 1948년 남한 단독선거와 이승만 정권에 반대하다 일본으로 밀항하였다. 일본에서는 도쿄 에다가와초의 조선인부락에서 거주하며 막노동으로 생활하였다. 생활고를 겪으면서 무사시노미술학교를 다니는가 하면 일본 앙데팡당전에 작품을 출품하기도 하였다. 화가로서 본격적으로 등단한 것은 1953년 간다(神田) 다케미야화랑(タケミヤ画廊)에서 개최한 개인전이다. 이 개인전 이후 화단의 주목을 받으며 자유미술가협회 회원이 되었으며 앙데팡당전이나 자유미술전 등에 지속적으로 참여하면서 점차 일본 화단의 인정을 받게 되었다. 그러나 1959년부터 조총련의 귀국운동(북송운동)이 시작되자 이듬해인 1960년에 귀국선(북송선)을 타고 북한으로 귀국하

---

37) 광주시립미술관 소장 하정웅콜렉션.
38) 광주시립미술관 소장 하정웅콜렉션, 관련 작품에는 '고독의 왕자'(1984년), '개'(1987년), '투견'(1987년), '광견'(1987년) 등이 있다.

여 이후의 행방을 알 수 없게 되었다. 이른바 월경작가가 된 조양규에 대해서는 남북 간의 이데올로기의 대립이라는 시대적 상황과 함께 한국에서는 한동안 다루어지지 않은 작가가 되었다.

조양규의 작품을 살펴보면, 초기의 작품에서는 목가적인 풍경을 통해 서정적인 고향의 그리움을 자아내며 재일코리안 디아스포라의 향수를 지극하기도 하였다. 1954년에 발표한 작품 '목동'이 대표적이다.[39]

조양규의 작품 세계에서 가장 특징적인 것은 창고와 맨홀을 모티브로 한 연작이다. 먼저 창고 연작은 조양규 자신이 일본으로 밀항한 후에 실제로 창고에서 일하는 노동자의 경험을 표현한 것일 것이다. 창고를 소재로 한 대표적인 작품에는 '31번 창고'(1955년),[40] '밀폐된 창고'(1957년)[41] 등이 있다. 이들 작품의 창고는 단단한 벽으로 둘러쳐져 있으며 사람들은 그 벽의 바깥으로 내몰린 상황이다. 아니 오히려 현실사회로부터 격리된 감옥과 같은 밀폐공간에 수감된 듯한 느낌마저 주고 있다. 벽에는 각각 사람들의 수인번호를 연상케 하듯 숫자 '31'과 'S15'가 새겨져 있다. 즉 창고 연작에는 노동자의 고단한 삶과 현실사회의 장벽을 표현함으로써 자본주의의에 대한 비판적 시각과 인간소외, 나아가서 재일코리안 디아스포라의 힘든 삶의 단면을 형상화한 것으로 볼 수 있다.

또 하나의 작품 세계인 맨홀 연작은 1958년 이후에 자주 등장한다. 맨홀 연작에는 맨홀 위에 뚜껑이 열려 걸쳐 있거나 어지럽게 널부러진 작업 호스가 그려져 있다. 그리고 그 맨홀에서 작업하는 노동자가 묘사되어 있다. 대표적인 작품에는 '맨홀A'(1958년)[42], '맨홀B'(1958년)[43] 등이

---

39) 『曹良奎画集』 1960년, 수록 작품.
40) 광주시립미술관 소장 하정웅콜렉션.
41) 도쿄국립근대미술관 소장.
42) 『曹良奎画集』 1960년, 수록 작품.
43) 일본 미야기현립미술관 소장.

있다. 맨홀이 산업화된 현대사회의 상징이라면 그 어둡고 음울한 맨홀 속을 빠져나오려고 안간힘을 쓰는 노동자의 모습은 너무도 처절하며 안타까움을 자아낸다. 그리고 그 주변을 어지럽게 나뒹굴며 맨홀 속으로 박힌 호스는 마치 맨홀 속의 억압된 에너지를 빨아내기라도 하듯 역동적이며 무게감이 느껴진다. 이들 맨홀 연작 역시 현대사회와 노동자의 문제, 인간소외, 재일코리안 디아스포라의 고단한 삶을 형상화한 작품이라고 할 수 있다.

　조양규의 작품세계에서 또 하나 주목할 부분은 한반도에서 일어난 정치적 역사적 사건을 소재로 다수의 작품을 제작한 것이다. 그 대표적인 사건으로 한국전쟁과 4.19혁명이 다루어졌다. 한국전쟁을 모티브로 한 작품에는 1953년에 발표한 '조선에 평화를', 4.19혁명을 소재로 한 작품에는 1960년에 발표한 '가면을 벗어라'[44]가 있다. '가면을 벗어라'에는 총으로 무장한 군인들이 방독면을 쓰고 지켜보고 있는 가운데 한복을 입은 여인이 검은 색 교복과 같은 옷을 입은 남성의 주검을 끌어안고 비통한 표정을 짓고 있다. 그 주변에는 역시 학생모를 쓴 남학생과 중년의 여성이 분노에 찬 시선으로 군인들을 응시하고 있다. 그리고 시신 옆에는 두 손으로 얼굴을 가린 채 울고 있는 여자 아이와 시신을 지켜보고 있는 남자아이와 중년의 남성이 묘사되어 있다. 이것은 4.19혁명 당시의 처참함과 동시에 국가의 폭력에 어쩔 수 없이 희생당해야만 하는 한국의 민중과 정치적 현실을 반영한 작품이라고 할 수 있다. 즉 조양규는 재일코리안 디아스포라로서 여전히 고국에 대한 관심과 연민을 항상 염두에 둔 작품 활동을 한 작가였던 것이다.[45]

---

44) 『曹良奎画集』 1960년, 수록 작품.

45) 광주시립미술관 하정웅미술관은 2018년 10월 16일부터 2019년 1월 20일까지 조양규탄생 90주년기념전 「조양규, 시대의 응시－단절과 긴장」을 개최하였다.

4) 곽인식의 활동

곽인식은 1919년에 대구에서 태어났으며 1937년에 일본으로 건너가서 일본미술학교에 입학, 1941년에 본과를 졸업하였다. 해방 이후에도 일본에 거주하면서 작품 활동을 펼쳤다. 일본에서는 1937년에 일본의 독립미술협회전, 1949년 이과회전 등에 작품을 출품하여 주목을 받았다. 1950년대에는 초현실주의적인 회화 작품을 다수 제작하였으며 앙포르멜의 영향을 받았다. 1954년 요미우리 앙데팡당전에 출품하였으며, 1957년에 '신에콜드 도쿄'의 창립회원이 되었다. 1960년대부터는 전통적인 서양화를 주류로 하는 일본 미술의 경향과는 달리 입체적이고 실험적인 작품을 내놓으며 이른바 일본의 '모노파(물상파)'라고 하는 물질의 형상과 조형적 구성을 추구하는 미술 흐름에 영향을 주었다.

한편 곽인식은 한국 미술계와도 많은 교류를 가졌다. 1968년 도쿄국립근대미술관에서 개최한 '한국현대회화전'에 출품하였으며, 1969년에는 상파울로 비엔날레에 한국인 작가로 참여하였다. 그 외에도 1970년의 국립현대미술관 주최의 '한국 현대작가전', 1971년에 파리에서 열린 '한국 현대회화전', 1977년에 도쿄 센트럴미술관에서 개최된 '한국 현대미술의 단면전' 등에 참가하였다. 대표작으로는 1963년에 제작한 'Work 63'이 있다. 이 작품은 조각난 유리 파편을 통해 재일코리안 디아스포라의 산산이 흩어진 심정을 표현한 것으로 알려져 있다.

5) 이우환의 활동

이우환은 1936년에 경상남도 함안에서 태어났다. 1956년에 서울대학교 미술대학을 중퇴한 후 일본으로 건너가 1961년에 일본대학 철학과를 졸업했다. 1967년부터 1991년까지 한국, 일본, 유럽 등지에서 여러 차례 개인전과 국제전에 참가하였으며, 1973년부터 1990년까지 다마(多摩)미술대학 교수로 활동하였다. 일본 미술계에서는 모노파의 이론적 토대를 마련하고 실질적으로 모노파의 미술 흐름을 주도한 작가로 인정받고 있다.

이우환은 한국, 일본, 유럽 등지를 왕래하며 작품 활동을 전개한 자신의 모습에 대해 다음과 같이 술회하고 있다.

> 나는 한국에서 태어나 스무 살 때까지 거기서 자랐다. 그 후 일본에서 사십 년을 살았다. 지난 삼십 년 동안 세계 곳곳을 여행하면서 많은 시간을 보냈는데 주로 유럽에 머물렀다. 이러한 배경 때문에 한국인들은 나를 일본화 되었다고 생각하고, 일본인들은 나를 근본이 한국인 사람으로 여긴다. 또 유럽에 가면 사람들은 나를 그저 한 명의 동양인으로 간주한다. 나는 나 자신이 탁구공 같다는 생각을 한다. 중간에 낀 사람처럼 말이다. 아무도 나를 내부인으로 받아들이려 하지 않기에 언제나 이리저리 밀려다니는[46]

인용에서도 알 수 있듯이 이우환의 내면에는 민족적 인종적 차별과 소외, 재일코리안 디아스포라로서의 심리적 부유(浮遊)를 항상 경험하고 체감해야 하는 경계인 혹은 이방인의 모습이 자리 잡고 있다. 즉 이우환 또한 다른 재일코리안 작가들이 느끼고 경험한 재일코리안 디아스포라의 정체성과 사회적 시선으로부터 결코 자유로운 작가는 아니었다. 하지만 이우환은 자신의 현실적 한계와 존재성을 단절적이고 순간적인 것으로 이해하기보다 연속적이고 순환적인 것으로 인식하며 새로움을 위한 출발과 만남, 그리고 그 과정에서 타자를 발견하고자 하는 관점을 배양

---

46) 질케 폰 베르스보르트-빌라베, 이수영 역, 『이우환 타자와의 만남』, 학고재, 2008, 7쪽(김은영, 「디아스포라의 미술-재일조선인 작가를 중심으로」, 『도쿄 제9회 세계한민족포럼 논문집』, 전남대학교 세계한상문화연구단, 2008, 238쪽 재인용).

하였다. 1973년부터 시작되는 '점으로부터(From point)', '선으로부터(From line)' 시리즈는 이와 같은 작가의 사상적 예술적 관점을 표현한 것이라고 할 수 있다.

6) 문승근의 활동

문승근은 1947년에 일본 이시카와현 고마쓰시에서 태어났으며 다섯 살 무렵에 교토로 이사하였다. 아버지는 직물 판매상이었고 어머니는 방적공장에서 일했다. 소학교를 졸업한 후에는 일가가 오사카로 이사하였으며 문승근은 오사카 덴노지고등학교를 중퇴하였다. 그 후 오사카 시립 미술관 부속 미술연구소에서 데생 등을 배웠으며 1960년대 후반까지 거의 독학으로 미술표현을 개시하였다. 1968년에는 자신의 일본명을 붙인 '후지노 노보루전'을 개최하였으며, 같은 해 일본의 추상화가 요시하라 지로(吉原治良)의 권유로 '구체전'에 출품하기도 하였다. 1969년에는 '국제청년미술가전'에서 미술출판상을 수상하였는데 이때를 계기로 작가 이우환과 만나게 된다. 이우환은 이때 대상을 수상하였다.

재일코리안 2세 활동가 서경식이 소개한 이우환의 회상문 「후지노에서 문승근으로」에 따르면 어느 날 문승근은 이우환을 찾아가서 자신이 일본명을 사용하며 일본인 행세를 하는 문제에 대한 심적 고뇌를 털어놓았다고 한다. 이 이야기에 대한 이우환의 회상은 다음과 같다.

> 왜 그랬는지 한마디도 따뜻한 말을 걸 수 없어, 입에서는 비정하기 짝이 없는 말만 튀어나왔다. 그 정도의 괴로움이나 고민 따위엔 흥미도 없고, 듣고 이야기해 줄 여유도 없다. 조선인이건 일본인이건 알 바 아니지만, 자기 이름 하나 밝히지 못하는 인간이 진정한 예술 작품을 만들 수 있을 거라고는 생각

하지 않는다.(중략)

　다음 날 오후 이우환이 자신의 개인전 전시장에 가보니, 입구의 방명록에 '후지노 노보루'가 아닌 '문승근'이라는 그의 본명이 적혀 있었다고 한다.[47]

　이우환이 회상한 문승근의 모습은 그야말로 디아스포라의 숙명이며 동시에 비애를 고스란히 드러낸 재일코리안 작가가 아닐 수 없다. 이 무렵 문승근이 일본명과 본명에 대한 심적 고뇌를 밝힌 배경에는 당시 일본 전역에 화제가 된 김희로사건으로 재일코리안에 대한 일본사회의 차별과 재일코리안의 인권문제가 화두가 된 측면도 있을 것이다.[48] 아무튼 문승근은 재일코리안 디아스포라로서의 자신의 정체성에 대한 심적 갈등의 시기를 거치며 작품 활동을 한 작가이다. 실제로 문승근은 1971년부터 그 이전까지 사용했던 일본이름 후지노 노보루 대신에 문승근(MOON SEUNG-KEUN)을 사용하였다. 구타이미술협회가 해산된 후에는 간사이 지역을 중심으로 개인전 활동을 주로 하였으며 국내외의 그룹전에도 적극적으로 참여하였다. 1970년대 이후부터는 유채화, 수채화, 판화, 입체, 사진, 영상 등의 다채로운 장르의 작품을 전개하였다.

　대표작으로는 1973년에 제작한 '활자구(活字球)'[49]가 있다. 이 작품은 금속제로 된 구형의 오브제 표면에 촘촘하고 정연하게 7,600여 활자를 박아 넣은 조형 작품이다. 문승근은 '구체(球體)'의 창작에 대해 평면체나 면으로 활자를 처리하면 수많은 정보가 뒤섞이는 사회를 표현할 수 없다고 하면서 '구체로 하면 구가 지닌 특질이 고정감을 없애버린다. (중략)

---

47) 서경식, 김혜신 역, 『디아스포라의 기행－추방당한 자의 시선』, 돌베개, 2007, 132~133쪽.
48) 김희로사건은 1968년 2월 20일 재일코리안 김희로(본명 권희로)가 민족적 차별이 발단이 되어 일본인 폭력배 3명을 권총으로 사살하고, 차량을 탈취해 온천 여관 후지미야에 들어가 투숙객 16명을 인질로 잡고 88시간 동안 경찰과 대치, 농성한 사건이다.
49) 광주시립미술관 소장 하정웅콜렉션.

구체에 집어넣은 활자에 잉크를 발라서 (중략) 종이 위를 구체가 굴러갈 때마다 활자의 궤적이 이리저리 그려지고, 조금 힘을 주기만 해도 계속해서 정보를 만들어내는 것이다. 계속해서 궤적이 서로 겹쳐서 마지막에는 새까맣게 되어버린다'고 이야기한 바 있다.[50] 문승근은 활자구와 같이 외적인 힘에 의해 굴려지고 그리고 그 굴려진 흔적을 남기는 존재로서의 재일디아스포라의 삶을 활자구를 통해 구현한 것으로 해석할 수 있다.

6. 재일코리안 미술의 의미

재일코리안은 식민지 출신에 대한 차별과 종주국의 억압 속에서 오랫동안 국민과 비국민의 경계를 오가며 살아온 존재이다. 그리고 그 삶의 과정은 자신들의 기대나 의지와는 상관없이 복잡한 정치적 역사적 사회적 상황에 휘둘리며 불안과 긴장의 연속이 아닐 수 없었다. 해방 직후 해방민족이라는 기쁨도 잠시 고국 한반도는 남북으로 분단되었으며, 남북의 이데올로기 대립은 마침내 전쟁이라는 극단적인 사태를 초래하며 재일코리안의 일본 거주를 더욱 고착화 시켜버렸다. 더욱이 한반도의 정치적 사상적 문제는 이후에도 다양한 방식의 도일을 부추기며 재일코리안 디아스포라의 확산에 일조하였다.

해방 이후 약 60만에 이르는 재일코리안은 이방인으로서 그리고 소수자로서 여전히 구 종주국의 굴레 속에서 생존을 위한 투쟁을 지속할 수밖에 없었다. 민족교육운동을 비롯하여 생활권 옹호와 인권확보를 위한 투쟁은 오늘날에도 다양한 방식과 경로를 통해 이루어지고 있다. 한편

---

50) 『민단신문』 2004년 8월 31일자.

재일코리안은 정주국 일본과 한반도의 정치적 경제적 조건의 변화와 함께 자신들의 삶은 물론 스스로의 정체성에 대한 상당한 변용과 확장을 거듭해 왔다. 특히 그 변용과 확장은 재일코리안 사이의 다양한 계층 간, 세대 간, 남녀 간의 차이를 만들어내기도 하였다. 그리고 그 차이는 재일코리안 사회의 다양성과 개방성을 자극하는 요소로도 작용하였다.[51]

　이와 같은 재일코리안 사회의 변용과 확장은 재일코리안 미술 분야에도 예외는 아니었다. 재일코리안 작가들은 고국과 고향에 대한 향수를 간직한 채 민족적 정체성을 내면화한 작품을 제작하였으며 그 과정 속에서 또한 정체성의 혼란과 심리적 갈등을 겪어왔다. 언젠가는 돌아가야 할 곳이라는 생각에 고국 한반도에 대한 관심은 일상화되었으며 그와 함께 기대와 실망도 감내해야 했다. 즉 그것은 때로는 귀국과 통일의 염원이기도 하였고 때로는 무수히 많이 자행된 국가적 폭력에 대한 허탈감이기도 하였다. 또 일본, 한국, 북한, 또는 재일코리안 작가들이 지향하고자 한 이미지의 공동체의 경계선에서 이방인으로 살아가기 위한 삶의 고뇌와 투쟁도 스스로의 몫이었으며 자신들을 둘러싼 환경의 변화에 대응하고 수용하고 변용하는 일도 수없이 반복되었다. 그리고 이 모든 삶의 면면이 작품으로 형상화되고 재구성된 것이다. 다시 말해 재일코리안의 미술은 디아스포라의 경험과 민족적 정체성, 이방인 또는 경계인에 대한 억압과 차별, 역사적 트라우마와 치유를 끊임없이 고민하고 해결하고자 한 재일코리안 디아스포라의 산물이며 나아가 탈민족적 탈국가적 삶의 가능성을 모색하는 장이었다고 할 수 있다.

---

51) 청암대학교 재일코리안연구소편, 『재일코리안운동과 저항적 정체성』, 선인, 2016 참조.

제2장

재일코리안의 음악활동

제2장
재일코리안의 음악활동

1. 해방 직후의 재일코리안 음악활동 – 조련문화부의 활동

일본의 패전으로 '해방'을 맞이한 재일코리안 사회에는 전국 각지에서 다양한 민족단체가 생겨났다. 그 가운데 최대의 민족단체가 조련이다. 당초 조련은 민족계열, 공산계열, 친일계열 등 좌우를 망라하는 진영의 양상을 띠며 1945년 10월 15일에 결성되었다. 도쿄 히비야공회당에서 전국의 대표 약 5천여 명이 참가한 결성대회가 열렸다. 그러나 회장을 료고쿠공회당으로 옮긴 16일의 대회에서는 개회 직전에 좌파계열의 청년들이 난입하여 민족반역자를 처단하고 쫓아내라는 선동적인 기사를 실은 신문을 뿌리며 대회에 참석한 사람들을 폭행하고 감금하는 사태가 벌어지기도 하였다. 이틀간의 결성대회를 마친 조련은 선언과 강령, 규약 등을 채택하면서 재일코리안 민족단체 중 가장 유력한 조직이 되었다.[1]

---

[1] 조련의 선언과 강령은 다음과 같다. '선언 – 인류역사상 유례없는 제2차 세계대전도 포츠담선언으로 종결되고 우리 조선도 마침내 자유와 독립의 영광이 약속되었다. 우리는 총력

조련은 도쿄에 본부를 두고 각 도도부현(都道府県)과 재일코리안 집거지
에 지부를 설치하였다. 조련은 귀국을 준비하는 동포들을 위하여 귀국계
획을 주도적으로 실행하는 한편 동포들의 생활안정을 위한 원조활동도
실시함으로써 혼란 상태였던 점령기 초기에 준정부적 조직으로서 기능
하였다. 또한 그러한 가운데 식민지지배로 인해 피폐해진 민족문화를 새
롭게 재건하고 확산시키고자 하는 대중적 문화운동도 전개하였다. 물론
조련은 결성 초기부터 민족문화의 대중화를 도모한 것은 아니다. 초기에
는 국제친선과 재일코리안 대중에 대한 위안 사업과 계몽활동이 주된 활
동의 목적이었다고 할 수 있다. 조련이 재일코리안 대중에 대한 문화 활
동의 일환으로 실시한 분야의 하나가 음악활동이다.

　해방 직후의 재일코리안 혹은 조련의 음악활동에 대해서는 재일조선
인운동사를 연구한 박경식을 비롯하여 해방 직후 조선인의 인민해방가
요와 문화운동을 연구한 야마네 도시로, 조련의 역사와 활동을 망라한
오규상, 재일코리안의 음악을 식민지부터 현대에 이르기까지 100년에 걸
쳐 주로 음악문화사를 다룬 송안종, 해방 직후 조련문화부의 음악활동을
연구한 김리화 등이 활동의 개요나 양상을 검토한 바 있다.[2] 여기에서는
이들의 연구 성과를 바탕으로 해방 직후 재일코리안의 문화 활동에 있어
서 음악활동의 개요와 양상을 재정리하고 나아가 그 의미를 검토하는데

을 다하여 신조선건설에 노력할 것이며 관계 각 당국과의 긴밀한 연락 하에 우리의 당면
한 일본국민과의 우의보전, 재류동포의 생활 안정, 귀국동포의 편의를 기도하려 한다. 우
선언함', '강령-우리는 신조선건설에 공헌적 노력을 기함, 우리는 세계평화의 항구유지를
기함, 우리는 재류동포의 생활안정을 기함, 우리는 귀국동포의 편의와 질서를 기함, 우리
는 일본국민과의 호양우의를 기함, 우리는 목적달성을 위하여 대동단결을 기함'(일부 표
기(한자포함)는 인용자가 현대국어표기로 수정하여 인용한다).

[2] 朴慶植, 『解放後在日朝鮮人運動史』, 三一書房, 1989; 山根俊郎, 『在日朝鮮人運動資料集1』, 長
征社, 1990; 呉圭祥, 『ドキュメント在日本朝鮮人連盟1945-1949』, 岩波書店, 2009; 宋安鐘, 『在
日音楽100年』, 青土社, 2009; 金理花, 「在日朝鮮人運動における音楽活動―朝連文化部の事例
から」, 『日韓相互認識』 7号, 2016 참조.

의의를 둔다.

조련의 문화 활동을 주도한 기관은 문화부이다.[3] 조련의 음악활동은 문화부 주최로 개최된 음악회 '조선독립축하음악대회'를 계기로 시작되었다. '조선독립축하음악대회'는 1945년 12월 21일부터 23일까지 3일간에 걸쳐 간다공립(神田共立)강당에서 개최되었다. 명목상의 주최자는 국제예술단으로 알려져 있지만, 조련 문화부활동보고에 이 행사의 기획 목적과 운영, 출연자 등에 대한 상세한 내용이 보고되어 있다는 점에서 실질적인 주최는 조련 문화부였을 것으로 추정할 수 있다. 조련 제3회 전국대회 문화부활동보고에 따르면 '조선독립축하음악대회'를 기획한 목적은 다음과 같다. '조선민족해방의 1945년을 송년함에 있어서 ①해방군인 연합군에 대한 감사와 위로의 뜻을 표하고, ②도쿄 내의 각 외국인단체 또는 일본의 각 민주주의단체를 초청해서 예술을 통한 국제적 친선을 도모하려는 것에 있다. ③그와 함께 동포들에게 위안을 주고, 나아가서는 이 방면의 수준 향상에 다소나마 도움이 될 의도'로 개최하였다고 보고하고 있다.[4] 이 행사의 기획 목적에서도 알 수 있듯이 조련 문화부는 음악회의 관객으로서 동포들은 물론 연합군과 외국인단체, 그리고 일본인 민주주의단체도 상정하고 있었다는 것을 알 수 있다. 즉 이 음악회는 당시의 재일코리안에 대한 위안과 함께 국제적 친선을 도모한다고 하는 대외교류의 성격이 강한 행사였다는 것을 짐작할 수 있다.

보고 내용에 따르면 조련 문화부는 이 음악회의 입장 관객 수에 제한을 두고 있었는데 초대장의 절반가량은 연합군에게 제공하였다. 하지만 음악회 개최 시기가 크리스마스를 며칠 앞둔 시점이라는 점도 작용해서

---

3) 문교부는 1947년 1월에 열린 제9회 중앙위원회에서 문화부를 문교국으로 개편하고 문화, 학무, 출판, 조직, 서무 등의 업무로 나눠서 운영하였다.
4) 「文化部活動報告」1946, 19쪽.

〈그림 2〉 조선독립축하음악대회[5]

정작 연합군 관계자의 참석은 예상보다 훨씬 저조했다고 보고되어 있다. 또 보고 내용에 따르면 성악, 관악, 무용의 연주가 있은 후 호평을 받았다고도 기술되어 있다. 주요 출연자에는 재일코리안 성악가 김영길(金永吉, 永田絃次郎)·김문보(金文輔), 재일코리안 무용가 백성규(白成珪)가 등장하였으며 협연자에는 러시아, 네덜란드, 독일, 일본 등지의 사람들도 포함되어 있다고 보고하고 있다. 당시의 「재일조선문화연감」에 따르면 이 음악회에는 1936년에 독일에서 건너온 폴란드 출신의 바이올리니스트 윌리 프레이(Willy Frey)도 참석한 것으로 기술되어 있다.[6] 또한 오랫동안 활동을 하지 않았던 성악가 김문보가 참석한 것에 대해서도 인상적

5) 朝鮮民衆新聞社, 『写真集 朝鮮開放1年』, 新幹社, 1994, 11쪽.
6) 「在日朝鮮文化年鑑」, 85쪽(『在日朝鮮人関係資料集成〈戦後編〉』 第5卷).

이었다는 평가를 하고 있다.

한편 앞서 이 음악회의 목적 중에 하나는 '동포들에게 위안을 주고, 나아가서는 이 방면의 수준 향상에 다소나마 도움이 될 의도'도 포함되어 있다고 하였으나 문화부활동보고에는 '유감스러웠던 것은 동포의 관객 수준이 낮았기 때문에 음악회 내용을 충분히 이해하지 못했으며, 국제적인 자리의 분위기를 약간 흩뜨려 놓았다'고 보고되어 있다. 다시 말해서 음악회 '조선독립축하음악대회'는 당시의 재일코리안 대중에게는 그다지 친숙한 행사가 아니었으며 주최 측도 동포들에게 위안과 축하를 전할 목적은 당초부터 미흡한 상태에서 이루어진 행사였다는 것을 짐작할 수 있다. 이에 대한 평가는 조련 문화부가 발간한 기관지 『조련문화』에도 등장한다. 재일코리안 교육자 임광철은 『조련문화』 창간호에서 '너무나도 대중을 무시한 고급 예술이었다'는 비판을 제기하고 있다.[7]

해방 직후 재일코리안의 대표적인 음악활동 중 또 하나는 '동포위안대회'이다. 동포위안대회는 조련이나 재일본민주청년동맹, 재일본민주여성동맹의 지방본부 또는 지부 단위의 조직에서 활발하게 진행되었으며 행사의 내용에 대해서는 당시의 신문을 통해 확인이 가능하다.[8] 동포위안대회는 주로 지방이나 지역 중심으로 자주 개최되었던 것으로 짐작이 되지만, 조련 문화부가 개최한 동포위안대회도 있었다. 조련 문화부가 주최한 동포위안대회는 1946년 2월 3일에 간다공립강당에서 개최되었다.[9] 보고에 따르면 출연자는 장비, 김귀환, 김경애 등의 성악가와 조련중총 부원, 가와구치문화부 경음악단, 조련 도쓰카학원아동합창단 등이 출연

---

7) 林光徹, 「芸術と人民大衆－文化部活動報告に代えて」, 『朝聯文化』 창간호, 1946, 55쪽.
8) 예를 들면 「荒川慰安大会」는 『解放新聞』 1947년 2월 25일자에서, 「板橋慰安大会」는 『民衆新聞』 1946년 7월 1일자에서 행사가 이루어진 것을 알 수 있다.
9) 「문화부활동보고」(조련제3회전국대회), 20쪽.

하였다고 한다. 동포위안대회의 식순을 살펴보면, 오전부와 오후부로 나누어져 있으며, 오전부에는 묵념과 개회사에 이어 본국 특파원인 이호영, 강창호, 윤근 등의 본국 정세보고, 구명숙의 강연(「부인에게 고한다」), 「조련뉴스」 1호와 2호가 상영되었다. 오후부에는 모두 네 개의 파트로 구성되었는데, 성악가를 중심으로 한 독창, 중창, 합창극, 음악희극 파트, 가와구치문화부 경음악단에 의한 독창이나 독주, 무용 상연 파트, 도쓰카학원아동합창대의 합창과 피아노 독주, 유희의 피로 파트, 명창회(시나 단가 등을 낭독) 파트로 진행되었다. 조련이 주최한 이 동포위안대회는 식순과 출연자를 살펴보더라도 앞서 개최된 '조선독립축하음악대회'에 비해 당시의 재일코리안에게 보다 친숙한 내용이었으며 규모면에서도 더 큰 행사였을 것으로 짐작된다.

실제로 연주된 곡목을 살펴보면, 민족운동을 펼치면서 불렀던 해방가요나 민요가 포함되어 있었다. 특히 오후부의 프로그램 내용을 살펴보면 먼저 성악을 중심으로 한 프로그램에는 김귀환의 「농민가」나 「해방의 노래」, 김경애의 「봉선화」를 포함하여 이탈리아 오페라의 아리아나 아메리카민요, 러시아민요 등도 공연되었다. 가와구치문화부 경음악단 프로그램에서는 유행가와 민요를 중심으로 구성되어 있다. 공연된 곡목을 살펴보면, 식민지 시대의 유행가인 「어머니 전상서」, 민요인 「도라지타령」, 「사발가」, 「처녀총각」, 「뱃노래」, 「양산도」 등 당시의 재일코리안 대중들에게 잘 알려진 유행가와 민요로 구성되어 있다. 도쓰카학원 아동합창대를 중심으로 한 프로그램에서는 「파랑새」, 「할미꽃」, 「개나리꽃」, 「엿장수 아저씨」 등 한국어 동요가 합창되었다. 명창회 파트에서는 조선시와 남도단가, 「총각진정서」, 「노들강변」, 「육자배기」 등이 공연되었다. 이처럼 동포위안대회는 재일코리안 대중들에게 친근하고 잘 알려진 유행가나 민요를 다수 프로그램으로 구성한 결과 대중들 사이에 큰 호응을 얻었으며, 조련 문화부도 보고에서 행사가 대성공이었다는 평가를 내놓았다. 이와 같은 평가는 조련 문화부의 기관지『조련문화』에서도 확인할 수 있는데 관중들은 공연 도중에 환호를 하거나 박수를 치는가 하면 흥미가 없거나 관심이 낮은 공연에 대해서는 호통을 치기도 하였다. 또한 '예술가들의 공연에는 흥미가 없다', '거리예능인의 공연이 좋다'는 등의 의견을 말하기도 하였다고 한다.[10]

이 당시 조련은 정기적으로 문화부부장회의나 전체대회 등을 통해서 문화예술 활동 전반에 대한 방침을 논의하면서 향후의 음악활동에 대한 지침도 제시하였다. 4전대회 결의에서는 조선민족문화혁명의 과제로서 일본제국주의 잔재의 소탕, 봉건주의 잔재의 청산, 국수주의의 배격, 민주주의 민족문화의 건설, 조선문화와 국제문화의 제휴 등이 제시되어 논의되었으며 그와 함께 다섯 가지 목표도 제시되었다. 첫째, 민주주의민족문화이론의 수립을 위한 활동으로서 우리의 옛 문화와 신고문헌의 수집, 조사연구, 발표보급, 계승활동, 둘째, 문화대중화를 위한 활동, 셋째, 문화교류를 위한 활동, 넷째, 생활문화를 위한 활동, 다섯째, 문화인 조직과 문화단체에 대한 지도 활동 등이다. 또 5전대회에서는 문맹퇴치운동, 조선인문학회, 민주음악동맹의 결성과 활동, 국제문화교류운동 등이 문화예술 활동의 주요 성과로 제시되었으며 동시에 문화예술 활동의 경시, 문화인을 냉대하는 관념을 극복하지 못한 점, 소수의 문화인에게 과중한 부담을 주고 있는 점, 연맹원의 문화성 고양을 위한 계몽활동이 전무에 가까운 점 등도 지적되었다.

이와 같은 조련의 활동을 고려할 때 해방 직후의 조련의 음악활동의 기본적인 방침도 일본제국주의의 잔재와 봉건주의 잔재의 청산, 신조선

---

10)『朝聯文化』창간호, 55쪽.

문화의 수립, 국제친선과 문화교류를 중심으로 한 민주민족문화 대중화
의 지향이었다고 할 수 있다.

조련의 음악활동에 있어서 부연할 만한 것은 다양한 노래의 제작과
수집, 가요집의 발행이라고 할 수 있다. 조련은 1946년부터 다양한 잡지
와 신문을 통해 재일코리안이 부를 수 있는 노래의 소개와 제작에 힘썼
다. 그 일환으로 문화부 기관지인『조련문화』창간호에는 「해방의 노래」
와 「농민가」가 소개되었다.[11]

또 1946년에 조련은 「8.15해방기념노래」와 「조선인연맹가」의 가사를
모집하였는데 각각 30편과 32편의 가사가 모였으며 이들 중 각각 가작

---

[11] 「해방의 노래」와 「농민가」는 좌익계열 음악가 김순남이 해방 직후에 작곡하였다. 참고로
「해방의 노래」는 임화가, 「농민가」는 박아지가 작사하였으며 각각의 가사는 다음과 같다.

　「해방의 노래」
1. 조선의 대중들아 들어보아라
　　우렁차게 들려오는 해방의 날을
　　시위자가 울리는 말굽소리와
　　미래를 고하는 아우성소리
2. 노동자와 농민들은 힘을 다하여
　　놈들에게 빼앗겼던 토지와 공장
　　정의의 손으로 탈환하여라
　　제놈들이 힘이야 그 무엇이랴

　「농민가」
1. 펄펄나는 조합기를 앞에세우고
　　동무들아 용감하게 싸워나가라
　　어제까지 피를 빨든 우리 원수는
　　오늘부터 물러가기 시작하였다.
2. 우리들이 바래오든 새로운제도
　　농민에게 농민에게 논하주어라
　　씨뿌리고 매다르고 거둘것이니
　　자유로운 생산이 이것아니냐
3. 괭이메고 호미들고 어서나서라
　　아름다운 이강산이 우리것이다
　　해방과 자유를 노래하면서
　　새사회의 건설에 힘을써보자

〈그림 3〉『조련문화』 창간호의 「해방의 노래」와 「농민가」

〈그림 4〉 4.24의 노래[12]

3편과 2편을 정하였다. 그뿐만 아니라 조련은 재일코리안의 민족운동에 관한 노래도 제작하였다. 예를 들면, 한신교육투쟁을 노래한 「4.24의 노래」는 1949년에 시인 허남기가 작사하고 동양음악학교 출신 김경재가 작곡하였다. 또 문화공작대의 활동을 노래한 「문공대의 노래」는 1949년에 허남기가 작사하고, 한갑수가 작곡하였다.

이 외에도 조련은 해방된 민족의 희망과 미래를 노래하는 가요나 신조선의 건설, 민주민족문화의 건설을 지향하는 노래를 만들고 보급하는 데 앞장섰다. 그래서 조련의 대회, 회의, 집회 등에서 자주 노래를 부르며 조직의 결속과 투쟁을 강화하기도 하였다. 당시 조련이 자주 불렀던 노래에는 김순남 작곡의 「독립의 아침」, 「해방의 노래」, 「인민항쟁가」 등이 있다. 또한 조련은 가요집의 발행에도 노력하였다. 그 대표적인 가요집은 『해방가요집』이다. 『해방가요집』은 1946년 4월에 조련 산하의 조선음악동맹이 발행하였으며 1947년 5월에 조련중앙본부에서 복각 발행되었다. 이 가요집에는 「독립의 아침」, 「해방의 노래」 등 31곡이 수록되어 있다.[13] 이 가요집에 수록된 곡 중에 15곡은 김순남이 작곡한 것으로 김순남은 『해방가요집』의 서두에 「해방가요에 대해서」라는 글을 통해 발행 의도를 밝히고 있다.

이 글에서 김순남은 '수록한 30여 곡은 해방 후에 작곡한 애국가요 및 투쟁가요이다. 애국가요나 투쟁가요는 광범위한 인민의 외침이 아닐 수 없다. 따라서 작가란 인민의 충실한 대변자에 지나지 않는다. 대중음악이란 대중의 비속성과 무비판적인 타협으로부터 생겨나는 것이 아니라 대중에게 기쁨을 주고 또한 지도성을 가진 음악이어야만 한다', '군가풍을 근본적으로 일소하는데 유의하였다', '건설적이고 조선적인 요소를 도

12) 吳圭祥, 『ドキュメント在日本朝鮮人連盟1945-1949』, 岩波書店, 2009, 277쪽.
13) 吳圭祥, 『ドキュメント在日本朝鮮人連盟1945-1949』, 岩波書店, 2009, 279쪽.

출하기 위해 노력하였다'고 기술하고 있다.[14] 즉 김순남은 일본제국주의
와 군국주의의 잔재를 청산하고 신조선건설을 지향하는 대중의 지도를
목적으로 곡을 선택하고 가요집을 발행하였다고 기술하고 있다.

이 무렵에 발행된 또 다른 가요집에는 조련도쿄본부문교부편『혁명가
요집』이 있으며, 재일본조선민주청년동맹도쿄본부문화부편『인민해방가
요집』, 재일본조선민주청년동맹아이치현본부가 발행한『혁명가집』등이
있다.

앞서 기술한 바와 같이 조련이 1946년 2월에 개최한 '동포위안대회'는
당시의 재일코리안 대중들에게 큰 호응을 얻었다. 이후 각지로부터 위안
대의 파견연주를 희망하는 내용의 요청이 늘어났으며 결국 제2회 문화
부장회의 보고에서 이에 대한 대응책이 논의되었다.

〈그림 5〉 인민해방가요집[15]

14) 吳圭祥,『ドキュメント在日本朝鮮人連盟1945-1949』, 岩波書店, 2009, 280쪽.
15) 吳圭祥,『ドキュメント在日本朝鮮人連盟1945-1949』, 岩波書店, 2009, 281쪽.

그 후 조련은 위안대를 조직해서 각 지방에 파견함과 동시에 유세대를 동행하게 함으로써 본국과 국제정세의 전달이나 조직의 확대를 위한 계몽활동의 일환으로 순회악단의 조직을 실행하였다. 먼저 조련문화부는 보고에서 순회악단의 파견 목적을 다음과 같이 명기하고 있다. '지방 유세대원을 동행하게 함으로써 대중적 집합을 이용해 조련의 조직을 확대하고 강화시키는 것에 중점을 둔다', '본국정세 국제정세를 알리고 일반의 계몽에 이 기회를 이용한다', '지금까지 우리에게 없었던 오락기관을 통해 동포들에게 위안을 준다.'16)

조련문화부가 명시한 목적에서도 알 수 있듯이 순회악단의 파견 목적의 중점은 조련의 조직 확대와 강화, 재일코리안에 대한 계몽과 정보 전달이었으며, 동포에 대한 위안의 제공 목적은 부수적인 음악활동으로 상정된 것이라는 것을 알 수 있다. 즉 조련문화부는 순회악단이라는 오락기관을 동원하여 조련의 정책선전과 계몽활동에 활용한 것으로 볼 수 있다.

조련이 편성한 지방순회악단은 1946년 2월 12일부터 6월 9일까지 약 4개월 동안 전국 70여 곳으로 파견되어 순회공연을 개최하였다. 지방순회악단의 편성은 제1반과 제2반으로 나누어져 있었으며, 제1반은 김귀환을 중심으로 주로 간토 지방(도쿄, 가나가와)에서 주부지방(나가노, 시즈오카, 아이치, 기후), 간사이 지방(오사카, 교토, 나라, 시가, 효고), 주고쿠 지방(히로시마, 오카야마, 야마구치)으로 파견되었으며 순회공연은 2월 12일부터 3월 26일까지 총 34개 지역에서 진행되었다. 제2반은 제1반보다 한 달 정도 늦은 3월 12일부터 지방순회가 이루어졌으며 이경주를 중심으로 운영되었다. 제2반은 간사이 지역의 오사카, 나라, 교토를 거쳐 간토 지방의 군마, 도치기, 사이타마, 이바라키, 도쿄, 치바 등지를

---

16) 「文化部活動報告」, 1946, 21쪽.

순회하였으며, 도중에 점령군을 위한 공연도 이루어졌다. 이어서 도호쿠 지방의 이와테에서도 15회 공연이 이루어졌다. 제2반의 순회공연은 6월 9일까지 총 35개 지역에서 진행되었다. 보고에 따르면 이들 지방순회악 단은 「조련뉴스」를 공연과 함께 상연하여 조련의 선전과 계몽활동을 전 개한 것으로 확인되었다. 순회공연 중 3월 12일부터 3월 17일 사이에는 제1반과 제2반이 동일 지역에서 공연을 한 것으로 보고된 것으로 보아 합동공연을 한 것으로 추정된다.

순회악단의 공연내용을 살펴보면 각 반은 각각 10개 이상의 연주 프로 그램을 준비한 것으로 확인된다. 제1반의 주요 연주 프로그램에는 「독립 의 노래」, 「우리들의 노래」, 「처녀총각」, 「목포의 눈물」, 「번지없는 주막」, 「청사초롱」, 「도라지풍경」, 「수일과 순애」, 「아리랑」, 「양산도」, 「농민가」, 「해방의 노래」 등 식민지 시절부터 불려졌던 민요나 유행가, 해방가요 등이 다수 포함되어 있다. 제2반의 주요 프로그램에는 제1반과 같이 「해 방의 노래」, 「독립의 아침」과 같은 해방가요도 포함되었으며, 「노들강변」, 「밀양아리랑」, 「도라지타령」, 「조선팔경」, 「처녀총각」, 「건국행진곡」 등 의 곡들이 연주되었다. 그리고 각 반의 프로그램에는 노래뿐만 아니라 프로그램 사이사이에 만담이나 무용, 피아노 독주, 악단연주 등의 프로 그램도 함께 진행된 것으로 보고되어 있다.

공연 프로그램에서도 알 수 있듯이 순회공연은 당시의 재일코리안 대 중을 의식한 내용으로 구성되었으며, 무엇보다 조련의 순회악단 파견 목 적을 달성하기 위하여 대중적 집합을 유도할 수 있는 프로그램을 운영한 것으로 볼 수 있다. 이는 당초 순회악단 파견이 동포위안대회에 대한 긍 정적인 평가를 바탕으로 기획된 것인 만큼 많은 부분 동포위안대회의 프 로그램 구성방식을 수용한 결과일 것이다.

지방순회악단의 공연은 제1반과 제2반을 합쳐서 총 69회 실시되었다.

그러나 조련의 보고에 따르면 지방순회악단은 1946년 4월 말에 해산이 결정되었다. 이 무렵의 지방순회공연은 제2반이 담당하였는데 앞서 기술한 바와 같이 제2반의 순회공연은 6월 9일까지 진행되었다. 다시 말해서 제2반의 순회공연 도중에 지방순회악단의 해산이 결정된 것이다. 순회악단의 해산 결정 이후에 진행된 치바와 이와테 지역의 순회공연은 이미 사전에 공연이 예정되어 있었던 것으로 부득이 진행했을 가능성이 높다.

지방순회악단의 해산결정에 대해서 문화부의 보고에는 '이 순회악단은 지방에 따라서는 상당한 효과를 얻었지만 단원들의 무자각한 행동과 지방재정에도 너무나 과중한 부담을 준 것, 또 내용에 있어서 참신한 것이 없었다는 등 여러 가지 비판이 많았기 때문'이라고 기술되어 있다. 또 '악사나 가수들의 의식수준이 천박하여 전체적으로 봐서 오히려 동포대중들로부터 비판을 받았다'고 총괄되어 있다.

제2회전국문화부장회의록에 따르면 '위안대를 파견했지만 적당한 인원의 부족으로 계몽운동에는 아무런 힘도 되지 않았고, 단지 위안에 있어서 어느 정도 효과가 있었을 뿐'이라는 평가가 언급되었다. 그러면서 '순회음악대를 중총에서는 정식 해산을 시키고 앞으로 계몽활동도 할 수 있는 우수한 예술가로서 음악대를 재조직 할 의향'이라는 논의가 있었다.[17]

이와 같은 일련의 과정을 살펴보면 지방순회악단의 해산은 조련이 당초 제시한 순회악단의 파견 목적을 달성하는데 있어서 일부 악사나 연주자 등의 무자각한 행동이 방해요소로 작용하였으며, 동시에 지방본부의 재정에도 부정적인 영향을 주었기 때문으로 짐작할 수 있다. 그리고 무엇보다 순회악단의 파견을 통해 달성하고자 한 재일코리안 대중에 대한 계몽과 조직 확대에 그다지 도움이 되지 않는다는 판단이 있었기 때문일

---

17) 在日本朝鮮人連盟中央総本部文化部, 『朝連資料第五集第二回全国文化部長会議録』, 1946, 23~24쪽.

것이다. 아무튼 조련이 지방순회악단을 통해 달성하고자 한 '동포에 대한 위안의 제공'은 일정 부분 성과를 거두었다고 볼 수 있으며, 이 점은 제2회전국문화부장회의에서도 '위안에 있어서 어느 정도 효과가 있었다'는 내용으로도 확인할 수 있다. 그러나 이 시기의 조련의 음악활동에 대해 「재일조선문화연감」에는 '질적으로 대단히 빈약'했다는 평가를 내리고 있으며, 실질적으로 이 시기에 조련이 중점을 둔 민족교육활동에 비하면 음악활동의 성과는 기대에 미치는 수준은 아니었을 것으로 판단된다. 분명한 것은 조련 문화부의 음악활동은, 비록 당시의 재일코리안 대중들에 의한 활동은 아니었지만, 많은 재일코리안 대중들에게 위안을 제공하고자 노력하였으며, 해방 직후의 재일코리안 대중들의 음악적 욕구를 해소하는데 일조했다는 것이다.

해방 이후 재일코리안 대중들에 의한 음악활동이 가장 왕성하게 전개된 것은 '문화공작대'의 출현 이후부터라고 할 수 있다. '문화공작대(문공대)'는 1948년 10월에 재일조선민주청년동맹(민청)도쿄본부에 의해 창단되어 재일코리안의 계몽활동과 선전활동을 전개하였다. 1949년 2월부터 7월까지 45회 공연이 이루어졌으며 약 12만 명이 관람할 만큼 활발한 활동을 전개하였다.[18] 이를 계기로 조련은 1949년 3월 24일에 '문공대중앙협의회'를 발족시켜 전국 규모의 문화예술활동을 실시하게 되었다.

앞서 기술한 바와 같이 조련이 결성된 이후 가장 활발한 활동을 한 분야는 민족교육 활동이라고 할 수 있다. 조련은 결성 이후 민족학교의 설립과 교재편찬 활동 등을 활발하게 전개하였다. 그리고 민족교육의 일환으로 음악교육과 음악의 보급에도 힘썼다. 조련은 초등학원과 중학교, 조련중앙고등학교, 3.1정치학원 등의 학교에 음악교육을 위한 커리큘럼

---

18) 『解放新聞』 1949년 7월 14일자 기사.

을 구성하여 음악을 보급하는 한편 음악교재의 제작에도 많은 노력을 기울였다. 이때에 제작된 음악교재에는 『초등조선창가집』(제1권, 제2권), 동요집 『비둘기』, 초등학원의 1, 2학년용 음악교재 『초등음악』(상), 3, 4학년용 음악교재 『초등음악』(중) 등이 있다.

해방 직후 조련은 음악단체의 결성에도 노력하였는데 1948년 3월 20일에 재일본조선민주음악동맹이 결성되었다. 결성대회에는 조련도쿄본부 강당에서 개최되었으며, 조련중앙총본부의장단 한덕수가 참석하였고 조선문학회 이은직이 축사를 하였다. 이 자리에서는 음악동맹의 활동방침에 대해서도 논의되었다. 그 결과, 첫째, 민주주의민족문화의 건설을 도모한다, 둘째, 과거의 예술지상주의적 경향을 청산하고 인민의 음악을 고양시킨다는 방침이 결정되었다. 그리고 집행위원으로는 서기장에 윤한학, 연구부대표에 김경재, 연주부대표에 김영길이 선출되었다.

이 무렵에 활발하게 음악활동을 전개한 재일코리안 음악가에는 해방 직후에 조선예술가동맹을 결성하였고, 민청도쿄본부결성대회 때는 「민청가」와 「해방의 노래」 등을 부르며 조련의 음악활동의 중심적인 역할을 한 장비, 식민지 시절에 김영환, 윤심덕과 함께 우에노음악학교를 졸업한 김문보, 조련의 각종 대회에서 독창, 연주지도 등을 하는 한편 후지와라가극단에 소속되어 있던 김영길 등이다.

특히 김영길은 나가타 겐지로(永田絃次郎)라는 이름으로 전시 중에 군악대에 소속되어 군가 등을 부른 성악가로 일본의 침략전쟁을 옹호하고 전쟁협력에 가담한 인물이지만 해방 직후 조련에 가입하여 노래를 통한 민족운동에 가담하였다. 해방 후 도쿄의 재일코리안 부락이 있던 에다가와(枝川)로 이주해 와서 살면서 자신의 전시 중의 행위를 후회하고 반성하며 재일코리안으로서 새로운 음악인의 삶을 영위한 인물이다. 김영길은 조련 산하에서 결성된 재일본조선민주음악동맹의 활동에 앞장서서 활약하였으며, 1948년 3월에 도쿄 황거 앞 광장에서 개최된 조련 주최의 '3.1운동29주년기념대회'에서는 조선중학교 브라스밴드를 지휘하기도 하였다.[19] 또 1948년 11월에는 조련이 기획한 『가극 춘향(歌劇春香)』에 이몽룡역으로 출연하여 호평을 받았다.

2. 『가극 춘향(歌劇春香)』의 제작과 상연

한국 고전문학의 대표작 중의 하나인 『춘향전』은 1882년에 나카라이 도스이(半井桃水)에 의해 『鷄林情話 春香伝』이라는 제목으로 번역되어 『大阪朝日新聞』에 연재되면서 일본에 소개되었다. 그 후 『춘향전』은 일본에서 소설, 연극, 영화, 오페라, 만화 등의 다양한 장르를 통해 소개되고 재구성되어 왔다. 특히, 장혁주가 1938년에 발표한 『新選純文学叢書第9 春香伝』(新潮社)과 같은 해 3월 23일부터 4월 14일까지 일본인 극작가(연출가) 무라야마 도모요시(村山知義)의 각색으로 일본신협극단(日本新協劇団)에 의해 쓰키지소극장(築地小劇場)에서 공연된 『춘향전』(6막11장)은 그 해의 「춘향전 붐」을 일으키기도 했으며, 동시에 「조선 붐」으로 이어지는 계기가 되었다고 전해진다.

이와 같은 일본에서의 『춘향전』에 대한 관심은 일본의 패전에도 불구하고 지속되었다. 패전 이후, 『춘향전』은 1948년에 재일조선인 문학가 이은직(李殷直)이 발표한 『新編春香伝』(極東出版社)을 비롯하여 같은 해 11월에는 일본인 작곡가 다카기 도로쿠(高木東六)에 의해 작곡된 『가극 춘향(歌劇春香)』이 도쿄유라쿠좌(東京有楽座)에서 공연되었다. 그리고 1956년

---

19) 『解放新聞』 1948년 3월 5일자 기사.

에는 장편 서사시「화승총의 노래」등으로 유명한 재일조선인 시인 허남기(許南麒)에 의해 번역된『춘향전』(岩波書店)이 출판되기도 하였다. 특히, 다카기 도로쿠의『가극 춘향』은 패전 이후 일본인이 작곡하고 제작한 최초의 오페라라는 점에서 당시의 일본인들에게 큰 반향을 불러일으켰을 뿐만 아니라 재일본조선인연맹(이하 조련)이『가극 춘향』의 제작을 의뢰하고 지원하였으며, 주인공의 한 사람인 이몽룡 역에 재일조선인 성악가 김영길(永田絃次郎)이 출연한다는 점에서 당시의 재일조선인들에게 있어서도 큰 화제가 되었다.

<그림 6>『가극 춘향』대본과 연습장면[20]

그런데 여기에서 주목할 점은 패전 직후의 사회적 혼란과 경제적 어려움에도 불구하고 조련이『가극 춘향』의 제작을 의뢰하고 지원하였다는 점, 그리고『가극 춘향』은 일본에서 제작되고 소개된 종래의『춘향전』과는 달리 비극적인 결말로 구성되어 있다는 점이다.『가극 춘향』의 비

20) 曹龍達,『随筆春香伝 附オペラ台本』1948;『グランドオペラ春香』(公演プログラムのパンフレット), 1948.

극적인 결말에 대해서는 작곡가(성악가)인 세키 다다아키라(関忠亮)의 '무대의 감명을 평범하게 만들었으며, 게다가 작품의 중심적인 주제를 혼란스럽게 만들고 있다[21]'는 동시대 평에서도 알 수 있듯이『춘향전』의 내용전개에 있어서 해피엔딩을 기대했을 많은 관객들에게 일종의 당혹감을 안겨주었음을 유추할 수 있다. 이 점은『가극 춘향』의 작곡가인 다카기 도로쿠가 이미 전시 중(1941년 전후)에 한 차례 오페라『춘향전』을 작곡한 적이 있을 만큼『춘향전』에 대해 조예가 깊은 인물이며,『가극 춘향』의 제작을 의뢰하고 지원한 단체가 조련이었다는 사실, 더욱이 관객의 상당수가 재일조선인이었을 것이라는 점을 고려할 때 충분히 납득하기 어려운 의문으로 지적할 만하다. 하지만 종래의 선행연구에서는『가극 춘향』의 제작경위에 대해서는 기술하고 있으나『가극 춘향』의 비극적인 결말에 대해서는 충분한 논의와 분석이 이루어졌다고는 보기 어렵다.[22] 또한『가극 춘향』의 제작의뢰 및 지원과 관련하여 조련은 어떠한 자세와 입장을 취하고 있었으며, 재일조선인의 동시대적 담론과 어떠한 관계를 가지고 있는가에 대한 고찰의 여지도 남기고 있다.

여기에서는 이와 같은 문제의식을 기반으로『가극 춘향』의 결말에 대한 평가와 재인식의 필요성을 분석하고, 동시대의 재일조선인의 여성해방담론이『가극 춘향』과 어떠한 관계가 있는지를 고찰하고자 한다.

---

[21] 関忠亮,「オペラ"春香"のこと」,『テアトロ』第11巻第2号, カモミール社, 1949, 49~52쪽.

[22]『가극 춘향』에 관한 주요 선행연구에는, 藤井浩基「高木東六作曲−歌劇〈春香〉の構想から完成まで」,『北東アジア文化研究』第11号(鳥取短期大学, 2000), 공은아「다카기 도로쿠(高木東六)의 오페라 '춘향'」,『음악학』제8권(한국음악학학회, 2001), 成恩暎「終戦直後における在日朝鮮人の文化活動−在日朝鮮人連盟によるオペラ「春香」の企画を中心に」,『年報地域文化研究』19(東京大学大学院総合文化研究科地域文化研究専攻, 2010), 이응수・윤석임・박태규「일본에서의「春香伝」수용 연구」,『일본언어문화』제19집(한국일본언어문화학회, 2011) 등이 있다.

1)『가극 춘향』의 제작과 조련

앞서 기술한 바와 같이, 일본인 작곡가 다카기 도로쿠(1904~2006)에 의해 작곡된 『가극 춘향』은 1948년 11월 20일부터 11월 26일까지 도쿄유라쿠좌(東京有楽座)에서 총 13회에 걸쳐 공연되었으며, 전 4막 6장으로 구성되어 있다.23)『가극 춘향』의 공연 프로그램 팸플릿에 의하면 연출과 각본, 미술은 일찍이 전시 중에 재일조선인들과의 교류를 통해 신극『춘향전』의 대본과 연출을 담당했던 무라야마 도모요시가, 프로듀서는 재일조선인 문학가 허남기가, 이몽룡 역에는 재일조선인 성악가 김영길(永田絃次郎)이 담당한 것으로 되어있다.

이와 같은 점에서도 짐작할 수 있듯이,『가극 춘향』은 원작이 가지고 있는 조선과의 관계는 물론 제작진에 있어서도 조선과 깊은 관계를 지니고 있음을 알 수 있다. 이 점에 있어서는 작곡가 다카기 도로쿠 또한 예외는 아니다.

다카기 도로쿠는 1928년에 도쿄음악학교를 중퇴한 후, 파리국립음악원을 거쳐 스콜라 칸토룸(Schola Cantorum)을 졸업하고 1932년에 귀국하였다. 귀국 후에는 피아노 독주회를 통해 다수의 프랑스 작품을 소개하는 등 활발한 음악활동을 펼치는가 하면 조선의 전통음악에도 관심을 보이며 약 10여 차례 조선을 방문하였다고 한다.24) 그러한 가운데 1939년에는 협주곡 「조선의 환상(朝鮮の幻想)」과 조선인 무용가 조택원의 의뢰로 작곡한 무용조곡 「학(鶴)」을 발표하기도 하였다. 특히, 1940년에는 관

---

23) 당시의 공연은 '11월 25일 오후 8시부터 60분간 NHK에서 중계녹음에 의해 방송되었다'고 전해지고 있다(增井啓二, 『日本オペラ史~1952』, 水曜社, 2003, 358쪽).

24) 高木東六, 「オペラ『春香』について 作曲者の言葉」, 『グランドオペラ 春香』(公演プログラムのパンフレット), 1948, 1쪽. '元来ぼくは朝鮮音楽に対して特別な興味を持つてゐて, 採譜のためのみに朝鮮迄遙々行つたことがある位で, 前後十回近くも渡鮮してゐる筈だ.'

현악곡 「조선무용조곡(朝鮮舞踊組曲)」의 일부인 「조선의 북(朝鮮の太鼓)」
이 신경음악원상(新京音楽院賞, 満洲国建国記念)에 응모되어 1등으로 입
선하였으며, 1942년에는 일본의 문부대신상을 수상한 바 있다.

다카기 도로쿠는 『가극 춘향』의 공연 프로그램 팸플릿에서 『가극 춘
향』이 자신에게 있어서 두 번째 작품임을 밝히고 있다. '첫 번째 작품은,
쇼와 14 · 15년에 착수해서 대전(大戰)직전까지 제3막까지 완성하였지만,
이것은 이번 전란에 의해 완전히 소실되어 버렸다[25]'는 것이다. 이 점은
다카기 도로쿠가 단지 우연히 조련으로부터 두 번째 작품인 『가극 춘향』
의 작곡을 의뢰받은 것이 아니라는 것을 방증하는 대목이라고 추정할 수
있다. 즉 당시의 재일조선인들도 다카기 도로쿠의 음악활동, 특히 조선
에 대한 관심과 그에 수반한 작품 활동들을 주지하고 있었기에 가능한
일이었을 것이라 여겨진다.

다카기 도로쿠는 자신의 에세이에서 '(쇼와 21년 초순, 재일본조선인연
맹으로부터) 완성할 때까지는 매달의 생활을 보장 하겠다'는 조건을 제
시하며 조련으로부터 오페라 『춘향전』의 작곡 의뢰가 있었음을 언급하
고 있다.[26] 그리고 이러한 사실은 다음의 자료에서도 확인할 수 있다.

그(인용자 주, 김영길)가 영락한 것을 알게 된 재일상공인들이 격려하기 위
해 이번 출연에 이르게 된 것이다. 연회장에서 「앞으로는 민족을 위해서」라
고 「결의표명」을 한 그는 우뢰와 같은 박수를 받았으며, 순식간에 수천 엔의
기금이 모였다. 그러한 분위기는 조련문교부가 11월 20일부터 일 주일간에 걸
쳐 유라쿠좌(有楽座)에서 개최한 「그랜드 오페라 · 춘향」으로 결실을 맺었고,
김영길은 주역인 이몽룡 역을 맡았다. 이 공연에는 200만 엔의 예산이 배정되

25) 高木東六, 「オペラ『春香』について 作曲者の言葉」, 『グランドオペラ 春香』(公演プログラム
のパンフレット), 1948, 1쪽.
26) 高木東六, 『愛の夜想曲』, 講談社, 1985, 237쪽.

었지만, 필시 재일상공인에 의한 거액의 기금으로 실현되었을 것이다. 한국전
통예능인 춘향전을 오페라로 각본화 한 것은 다카기 도로쿠였다. (중략) 조련
문교부는 김영길의 복귀를 바라고 있었으며, 나가노현에 소개(疏開) 중이었던
다카기 씨에게 「공연이 실현될 때까지 생활비를 내겠다」고 설득하고 각본이
완성된 것이다.27)

위의 자료에 의하면 재일조선인 상공인들이 재일조선인 성악가 김영
길의 격려와 복귀를 위해 거액의 기금을 마련하였으며, 그 기금으로 다
카기 도로쿠를 설득하여 마침내『가극 춘향』이 무대에 오르게 되었다는
것을 기술하고 있다. 다시 말하면,『가극 춘향』의 제작에 있어서 재일조
선인의 역할이 크게 작용하였다는 것을 추정할 수 있다. 그리고 당시의
재일조선인들에게 있어서 「춘향전」이 왜 종래에 등장했던 소설이나 연
극, 영화와 같은 장르가 아닌 오페라라는 다소 생소한 장르를 선택하여
제작하려고 하였는가에 대한 의문도 일정 부분 해소되리라 보여진다.
    그런데 여기서 주목할 것은『가극 춘향』의 제작과 관련하여 조련(혹
은 재일조선인)의 역할은 다카기 도로쿠에게 작곡을 의뢰하고 제작을 지
원하는데 그친 것인가라는 점이다. 본고는 이러한 의문에 대한 확실한
해답을 제시하기에는 부족한 부분이 있다는 것을 인정한다. 다만, 당시
의 조련(혹은 재일조선인)이 「춘향전」에 대해 어떠한 태도를 보이고 있
었으며, 또한 어떠한 기대를 가지고 있었는가를 살펴본다면 앞의 의문을
부분적으로나마 해소할 수 있는 실마리는 제공할 수 있으리라 사료된다.
    이러한 의미에서 먼저 패전 직후, 조련(혹은 재일조선인)이 「춘향전」

27) 高東元,「海峡を渡った韓国芸能人」(一般社団法人 在日韓国商工会議所兵庫 HP,
    http://www.hyogokccj.org/ 열람, 2015년 3월 4일 11시 35분), 이 외에도 呉圭祥(在日朝鮮人
    歴史研究所研究部長),「<解放5年, 同胞音楽事情―③>地方巡演―文化宣伝隊」,「朝鮮新報」
    (2007년 8월 9일자)에도 조련이 다카기 도로쿠에게『가극 춘향』의 작곡을 의뢰하고 지원
    하였다는 내용이 수록되어 있다.

에 대해 어떠한 태도를 보이고 있었는가를 살펴볼 필요가 있다.

1946년 4월에 조련문화부는 '대중의 절실한 요구의 하나인 계몽사업'의 '노력부족(努力不足)'에 대해 '자기비판 할 여지가 있다'고 지적하면서 '새 출발하기 위하여 이제 소설을 세상에' 발신한다는 「창간사」와 함께 잡지 『조련문화(朝聯文化)』를 간행하였다. 여기에서 주목할 점은 이렇게 간행 된 잡지 『조련문화』 창간호와 같은 해 10월에 간행된 제2호에는 재일조 선인 문학가 이은직의 논고 「春香傳과 朝鮮人民精神」이 연이어 발표되었 다는 점이다. 이은직은 『조련문화』 제2호의 논고에서 다음과 같이 기술 하고 있다.

> 위대한 예술은 반드시 세계성을 가지지 않으면 안 될 것이다. 거기에는 어 떤 나라 사람이더라도 감동 안 할 수 없는 공감이 있는 까닭이다. 그런 의미 로써 춘향전 사이에 있는 어떤 보편적인 것 혹은 세계적인 것을 탐구할 때 춘 향 자체가 세계적 인물의 구현이라는 것을 생각지 않을 수 없다.[28]

이은직은 이 논고를 통해 『춘향전』에 내재되어 있는 '보편적인 것'(보 편성)과 '세계적인 것'(세계성)을 인정하면서 『춘향전』의 예술적 가치와 독창성을 피력하고 있다. 다시 말해, 이은직은 『춘향전』을 봉건적 사회 의 특수성과 조선이라는 지역성에 국한된 작품이 아니라 세계적 수준의 '감동'과 '공감'을 불러일으키는 '위대한 예술'로써 평가하고 있다는 것을 알 수 있다.

『춘향전』에 대한 이와 같은 관점은 다카기 도로쿠에게 『가극 춘향』의 작곡을 의뢰할 당시부터 조련의 중앙위원이었던 신홍식이 『가극 춘향』에 대한 기대감을 기술한 부분에서도 찾아볼 수 있다.

---

28) 李殷直, 「春香伝과 朝鮮人民精神 (下)」, 『朝聯文化』 第2号, 朝聯文化部, 1946年 10月号, 73~86쪽.

두 사람(인용자 주, 무라야마 도모요시와 다카기 도로쿠)에 의해 그려진 조
선 및 조선인은 강렬한 조선적 성격을 가지고 있으면서도 또한 별다른 의도
도 없이 적당히 세계화(「コスモポリタナイズ」)되어 있으며, 원작이 가진 진실
성과 보편성과도 어울려서 분명 국경과 민족을 초월해 따뜻한 공감을 불러일
으킬 것이다.[29]

인용문에 나타난 키워드를 간단히 제시해 보면 세계화(「コスモポリタ
ナイズ」), 진실성, 보편성, 공감 등으로 나열할 수 있다. 이러한 키워드는
앞서 제시된 『춘향전』에 대한 이은직의 관점과 일맥상통하고 있음을 쉽
게 확인할 수 있다. 『가극 춘향』에 대한 이와 유사한 기대는 이몽룡 역
을 맡은 재일조선인 성악가 김영길의 기술, '춘향전을 국제적인 작품으
로 만들기 위해서는 차라리 로컬 컬러를 많이 드러내지 않는 편이 현명
하다고 생각한다'[30]는 부분에서도 여실히 나타나 있다.

이와 같은 사실들을 정리해 보면, 당시 조련(혹은 재일조선인)은 『춘
향전』을 통해 조선과 조선인이 가진 특수성과 지역성을 도출하여 강조
하기보다 국경과 민족을 초월한 감동과 공감을 기반으로 보편성과 세계
성을 제시해 주기를 기대했던 것으로 판단된다.

그렇다면 작곡가인 다카기 도로쿠는 『가극 춘향』을 어떠한 입장에서
묘사하고자 하였는가를 살펴보자. 다카기 도로쿠는 『가극 춘향』의 작곡
을 끝낸 이후 다음과 같이 술회하고 있다.

오페라 「춘향」에 있어서, 나는 조선적인 것의 총결산을 시도했다고 할 수
있지만 완성된 지금에 와서 생각하면 이제부터야말로 진정한 「조선색」을 그

---

29) 申鴻湜, 「解説にかねて」, 『グランドオペラ春香』(公演プログラムのパンフレット), 1948, 3쪽.
30) 金永吉, 「『春香』上演に際して」, 『随筆春香伝 附オペラ台本』, 曹龍達, 1948年 11月 15日 발행,
6쪽.

려낼 다음 작품을 생각해야 할 것 같고 「춘향」만으로는 아직 만족할만한 기분이 아니라는 것이 현재의 심경이라고 할 수 있다.[31]

다카기 도로쿠가 『가극 춘향』에서 추구하고자 했던 작품세계는 단적으로 말하자면, '조선적인 것'으로 대변되는 '조선색'을 충분히 만족할 만큼 반영시키는 것이었다는 것을 인지할 수 있다. 그런데 주의할 점은, 『가극 춘향』에 대한 다카기 도로쿠의 이와 같은 입장은 앞서 살펴본 조련의 입장과는 상당히 상반되는 것이라는 것을 확인할 수 있다. 다시 말해, 『가극 춘향』의 제작을 의뢰한 조련의 입장과 작곡가 다카기 도로쿠의 입장 사이에 간극이 있다는 것을 추측할 수 있는 부분이다. 실제로 이와 같은 간극은 『가극 춘향』의 공연에 대한 세키 다다아키라의 동시대평에서도 짐작할 수 있다.

> 문제는 다시 누구를 대상으로 해서 이 오페라가 쓰여졌는가라는 것이다. "춘향"을 사랑하고, 조선
> 같은 사교인의 기분을 맞추기 위함인가. 유라쿠좌(有楽座) 단골의 ロッパ・エノケン(吉川ロッパ・榎本健一)을 위한 막간극으로 다룬 것인가, 작곡가가 자기의 후원자나 지원자에 대한 시청회판(デモ) 혹은 상품견본으로 만든 것인가. 거리낌 없이 말하자면, 이 문제는 제작 스태프들 사이에 재고할 필요가 있다.[32]

세키 다다아키라의 지적은 작곡가 다카기 도로쿠에게 있어서는 심기를 불편하게 할 만한 내용으로 보이지만, 사실 이 지적은 『춘향전』에 대

---

31) 高木東六, 「歌劇「春香」の作曲について」, 『随筆春香伝 附オペラ台本』, 曺龍達, 1948年 11月 15日 발행, 4~5쪽(高木東六, 「歌劇「春香」の作曲について」, 『音楽芸術』 第7巻第2号, 音楽之友社, 1949, 29~30쪽 수록).

32) 関忠亮, 「オペラ"春香"のこと」, 『テアトロ』 第11巻第2号, カモミール社, 1949, 52쪽.

한 조련(혹은 재일조선인)의 입장과 작곡가 다카기 도로쿠의 입장 사이에 발생한 간극을 노정한 결과로 인식해야 할 것이다.

그렇다면 이러한 간극에도 불구하고 다카기 도로쿠는 『가극 춘향』에서 작품의 제작의뢰와 지원을 해 준 조련의 입장(혹은 기대)을 어떠한 방법으로 수용하였는지에 대해 살펴보자.

2) 『가극 춘향』의 비극적 결말

『가극 춘향』이 완성되어 공연을 준비하고 있을 즈음 일본의 음악관계자와 조련은 각각 환영과 기대감을 피력하였다. 다카기 도로쿠에게 작곡의 길을 권유하며 친교를 쌓아왔던 일본인 작곡가 야마다 고사쿠(山田耕筰)는 「춘향」이라는 신작가극의 상연은, 일본의 가극계에 있어서 새로운 등불을 밝히는 것으로 실로 즐거운 일이 아닐 수 없다'[33]라는 감회를 표하였으며, 음악평론가인 핫토리 류타로(服部瀧太郎)는 '중견작곡가의 한 사람, 다카기 도로쿠─ 0년에 걸친 노력의 결정인 가극 「춘향」이 마 를 보게 된 것은 우리 음악계의 실로 축복할 만한 일이다. (중략) 그리고 초국경적인 감명은 이윽고 언젠가는 이 작품이 멀리 바다를 건너 아메리카에서도 상연될 날이 오리라는 것을 기대한다'[34]고 소감을 밝히고 있다. 그리고 조련의 원용덕(재일조선인연맹중앙총본부문교부장)은 '조선민족의 근세사에 깊은 의미을 지닌 「춘향전」이 오페라 "춘향"으로서 국제무대에 각광을 받게 된 것은 정말로 감회가 깊은 일이다'[35]라고 감

33) 山田耕作,「「春香」の初演に贐けて」,『グランドオペラ春香』(公演プログラムのパンフレット), 1948, 7쪽.
34) 服部瀧太郎,「上演を待たれる「春香」」,『グランドオペラ春香』(公演プログラムのパンフレット), 1948, 7쪽.
35) 元容德(在日朝鮮人連盟中央総本部文教部長),「"春香"の公演に際して」,『グランドオペラ春香』

상을 남기고 있다. 또한 신홍식은 『가극 춘향』의 피아노 성악보 서문을
통해 다음과 같이 기술하고 있다.

　　과거 수 세기에 걸쳐 왜곡된 사회에 정의의 경종을 울리고, 또 전제주의의
　　횡포에 의해 학대받는 일이 이 세상에 그치지 않는 한 계속해서 '춘향전'은 감
　　명을 불러일으킬 것이다. '춘향전'의 감상자들은 당시 사회에 대한 이해에서
　　그치는 것이 아니라, 그들이 살고 있는 현실 생활과 관련지어 재음미할 것을
　　강조했다.[36]

　신홍식은 『춘향전』이 감상자들에게 '당시 사회에 대한 이해'와 함께
'현실 생활과 관련지어 재음미할 것을 강조'한 작품이라고 평가한 후, 『가
극 춘향』의 공연에 대한 동시대적 의의를 피력하였다.

　그런데 『가극 춘향』에 대한 이와 같은 기대와 바람에도 불구하고 『가
극 춘향』은 서사적이고 역사적인 성질의 비극을 테마로 한다는 그랜드
오페라의 방식을 채택함으로 인해 비극적인 결말을 맞이하게 되고, 동시
에 관객들에게는 일종의 혼란을 초래하는 결과를 가져왔음을 부정할 수
없다. 실제로 세키 다다아키라가 『가극 춘향』에 대한 동시대 평에서 '(작
품의 결말이 음악적 효과를 위해서 춘향과 이몽룡이 다시 맺어지려하는
때에 춘향이 죽음을 맞이한다는) 종말의 개작은 "춘향"의 각색을 치명적
으로 혼란시키고 있다[37]'고 언급한 부분은 이러한 해석을 뒷받침하고 있
다고 할 수 있다.

　그렇다면 다카기 도로쿠는 왜 많은 관객들에게 일종의 혼란을 초래하

　(公演プログラムのパンフレット), 1948, 6쪽.

36) 신홍식, 「피아노 성악보 서문」, 1948(공은아, 「다카기 도로꾸의 오페라 '춘향'」, 『음악학』
　　제8권, 한국음악학학회, 2001, 399쪽 재인용).

37) 関忠亮, 「オペラ"春香"のこと」, 『テアトロ』第11巻第2号, カモミール社, 1949, 49쪽.

게 될지도 모르는 비극적인 결말을『가극 춘향』에 채택하였는가가 의문으로 지적된다. 다카기 도로쿠는 무라야마 도모요시가 완성한 대본에 대해 '너무나 대중적이기조차 했다. 처음에 그것을 읽었을 때 내가「춘향」에 바라고 기대했던 것과는 상당히 차이가 있었다'고 밝히고 있다. 그리고 '나는, 대본을 숙독하고 음미하기를 2개월, 대강의 구상이 정해진 것이 거의 반년, 그런 뒤 단숨에 쓰기 시작해서 1년 8개월 만에 완성했다[38]'고 기술하고 있다. 이러한 내용에 근거한다면『가극 춘향』의 대본에 있어서 특히 결말부의 개작은 다카기 도로쿠에 의한 것이라는 추측이 가능하다. 그리고 이러한 추측은『가극 춘향』의 연출과 각본, 미술을 담당한 무라야마 도모요시가 결말부에 대한 다카기 도로쿠와의 의견교환을 회고한 내용에서도 확인이 된다.

문제가 된 것은, 대단원의 장면이다. 감옥에서 나온 춘향은, 지금 눈앞에 있는 암행어사가 거지로 영락했다고 들었던 몽룡이라고는 꿈에도 생각지 못했다. 그러나 몽룡과 이별할 때 건네준 반지를 보고는 그때서야 몽룡이라는 것을 알고 몽룡의 품에 안겨 기뻐한다. 이렇게 끝나는 것이 옛날부터 알려진「춘향」이라서 나도 그렇게 썼더니 다카기 군은 춘향이 여기에서 죽는 쪽이 진정한 비극이 된다고 주장했다. 나도, 그건 그렇다고 생각했지만, 옛날부터 알려진「춘향전」의 결말이 그렇게 크게 바꾸어 버리는 것을 조선인들은 받아들일수 있을 것인가라는 점이 걱정되어 쉽게 결정할 수 없었다. 그래서 이 부분은, 작곡을 위해 바뀌게 될 다른 부분의 문맥과 함께 다카기 군에게 일임했다.[39]

인용문에서도 알 수 있듯이, 무라야마 도모요시는 당초『가극 춘향』의

---

38) 高木東六,「歌劇「春香」の作曲について」,『随筆春香伝 附オペラ台本』, 曹龍達, 1948年 11月 15日 발행, 4~5쪽(高木東六,「歌劇「春香」の作曲について」,『音楽芸術』第7巻第2号, 音楽之友社, 1949, 29~30쪽 수록).

39) 村山知義,「「春香伝」演出手帳」,『音楽芸術』第7巻第2号, 音楽之友社, 1949, 30~33쪽.

각본을 옛날부터 많이 알려져 온 해피엔딩의 대단원으로 완성시켰지만, 비극적인 결말을 주장하는 다카기 도로쿠의 견해와 상충하여 결국 다카기 도로쿠에게 결말의 구성을 맡겼다는 것이다. 여기에서 주의할 점은, 무라야마 도모요시는 「춘향전」의 결말을 비극적으로 개작하는 문제에 있어서 '조선인들은 받아들일 수 있을 것인가'라고 우려를 표했다는 점이다. 무라야마 도모요시의 이러한 우려는 분명 『가극 춘향』의 관객의 상당수를 재일조선인이 차지할 것이라는 인식을 전제한 결과일 것이다. 하지만, 이러한 전제는 앞서 언급하였듯이 『가극 춘향』이 국경과 민족을 초월한 감동과 공감을 기반으로 보편성과 세계성을 제시해 주는 국제적인 작품으로 완성되기를 기대했던 조련의 입장에서 보면 지극히 편협한 인식에 지나지 않았을 것이다. 이러한 해석을 조련의 기대를 충분히 인지하고 있었을 다카기 도로쿠의 입장에 비추어 보면 적어도 조선인 관객을 강하게 의식하고 있었던 무라야마 도모요시와는 달리 비극적인 결말의 구성에 있어서 비교적 자유로울 수 있었다는 것을 추정할 수 있다. 그리고 이러한 추정은 『가극 춘향』에 대한 다음과 같은 반응을 살펴보면 더욱 힘을 싣고 있다는 것을 알 수 있다. 이몽룡 역을 맡은 김영길은 『가극 춘향』의 비극적인 결말에 대해 다음과 같이 기술하고 있다.

　　문제는 그랜드 오페라로서 성공할 것인가 말 것인가이다. 왜냐하면 원작은 조선 고전문학의 대다수의 사례와 같이 해피엔딩으로 끝나고 있기 때문이다. 그것은 「고진감래」의 개념에서 유래한 것이겠지만, 그렇게 해서는 그랜드 오페라로서의 감명이 약하기 때문에 여러 가지로 고심한 결과, 작곡가 다카기 씨의 제안을 받아들였고, 무라야마 씨는 각본을 바꾸어서 춘향이 죽음을 맞이하며 막을 내리는 것으로 하였다. 하지만 이것은 일대 영단이지만 춘향의 죽음은 지극히 자연스러운 것이며, 이 가극을 한 번 보게 되면 바로 수긍하리라 본다.[40]

 김영길의 기술에는 각본의 결말을 개작한 인물에 대한 사실관계의 확
인을 필요로 하는 부분은 있지만, 비극적인 결말에 대해서는 대단히 긍
정적인 태도를 취하고 있다는 것을 알 수 있다. 이와 같은 태도는『수필
춘향전 부록 오페라 대본(随筆春香伝 附オペラ台本)』을 출판한 조용달의
감상에서도 확인된다. 조용달은『가극 춘향』을 감상한 후, '제일 먼저 느
낀 점은 내용에 있어서 로맨틱한 면보다는 비극적인 요소가 많다'고 지
적하면서 '인간사회의 정의와 정결과 미에 대한 동경을 그린 연애비극'으
로서 '춘향전의 가치는 영원할 것이다[41]'고 높이 평가하고 있다. 물론 이
들의 반응을 재일조선인 관객들의 감상과 동일시 할 수는 없지만, 오페
라 공연에 앞서 비극적인 결말에 대해 긍정적이고 수용적인 자세를 보이
고 있다는 점은 다카기 도로쿠에게 있어서 고무적인 반응이었을 것이다.
 다카기 도로쿠는『가극 춘향』의 제작에 있어서 중요시한 요소의 하나
로 '창작'이라는 가치를 제시하고 있다.

 창작이란, 이미테이션이여서는 안 된다. 패러디여서는 안 된다. 창작이란
어디까지나 창작이라야만 한다. 현대 작곡자의 최대의 고민은 현재에 이르기
까지 우리를 자극하고, 감화시키고 교육시킨 거장들의 모든 작품과의 유사함
으로부터 벗어나는 것이다.[42]

여기에서 다카기 도로쿠가 제시한 '창작'이라는 가치는 작곡에 대한
자신의 신념을 반영한 것으로 볼 수 있다. 그런데 이와 같은 신념을 비

40) 金永吉(永田絃次郎),「夢龍としての感想」,『グランドオペラ春香』(公演プログラムのパンフ
 レット), 1948, 4쪽.
41) 曺龍達,「悲劇春香伝」,『随筆春香伝 附オペラ台本』, 曺龍達(発行・編集), 1948年 11月 15日
 발행, 14~17쪽.
42) 高木東六,「歌劇「春香」の作曲について」,『随筆春香伝 附オペラ台本』, 曺龍達(発行・編集),
 1948年 11月 15日 발행, 4쪽(高木東六,「歌劇「春香」の作曲について」,『音楽芸術』第7巻第2号,
 音楽之友社, 1949, 29~30쪽 수록).

단 작곡이라는 영역에 국한하지 않고 대본의 집필 분야에도 적용한다면 『가극 춘향』의 결말의 개작은 다카기 도로쿠의 '창작'이라는 신념이 일정 부분 작용한 결과라고도 볼 수 있다. 물론 다카기 도로쿠가 제시한 것처럼 '창작이란, 이미테이션이여서는 안 된다. 패러디여서는 안 된다. 창작이란 어디까지나 창작이라야만 한다'는 신념의 기준에서 보면 『가극 춘향』의 대본 그 자체를 '창작'의 범주로 보기는 어려울 것이다. 하지만 다카기 도로쿠에게 있어서 무라야마 도모요시나 김영길의 지적에서도 알 수 있듯이, 해피엔딩이라는 결말에 익숙해져 있을 대다수의 재일조선인 관객들에게 비극적인 결말이 일종의 '창작'의 효과를 줄 수 있다는 판단과 다카기 도로쿠 자신이 '「춘향」'에 바라고 기대했던 것'을 표현하겠다는 신념이 결말의 개작을 유도하는 작용을 하였다고 볼 수 있다.

앞서 기술한 것처럼 『가극 춘향』의 비극적인 결말이 많은 관객들에게 일종의 혼란을 초래하게 될지도 모른다는 우려 때문이었는지는 불명확하지만, 『가극 춘향』의 공연 프로그램 팸플릿에는 결말부의 개작에 대한 관객들의 이해를 돕기 위한 시도가 확인된다.

오늘날 전해져 오는 춘향전은 어느 한 사람의 손에 의해 만들어진 것이 아니라, 여러 사람들에 의해 전사(傳寫)되고 구전(口傳)되는 동안에 적지 않게 윤색(潤色)되었을 것이다. 당연히 원본 춘향전을 가극(歌劇)으로 개작할 때는 보다 많은 부연(敷衍)과 개작이 있었다는 것을 잊어서는 안 된다. (중략) 조선 순조시대의 시인 조재삼의 「송남잡식(松南雜識)」에도 春陽(春香의 音과 동일) 타령의 기록이 다음과 같이 남아있다. (중략) 이것은 호남지역에 전해오는 이야기로 남원부사의 아들인 이도령에게 사랑받던 어린 기생 춘양은 이별한 후에도 이도령을 위해 수절하였기에 신임 부사 탁종립에게 죽임을 당했다. 호사가가 이를 애도하여 그 의로움을 타령으로 연출하여 춘양의 원통함을 풀어주고 춘양의 수절을 칭송하였다고 한다.[43]

인용 자료는 1932년에 『조선소설사(朝鮮小説史)』를 저술한 국문학자 김태준(金台俊)의 논고 「조선소설사(이은직번역(李殷直訳))」의 일부분이다. 김태준의 논고 「조선소설사」는 재일조선인 문학가 김달수에 의해 발간된 잡지 『민주조선』에 창간호(1946년 4월)부터 제16호(1947년 12월)까지 총 13회에 걸쳐 연재되었으며, 인용 자료는 제11회에 연재된 논고 「제6장 걸작 춘향전의 출현(第六章 傑作春香伝の出現)」(1947년 8월)에서 일부를 발췌한 것으로 「조선소설사에서 우리 고전 「춘향전」에 대해(「朝鮮小説史」からわが古典「春香伝」について)」라는 제목으로 『가극 춘향』의 공연 프로그램 팸플릿에 수록되어 있다. 자료의 내용에서도 알 수 있듯이, 김태준은 '원본 춘향전을 가극으로 개작할 때는 보다 많은 부연(敷衍)과 개작이 있었다'고 지적하면서 동시에 『춘향전』의 비극적 결말을 시사하는 문헌적 사례를 언급하고 있다. 즉『가극 춘향』의 관객을 위한 공연 프로그램 팸플릿에 『춘향전』의 개작 가능성과 비극적 결말에 대한 문헌적 사례를 소개한 것은 관객들에게 결말부의 개작에 대한 이해를 의식적으로 유도하기 위한 것으로 해석할 수 있다. 물론 이와 같은 해석은 다카기 도로쿠가 제시한 '창작'이라는 가치의 실현을 위한 방법으로써 비극적 결말의 채택을 지나치게 부각시키는 측면이 강하다. 그렇다면 이러한 해석을 보완할 방법은 무엇인가?

여기에서 본고는 비극적 결말의 채택에 대한 비평적 측면을 함께 제시함으로써 부족한 논의를 보완하고자 한다. 다시 말하면, 다카기 도로쿠가 비극적인 결말을 채택함으로써 '「춘향」에 바라고 기대했던 것'은 무엇인가를 유추하는 작업이라고 할 수 있다.

일찍이 고대그리스의 철학자 아리스토텔레스는 '비극'에 대해 다음과

---

43) 金台俊, 「「朝鮮小説史」から わが古典「春香伝」について」, 『グランドオペラ春香』(公演プログラムのパンフレット), 1948, 8쪽.

같이 정의하고 있다.

> 비극이란, 일정한 크기를 가지고 완결된 고귀한 행위의 재현(미메시스, Mimesis)이며, 유쾌한 효과를 주는 언어를 사용하고, 작품의 각 부분에 각각의 매체를 따로따로 이용한다. 그리고 서술적 형식이 아닌 행위하는 인물들에 의해 이루어지며, 연민과 공포를 통하여 그러한 감정의 정화(카타르시스)를 달성하는 것이다.[44]

즉 '비극'은 연극적 형식을 이용하여 관객들에게 '연민'과 '공포'를 불러일으켜 '감정의 정화(카타르시스)라는 효과를 달성하도록 하는 행위'라고 할 수 있으며, '감정의 정화(카타르시스)'는 '비극'의 궁극적인 목적이라고 이해할 수 있다.

그렇다면 관객들이 경험하는 '감정의 정화(카타르시스)'는 '행위하는 인물들'의 고통과 시련에 대한 관객들의 공감('연민'과 '공포')으로부터 출발하며, 동시에 불안정과 무력감이라는 인간존재의 보편성을 공유하는 감각에서 비롯된다고 볼 수 있다. 즉 '비극'을 통해 '감정의 정화(카타르시스)'를 경험한다는 것은 타자(他者)의 고통과 시련을 자기 자신의 고통과 시련으로 받아들이려는 일종의 관용의 확인이라고 이해할 수 있다. 그리고 이와 같은 관용의 확인은 자기 자신은 타자와 공존하며, 나아가 자기와 타자는 동일성을 공유하는 존재라는 감각의 획득을 자극한다고 해석할 수 있다. 이러한 감각이 다름 아닌 타자의 발견이며 타자인식이라고 볼 수 있다.

여기에서는 이러한 해석을 다카기 도로쿠가 『가극 춘향』의 비극적인 결말을 통해 획득하고자 한 궁극적인 도달점('「춘향」에 바라고 기대했던

44) アリストテレス, 松本仁介訳, 『詩学』, 岩波書店, 1997.

것')을 유추하는데 적용하고자 하며, 또한 유용하다고 판단한다. 다만, 『가극 춘향』의 관객들이 '감정의 정화(카타르시스)'를 경험(성공)하였는 가의 문제는 본고의 문제의식과 차원을 달리함을 밝혀둔다.

결국, 『가극 춘향』의 비극적인 결말은 작곡가 다카기 도로쿠의 '창작' 이라는 신념과 '감정의 정화(카타르시스)'가 자극하는 타자인식에 근거한 발상에서 촉발되었다고 할 수 있다.

3) 『가극 춘향』과 동시대 재일코리안 여성해방담론

이미 기술한 바와 같이, 재일조선인 문학가 이은직은 조련문화부가 1946년 4월에 발간한 잡지 『조련문화』에서 『춘향전』에 대해 다음과 같이 논하고 있다.

> 文才있는 上流階級者가 지은 것이라고 보는 것이 ○당할 줄로 생각한다. 그와 倂行하야 이 說話를 庶民階級者가 自己의 마음대로 劇作化한 것도 事實일 줄 안다.(중략) 前者에 있어서 春香伝의 生命은 그 戀愛의 眞實性에 있고 忍從을 同伴하는 사람의 굳센 것을 讀解한 点에 있으나 後者의 生命은 權力者는 반드시 滅亡하고 正다운 人民이 반드시 興盛하여간다는 社會正義感을 强調한 것과 信義의 앞에는 勝利가 있고 그 信義는 鬪爭을 同伴하지 않으면 안되는 ○○한 進步性을 表示하고 있는 点이다[45].」(인용자 주, ○ 및 ○○부분은 한자의 판독 곤란상태)

이은직은 『춘향전』의 작자를 '상류계급자(上流階級者)'의 경우와 '서민 계급자(庶民階級者)'의 경우로 구분하고 전자에서는 '연애의 진실성(戀愛의 眞實性)'과 인종(忍從)을 동반하는 사람에게 주어지는 고진감래(苦盡甘

---

[45] 李殷直, 「春香伝과 朝鮮人民精神」, 『朝聯文化』 創刊号, 朝聯文化部, 1946年 4月号, 39~51쪽.

來)의 교훈성을, 후자에서는 사회 정의감과 투쟁을 동반한 신의가 발현하는 진보성을 평가하며 그 가치에 주목하고 있다. 이은직의 평가는 종래의 『춘향전』에 대한 평가를 견인할 만하다는 점에서 중요하다고 할 수 있다. 그러나 이와 같은 평가는 춘향의 죽음이라는 비극적 결말을 구성하고 있는 『가극 춘향』에 있어서는 반드시 긍정적이며 타당한 평가라고 보기는 어렵다. 더욱이 『가극 춘향』에서는 계급사회의 모순에 대한 직접적인 비판과 투쟁, 그리고 그 결과로 획득되는 사회 정의감은 반감되거나 그 효과가 그다지 크게 부각되지 않는다는 점을 인식할 필요가 있다. 이와 같은 해석은 『가극 춘향』이 비극적인 결말을 구성하고 있다는 사실 이외에도 남성 주인공 이몽룡의 영웅적 활약상이 거의 소거되어 있다는 점에도 기인한다.

무라야마 도모요시는 『가극 춘향』의 대본을 작성하는 것과 관련하여 다음과 같이 기술하고 있다.

그것이 없어서는 안 될 것 같은 오리정(五里亭)의 결별의 장면은 춘향의 집으로 가져와서 처리하고, 감옥으로 방자가 찾아와서 춘향이 편지를 쓰는 장면이나 이 편지를 지닌 방자가 시골길에서 거지꼴의 몽룡을 만나는 장면, 그때 등장하는 농민의 춤, 암행어사의 모습이 된 몽룡이 역졸을 모아 위엄있고 늠름하게 명령을 내리는 장면 등은, 모두 생략해야만 했다.[46]

무라야마 도모요시의 기술에 근거하여 실제로 『가극 춘향』의 대본을 살펴보면, 「제4막 관가암행어사출도의 장(第4幕 官家暗行御史出道の場)」에 암행어사가 된 이몽룡이 등장은 하지만 구체적인 활동이나 영웅적 활약상은 그다지 비중있게 그려져 있지 않다. 즉, 『가극 춘향』은 계급사회

46) 村山知義,「「春香傳」演出手帳」,『音楽芸術』第7巻第2号, 音楽之友社, 1949, 30~33쪽.

의 모순에 대한 분노와 울분을 떨쳐줄 비판과 심판은 생략된 채, 춘향의
신의와 투쟁이 강조되는 양상으로 전개되고 있다. 그리고 이러한 양상은
춘향의 죽음이라는 비극적인 결말로 인해 춘향을 보다 투사적인 인물로
부각시키는 효과를 연출하고 있다. 이 점은 종래의 『춘향전』에서 남성
주인공 이몽룡의 조력으로 구제되지만 동시에 그 이후의 삶의 주체성 또
한 이몽룡이라는 남성에게 예속될 것으로 예상되는 춘향상과는 확연히
대비되는 인물 설정이라는 점에서 주목할 필요가 있다. 이와 같은 춘향
상에 대해서는 이은직도 앞서 제시한 논고에서 다음과 같이 기술하고 있다.

> 人民이 虐待받고 있다는 事實이 그녀에게는 알 수 없었다. 兩班의 虐待에
> 對하야 그녀는 목숨을 받치고 鬪爭한다. 그것은 感情的 對抗이 아니고 不正을
> 미워하고 正義를 사랑하는 그녀의 信條에서 出發한 것이다.[47)]

인용에서도 알 수 있듯이, 이은직은 춘향을 '정의'라는 '신조'를 바탕으
로 '투쟁'하는 인물로 설정하고 있다. 그리고 이러한 관점은 여성해방을
지향하는 근대적 여성상과도 무관하지 않다는 점에서 흥미로운 것이라
고 할 수 있다. 실제로 『가극 춘향』이 제시하는 이와 같은 춘향상은 동
시대의 재일조선인들이 제시하는 일련의 여성해방담론과 부합한다는 점
에서 또 하나의 주목할 점이라고 할 수 있다.

패전 직후, 조련문화부가 발행한 잡지 『조련문화』의 창간호 「논설」란
에는 해방 조선의 현재와 과제(사명)에 대한 논고가 다수 게재되어 있다.
그중의 하나인 한동섭의 논고 「해방여성의 길」에는 다음과 같은 내용이
확인된다.

---

47) 李殷直, 「春香伝과 朝鮮人民精神」, 『朝聯文化』 創刊号, 朝聯文化部, 1946年 4月号, 75쪽.

開國以來 五千年을 通하야 朝鮮女性은 어떠한 地位에 있어왔느냐. 男性의 獨善的 封建政治下에서 女性은 門外出入의 自由를 잃고, 머리를 올(○)들어 異性과의 相對까지도 ○○치 않았으며 「내우」라는 鐵○에 얽혀서, 完全한 家庭의 奴隷가 되고 말았다. 人生의 한 平生 運命을 總定하는 結婚問題에 있어서도 本人의 發言權은 完全히 無視되고 近來에 이르기까지 商品的 取扱을 받어 結婚期가 되면 本人은 不知中에 ○○하기를 조금도 서슴치 않았다.

그 反面에서 아무것도 모르고 不知初面인 男性에게 讓渡된 不幸한 女性은 男性의 絶大至上命令에 服從하야 家庭奴役의 奴隷가 되어(중략) 朝鮮女性은 躍起하라! ○○하라! 女性은 産兒育成이라는 特殊한 苦役的 條件을 가지고 있으면서 男性의 附帶가 되며, 家庭의 奴隷가 될 理由는 조금도 없을 것이다.[48]

인용에서도 알 수 있듯이, 한동섭은 조선에 있어서의 가부장제도와 그에 기인한 여성의 사회적 구속과 억압을 '가정의 노예'라는 극단적인 표현을 사용해 신랄하게 비판하면서 '조선야성'의 저항과 투쟁을 제창하고 있다. 한동섭의 이와 같은 주장에 대해 당시의 재일조선인들이 어떠한 반응을 보였는지는 확인되지 않는다. 그러나 패전 직후 조련이 발행한 잡지의 창간호에 여성해방을 주창하는 논고가 실려 있다는 점은 그만큼 여성해방담론의 중요성과 필요성을 인지하였기에 가능한 것이라고 판단된다.

한동섭의 논고가 여성해방담론의 중요성과 필요성을 배경으로 등장하였다면 다음의 제시하는 논고는 여성해방의 중요성과 필요성은 물론 실천적 방법론에 대해서도 기술한 것이라고 할 수 있다.

그러면 부녀의 해방이란 어떤 해방인가. 또 그 해방은 어떠한 형태로 표면화하는가. 이 문제에 대해서 깊이 연구해 보자. (중략) 부녀자의 해방은 앞서

---

48) 韓東涉, 「解放女性의 길」, 『朝聯文化』 創刊号, 朝聯文化部, 1946年 4月号, 33~35쪽.

기술한 바와 같이, 남성에 대한 종속과 경제적 예속의 결과인 열등한 사회적
지위의 결속으로부터의 해방이 아니면 안 된다.[49]

인용은 재일조선인 문학가 김달수(金達壽)가 중심이 되어 발간된 잡지
『민주조선(民主朝鮮)』의 1947년 1월호에 실린 한길언(韓吉彦)의 논고「조
선부녀해방의 역사적 의의(朝鮮婦女解放運動の歷史的意義)」의 일부분이
다. 이 논고의 서두에서 한길언은 '조선의 완전해방은 먼저 노동자, 농민
의 해방과 동시에 부녀의 완전해방'이 필수적이라고 규정하고, '노동자,
농민의 해방'은 '부녀의 해방'으로 귀결된다고 역설할 만큼 여성해방의
중요성을 강하게 피력하고 있다. 그리고 '부녀의 해방'은 남성에 의한 종
속과 경제적 예속으로부터 벗어나는 것을 전제로 하며 동시에 여성의 확
고한 사회적 지위를 획득하는 것을 의미한다고 지적하고 있다. 이들의
논고는 동시대 재일조선인의 여성해방담론의 한 축을 형성하는데 크게
기여하였다고 보여지며, 또한 당시의 재일조선인의 여성해방담론을 선
도하는 역할을 하였을 것이라고 판단된다.

그런데 흥미로운 것은 동시대에 있어서 앞서 제시한 여성해방담론과
함께 여성들에게 투쟁과 투사적 면모를 촉구하는 담론도 동시에 등장하
고 있다는 점이다. 이러한 예로 앞서 언급한『민주조선』의 논고를 제시
할 수 있다.

1946년 5월에 발간된『민주조선』제1권 2호에는 박영태(朴永泰)라는
필명으로 기고된 김달수(金達壽)의 논고「조선의 여성(朝鮮の女性)」이 실
려있다. 이 논고에서 김달수는 '조선의 여성들은 과거에 있어서도 투쟁
적으로' '어찌하여 그녀들이 「조선인」인가'라는 '긍지'를 지속적으로 자각
하며 생활해 왔지만, '현재에 있어서는 이렇게 지속되어 온 긍지를 또한

---

[49] 韓吉彦, 「朝鮮婦女解放運動の歷史的意義」, 『民主朝鮮』第二卷第七号, 1947年 1月号, 28~34쪽.

지양하고 있다'고 지적하면서 재일조선인 여성들의 투쟁적 면모와 민족
적 아이덴티티를 자극하는 논지를 전개하고 있다.[50] 또한 같은『민주조
선』제1권 2호에는 해방 이전까지 중국과 만주지역에서 항일무장운동을
전개했던 여성 김명시의 투쟁적인 면모와 투사적 활동을 소개하면서 '조
선이 낳은 여성혁명가, 여장군'이라는 수식어가 말해주듯이 강력한 투사
로서의 이미지를 강조하고 있다.[51]

이와 같이 패전 직후부터 빈번하게 등장하는 재일조선인 여성의 투쟁
적 면모와 투사적 활동의 강조는 동시대 재일조선인의 여성해방담론을
형성하고 견인하는데 중요한 역할을 하였다고 볼 수 있다. 물론 동시대
재일조선인의 여성해방담론과『가극 춘향』의 상관관계를 단순히 단정할
수는 없지만, 전후 재일조선인사회에 있어서 여성해방담론이 형성되고,
또한 강조되는 가운데『가극 춘향』이 여성의 신의와 투쟁심이 보다 부
각되는 효과를 연출하고, 더욱이 여성의 주체성을 확보하려고 한 것은
재조명되어야 할 것이다.

4)『가극 춘향』의 시도와 한계

『가극 춘향』은 패전 직후, 내셔널아이덴티티의 재확인과 강화를 모색
하던 재일조선인들의 활동과 조련의 적극적인 지원, 그리고 작곡자 다카
기 도로쿠의 신념과 상상력이 어울려서 완성되고 공연되었다. 그러나 앞
서 기술한 바와 같이,『가극 춘향』은 일본에 소개되었던 종래의『춘향전』
과는 장르는 물론 결말부의 구성에 있어서도 큰 차이를 나타내고 있다.
장르에 있어서는 종래의『춘향전』이 주로 소설이나 연극, 혹은 영화 등

50) 朴永泰,「朝鮮の女性」,『民主朝鮮』第一卷二号, 1946年 5月号, 18~20쪽.
51) 李群生,「延安に戰へる 金命時女史会見記」,『民主朝鮮』第一卷二号, 1946年 5月号, 21~22쪽.

의 장르에 의한 것이었지만, 『가극 춘향』은 말 그대로 오페라라는 장르를 채택하였다. 그 이유에는 먼저 재일조선인 성악가인 김영길(永田絃次郎)을 위한 격려와 그의 복귀를 바라던 당시의 재일조선인들의 요망, 그리고 '조선문화의 국제문화와의 제휴'를 지향하던 조련의 '방침'이 관련되어 있다.[52] 또 결말부의 구성에 있어서는 해피엔딩의 결말에 익숙해 있었을 많은 관객들의 기대와는 달리 비극적 결말을 도입하였다. 그 때문에 관객들로부터 '라스트 신에서 어~라는' '술렁거리는 소리가 들렸다'고 한다.[53]

이와 같은 것은, 바꾸어 말하면, 종래의 『춘향전』에서는 볼 수 없었던 『가극 춘향』만의 일종의 '시도'로 이해할 수 있다. 그리고 이와 같은 '시도'는 『가극 춘향』이 새로운 해석과 그 가능성을 내재하고 있다는 것을 시사한다고 볼 수 있다. 본고는 특히, 『가극 춘향』의 비극적 결말에 대해서 작곡가 다카기 도로쿠의 '창작'이라는 신념과 '감정의 정화(카타르시스)'가 자극하는 타자인식의 관계를 분석하였다. 더욱이 비극적 결말의 구성에 대해서는 동시대 재일조선인의 여성해방담론과의 관계를 고찰할 필요성도 제시하였다.

그러나 『가극 춘향』은 이와 같은 '시도'도 있지만, '한계'도 노정하고 있다. 『가극 춘향』의 대본 결말부에는 춘향의 마지막 대사가 다음과 같이 그려져 있다.

춘향 이도령에게 손을 잡게 하고서는……

---

[52] 조련은 1947년 9월 6일부터 8일까지 개최된 「제11회중앙위원회」의 「문교국활동보고」에서 「문화대책의 기본방침」의 하나로서 '조선문화의 국제문화와의 제휴'를 제시하고 있다. 또 그 보고에서는 '조선고전문학인 춘향전을 가극화하여 국제적으로 공연한다'고 하는 구체적인 활동계획이 보고되었다(在日本朝鮮人連盟中央総分部, 「第十一回中央委員会議事録—文教局活動報告」, 1947年9月25日, 110~111쪽).

[53] 高木東六, 『愛の夜想曲』, 日本図書センター, 2003, 219~220쪽.

　　춘향은, 죽어서도 당신의 아내(妻)예요.

　　당신의……아내(妻)예요.

　　(춘향 숨을 거둔다)[54]

　춘향이 임종을 맞이하면서도 '아내(妻)'라는 아이덴티티를 확인하려고
하는 장면이다. 다시 말하면, 춘향은 이몽룡이라는 남편(남성)에게 부대
하는 아내(여성)라는 것을 마지막까지 확인하고, 인정하려고 한다. 바꾸
어 말하면, 이것은 춘향 스스로가 남성 중심의 봉건적인 가부장제의 일
원이라는 것을 인정한 것이며, 게다가 가부장제 그 자체를 내면화해 버
리는 결과를 초래하게 된다. 이와 같은 것은, 앞서 기술한 바와 같이, 전
후 재일조선인 사회에 있어서 여성해방담론이 형성되고, 또 강조되는 가
운데 여성의 신의와 투쟁심, 주체성의 확보를 연출한 『가극 춘향』의 '시
도'의 '한계'로서 해석할 수 있다.

3. 「임진강」을 통해 본 전후 일본과 재일코리안

　2005년에 일본에서 개봉된 영화 『박치기』는 1960년대 후반의 일본에
서 재일코리안에 대한 차별이 만연하던 사회상을 그려낸 작품이라고 할
수 있다.[55] 1960년대 후반의 일본사회는 고마쓰가와(小松川)사건이나 김
희로사건 등을 통해 재일코리안에 대한 일본의 사회적 차별과 배제의 문

---

54) 曺龍達(発行·編集), 『随筆春香傳 附オペラ台本』, 1948年11月15日 발행, 40쪽.
55) 영화 『박치기』는 2005년에 일본에서 개봉된 영화로 감독은 이즈츠 가즈유키(井筒和幸)이
　　다. 2005년 『기네마 준보(キネマ旬報)』가 선정한 베스트 10 가운데 1위를 차지하였으며,
　　마이니치 영화 콩쿨 최우수 작품상, 블루리본상 작품상을 수상하였다. 2006년에는 한국에
　　서도 개봉되어 호평을 받았다.

제가 가시적으로 대두되던 시기였다.[56] 또한 베트남 반전운동과 전공투의 학원분쟁이 전개되면서 반제국주의운동에 대한 사회적 관심도 고조되던 시기이기도 하였다. 영화『박치기』는 이러한 시대적 동향을 작품의 배경으로 설정하고 있다. 물론 이와 같은 동향이 영화『박치기』에서 중점적으로 다루어지거나 강한 이미지로 재현되었다고 할 수는 없지만 '조선인'이 아니라 '자이니치'로서 일본에서 살아가는 재일코리안 2세, 3세의 자화상을 유머와 갈등, 좌절과 타협을 적절히 가미한 작품으로 평가할 수 있다.[57]

영화『박치기』에서 일본사회의 차별과 재일디아스포라의 애환을 관객들에게 감정이입 시키며 공감대를 불러일으키는 작용을 하는 중요한 요소 중 하나는 영화 속에 삽입된 노래 「임진강(イムジン河)」이다. 영화 삽입곡 「임진강」은 원래 월북시인 박세영이 작사하고 고종환이 작곡한 노래로 1957년에 북한에서 소프라노 독창곡으로 만들어졌다. 그리고 1957년 8월에 북한 조선음악가동맹의 기관지 『조선음악』 8월호의 부록 악보집 「8월의 노래」에 발표되었다. 당시 「임진강」의 원곡은 1절과 2절로 되어 있었다. 원곡의 가사는 다음과 같다.

---

56) 고마쓰가와사건은 1958년 8월 21일 도쿄 도립 고마쓰가와고교의 옥상에서 여학생의 시체가 발견되었고, 그 무렵 요미우리신문사에 범인이라고 하는 남자의 전화가 걸려와 살인사건이 알려지게 되었는데 범인의 목소리가 라디오에 공표된 후 같은 학교 정시제 1학년생인 재일코리안 소년 이진우가 범인으로 지목되어 체포되었다. 그리고 이듬해 도쿄지방법원은 살인과 강간치사죄로 이진우에게 사형을 선고하였고, 1962년 11월 16일에 사형이 집행된 사건이다.

57) 재일코리안 인권운동을 활발히 전개했던 스즈키 미치히코(鈴木道彦)는 영화『박치기』에 대해 '과거 우리가 1960년대에 그렇게 조소받고 이해받지 못하는 고립무원의 상태에서 행해왔던 일들이 그 심각한 본질은 바뀌지 않았음에도 불구하고 훨씬 가볍게 그려지는 것을 보고 놀랐다. 특히『박치기』는 김희로사건과 같은 해인 1968년을 설정하면서도 그 속에 흐르고 있는 밝은 분위기는 믿기 힘들 정도였다'고 기술하고 있다(鈴木道彦, 『越境の時 1960年代と在日』, 集英社新書, 2007, 245쪽).

임진강 맑은 물은 흘러 흘러내리고
물새들 자유로이 넘나들며 날건만
내 고향 남쪽 땅 가고파도 못가니
임진강 흐름아 원한 싣고 흐르느냐

강 건너 갈밭에선 갈새만 슬피울고
메마른 들판에선 풀뿌리를 캐건만
협동벌 이삭바다 물결위에 춤추니
임진강 흐름을 가르지는 못하리라

〈그림 7〉「8월의 노래」

〈그림 8〉「임진강」

가사 내용에서도 알 수 있듯이 1절 가사에는 임진강을 사이에 둔 남북 분단에 대한 슬픔과 고향에 대한 그리움이 담겨 있으며 2절 가사에는 임진강의 남과 북의 풍경을 통해 남쪽의 빈곤과 북쪽의 풍요를 시사하는 프로파간다성이 짙은 내용을 담고 있다.

「임진강」은 1958년 9월에 평양에서 개최된 '조선민주주의인민공화국 건국 10주년 기념행사'에서 소프라노 유은경에 의해 처음으로 무대에서 불려졌다. 그러나 「임진강」은 이때의 공연 이후 더 이상 무대에서 공연된 적이 없을 만큼 북한에서는 잊혀진 노래가 되었다. 북한에서 잊혀진

「임진강」이 다시 빛을 보게 된 것은 일본에서였다. 「임진강」은 1960년대에 들어서서 조총련을 통해 재일코리안 사회에 전파되어 회자되기 시작하였다. 조총련 산하의 출판사인 조선청년사가 발행하는 가집 『새 노래집』 제3집에 「임진강」이 수록되었다.

그 후 조총련 관련의 모임 등에서 자주 불려졌으며, 합창곡으로도 사용되었다. 또한 조총련 산하의 청년예술단 공연이나 재일코리안 가수의 콘서트 등에서도 자주 불

〈그림 9〉 『새 노래집』

려지게 되면서 재일코리안 사회에 널리 알려지게 되었다. 남북분단과 고향에 대한 그리움을 노래한 가사와 심금을 울리는 멜로디는 재일코리안의 감정과 오버랩 되었을 것이다. 1970년대에는 조선학교의 음악교과서에도 수록되었으며 보다 많은 재일코리안이 「임진강」을 부르게 되었다. 재일코리안 소프라노 가수 전월선은 「임진강」에 대해 민족학교를 다니던 시절에 '학교의 피아노를 연주하며 모두들 자주 불렀습니다. 아름다운 멜로디가 인상적이었습니다'라고 회상하였다.[58] 그리고 「임진강」은 1968년 11월에 작곡가 아쿠타가와 야스시(芥川也寸志)가 감수한 『일하는 이의 노래(はたらくものの歌)』(일본음악협의회발행 감수)에 수록되었으며, 1969년에는 『일본청년가집』에도 수록되어 일본사회에도 점차 알려지게 되었다.

무엇보다도 「임진강」이 일본사회에 널리 알려지게 된 것은 1967년에 자체 제작한 앨범 『하렌치(ハレンチ)』를 발표하며 활동한 포크그룹 더 포크 크루세이더스(the Folk Crusaders, 이하, 포클)의 역할이 컸다. 포클

58) 喜多由浩, 『『イムジン河』物語 封印された歌の真実』, アルファベータブックス, 2016, 78쪽.

이 발표한 앨범 『하렌치』에는 오리콘차트 사상 처음으로 밀리언 히트송
이 된 「돌아온 주정뱅이(帰って来たヨッパライ)」와 함께 「임진강」이 수
록되어 있었다. 이를 계기로 「임진강」은 자주 라디오 방송에 등장하면서
일본사회에 널리 알려지게 되었다.

영화 『박치기』에는 축구시합을 제안하기 위해 조선학교를 찾아간 일
본인 학생이 「임진강」의 음률에 매료되어 여학생들이 연주하는 교실로
향하게 되고 이후 영화의 스토리는 일본인 학생과 조선학교 여학생의 러
브스토리를 하나의 축으로 전개된다. 그런데 영화 『박치기』는 포클의 노
래를 작사한 마쓰야마 다케시(松山猛)의 자전적인 소설 『소년M의 임진
강(少年Mのイムジン河)』을 원작으로 제작되었다.[59] 마쓰야마는 1946년
교토에서 태어나 히가시야마구 동복사(東福寺) 주변에서 소년시절을 보
냈다. 마쓰야마가 자란 지역은 재일코리안의 집거지가 많은 곳이었으며
자연스럽게 재일코리안 학생과의 교류도 이루어졌다. 그 무렵 교토에서
는 일본학교와 조선학교 사이에 대립과 충돌이 자주 일어났다.

마쓰야마는 자신이 다니던 학교와 조선학교가 축구친선시합을 통해
서로 친밀한 관계를 만들 수 있기를 바라며 학교 선생님과 논의한 후 교
토 금각사 주변에 있는 조선중고급학교에 가서 친선시합을 제안하였다.
이때 아름다운 멜로디의 연주가 흘러나왔으며, 그 노래가 「임진강」이었
다고 회상하고 있다. 중학교 시절에 관현악단에 소속되어 있던 마쓰야마
는 구조오하시(九条大橋) 주변의 하천가에서 트럼펫 연습을 하는 것이
일과였다고 한다. 그러던 중 마쓰야마는 하천가 주변에서 색소폰을 연주
하던 한 소년과 만나게 되었다. 그 소년은 다름 아닌 마쓰야마에게 「임
진강」을 가르쳐 준 교토 조선학교 학생 문광수였다. 마쓰야마는 문광수

59) 松山猛, 『少年Mのイムジン河』, 木楽社, 2002.

에게 자신이 조선학교에서 들었던 멜로디에 대해 물어보았으며, 문광수
는 그 노래가 「임진강」이라는 것을 알려 주었다. 그리고 나중에 문광수
는 마쓰야마에게 한국어로 된 악보와 1절을 일본어로 직역한 메모, 한일
사전을 건네주며 「임진강」이 남북으로 갈라진 민족이 평화를 염원하고
언젠가 자유롭게 왕래할 수 있는 날을 기원하며 만들어진 노래라는 것도
알려 주었다고 한다.

그 후 마쓰야마가 다시 「임진강」을 생각하게 된 것은 아마츄어밴드
포클을 만나게 된 이후의 일이다. 마쓰야마는 1965년에 가토 가즈히코
(加藤和彦), 기타야마 오사무(北山修) 등이 결성한 포클의 멤버는 아니었
지만 포클의 많은 악곡의 가사를 쓰게 되었다. 이 무렵에 마쓰야마는 포
클의 멤버들에게 문광수가 가르쳐 준 「임진강」을 들려주었고 멤버들은
「임진강」의 음률에 공감하였다. 당초 포클의 주된 연주곡은 일본이나 세
계 각지의 민요를 비롯하여 반전운동가, 노동운동가, 러브송 등 다양하
였다. 특히 이 무렵의 국제정세는 동서냉전이 심화되고 있었으며 베트남
전쟁에 미국이 개입하면서 전쟁은 더욱 격화된 양상이 되었다. 한편 일
본 국내의 정세는 전공투운동과 베트남 반전운동, 노동운동이 활발하게
진행되던 시기였다. 이러한 시대적 동향에 평화와 자유를 갈망하는 「임
진강」의 음악적 의미는 포클의 음악활동에 커다란 자극이 되었다. 마쓰
야마는 1절 가사밖에 없었던 「임진강」에 2절과 3절의 가사를 추가하였
고 포클은 1966년부터 무대에서 「임진강」을 부르기 시작하였다.

마쓰야마가 쓴 가사는 다음과 같다.

イムジン河水清く とうとうと流る　　（임진강 맑은 물은 흘러 흘러 내리고）
水鳥自由に 群がり飛び交うよ　　　（물새들 자유로이 무리지어 날건만）
我が祖国 南の地 想いははるか　　　（내 조국 남쪽 땅 너무나 그리워）

イムジン河水清く とうとうと流る　　　（임진강 맑은 물은 흘러 흘러 내리고）

北の大地から 南の空へ　　　　　　　（북쪽 대지에서 남쪽 하늘로）
飛び行く鳥よ 自由の使者よ　　　　　（날아가는 새여 자유의 사자여）
誰が祖国を 二つに分けてしまったの　（누가 조국을 둘로 나눠 버렸는가）
誰が祖国を 分けてしまったの　　　　（누가 조국을 나눠 버렸는가）

イムジン河空遠く 虹よかかっておくれ（임진강 하늘 저 멀리 무지개여 걸려라）
河よ想いを 伝えておくれ　　　　　　（강물이여 그리움을 전해다오）
ふるさとを いつまでも 忘れはしない（고향을 언제나 잊지 않으리오）
イムジン河水清く とうとうと流る　　（임진강 맑은 물은 흘러 흘러 내리고）

마쓰야마가 쓴 「임진강」의 가사에는 남쪽 고향에 대한 그리움과 분단의 아픔, 그리고 통일에 대한 기원이 그려져 있다. 또한 가사의 세부 내용에 있어서도 1957년에 박세영이 작곡한 내용과는 다소 다른 이미지를 전달하고 있다. 1절 가사에서는 전체적으로 원곡의 이미지를 그대로 살리고 있으며, 당초 조선학생 문광수에게 받은 1절 가사의 일본어 직역 메모를 대부분 수용한 것으로 추측된다. 다만 1절 가사에서는 「임진강」의 원곡 가사에서 '고향'으로 표현된 부분이 '조국'으로 등장한다. 이 부분은 원곡에서 보여주는 실향민의 고향에 대한 그리움을 조국을 떠나온 민족공동체의 애환으로 형상화함으로써 디아스포라의 슬픔을 보다 강조하고 있는 양상이다. 2절과 3절은 마쓰야마가 개사를 한 부분으로 원곡의 내용과는 많은 차이가 있다. 먼저 2절에서는 앞서 기술한 바와 같이 원곡 가사가 남과 북의 경제적 상황을 그려냄으로써 북쪽의 경제적 우위를 선전하는 프로파간다 이미지를 그리고 있는데 반해 마쓰야마의 2절 가사는 분단조국의 현실과 슬픔을 중점적으로 노래하고 있다. 즉 2절 가

사는 원곡 가사의 이미지와는 많은 차이를 나타내고 있으며 한반도 분단
에 대한 마쓰야마의 인식이 내포된 것으로 판단할 수 있다.

다음으로 3절은 원곡 가사가 2절로 구성되어 있는 점을 고려하면 마쓰
야마의 「임진강」에 대한 인식을 보다 명확하게 확인할 수 있는 부분이
아닐 수 없다. 3절 가사에는 임진강을 경계로 분단된 한반도의 통일에
대한 기원과 고향에 대한 그리움을 '무지개'와 '강물'을 통해 보다 극명하
게 표현하고 있다.

마쓰야마는 포클이 「임진강」을 처음으로 무대에서 부른 때를 1966년
교토의 근로회관으로 기억하고 있다. '같은 민족이 둘로 나눠져 있는 것,
이곳 교토와도 관계가 있다'는 기타야마의 소개와 함께 시작된 「임진강」
의 연주무대는 당시의 청중들에게 큰 반향을 일으켰다. 그 후 포클의 「임
진강」은 1967년 4월에 도쿄의 시부야공회당에서도 공연이 이루어졌다.
이 무렵의 포클의 「임진강」은 일본어 번역의 1절과 마쓰야마가 개사한 2절,
그리고 그 사이에 한국어 원곡 가사의 1절을 삽입해서 부르는 형태였으
며 포클의 콘서트 무대의 마지막을 장식하는 노래가 될 정도였다. 그리
고 이때의 「임진강」 버전이 자체 제작한 앨범 『하렌치』에도 그대로 수
록되었다.

포클의 앨범 『하렌치』에는 「임진강」, 「돌아온 주정뱅이」와 함께 일본
이나 외국의 민요, 반전운동가, 텔레비전 주제가 등 총 12곡이 수록되었
다. 앨범 『하렌치』는 간사이 지방의 라디오방송국을 통해 알려지게 되었
으며, 앨범 수록곡 중에 「돌아온 주정뱅이」가 점차 인기를 얻게 되자 도
쿄에서도 화제가 되었다. 그 후 「돌아온 주정뱅이」는 도시바, 빅터, 콜롬
비아, 필립스, 킹과 같은 음반제작사는 물론 음악출판사까지도 관심을
보이기 시작하였다. 이런 와중에 포클은 가토와 기타야마를 제외한 나머
지 멤버가 중도 이탈하면서 제1차 포클은 해산되고 도시샤대학 출신의

하시다 노리히코가 새로운 멤버로 참가함으로써 제2차 포클이 결성되었다. 그리고 「돌아온 주정뱅이」는 도시바음악공업주식회사(이하, 도시바음공)에서 음반으로 제작되어 발매와 동시에 일본 최초의 밀리언셀러 음반이 될 만큼 인기를 얻게 되었다.

포클의 폭발적인 인기를 바탕으로 도시바음공은 제2탄 싱글음반 제작을 기획하고 그 곡을 「임진강」으로 설정하였다. 이때 도시바음공이 제작하려고 한 「임진강」 싱글음반은 그때까지 포클이 불렀던 「임진강」과는 달리 1절부터 3절까지 모두 일본어 가사로 된 새로운 버전의 「임진강」이었으며 편곡도 새롭게 하였다. 「임진강」의 레코딩은 음반발매 예정일을 불과 20일 앞둔 1968년 2월 1일에 진행되었다. 그리고 음반의 발매와 관련된 사항은 가능한 비밀리에 진행되었다. 최종적으로 제작된 음반에는 「임진강」이 '조선민요'라고 표기 되었으며, 가사는 한국어가 전혀 포함되지 않았지만 멜로디와 리듬은 『하렌치』에 수록된 「임진강」을 그대로 사용했다고 한다.[60]

당시 제작사인 도시바음공은 「돌아온 주정뱅이」보다도 「임진강」에 더 큰 기대를 걸고 있었으며 그만큼 자신에 차 있었다. 그러나 포클의 제2탄 싱글앨범으로 발매될 예정이었던 「임진강」은 1968년 2월 20일에 갑작스런 발매중지 결정으로 세상의 빛을 보지 못했으며 당시의 대중들에게는 이른바 '환상의 음반'이 되었다.

「임진강」 레코드의 발매중지가 발표되기 하루 전인 19일에 도쿄의 힐튼호텔에서는 포클의 제1탄 싱글앨범인 「돌아온 주정뱅이」가 280만 장 판매를 돌파했다는 폭발적인 히트기록을 축하하는 동시에 제2탄 싱글앨범으로 제작한 「임진강」의 21일 발매를 발표하는 기자회견이 열렸다. 그

---

60) 喜多由浩, 『『イムジン河』物語 封印された歌の真実』, アルファベータブックス, 2016, 112쪽.

런데 기자회견장에서 기자들에게 화제가 된 것은 「임진강」 싱글앨범 발
매에 대한 조총련의 항의의 유무와 그에 대한 도시바레코드의 입장이었
다. 기자회견에서 도시바레코드의 입장을 피력한 담당자는 다카시마 히
로유키(高嶋弘之)였다. 이때까지 다카시마는 조총련의 항의가 있었다는
사실을 부인하였다.

1968년 2월 20일자 마이니치신문 조간에는 「임진강」 발매와 관련한
19일의 기자회견의 내용을 다음과 같이 기사화 하고 있다.

> 작사 작곡자는 불명이라고 해서 「마쓰야마 다케시의 보작(補作) 작사, 가
> 토 가즈히코의 채보(採譜) 보작」으로 레코딩을 해서 21일부터 발매하기로 되
> 어 있었다.
> 그러나 같은 날 오후 4시 재일본조선인총연합회를 대표해서 백한기(白漢
> 基)외무부 부부장 등 3명이 도쿄 다메이케의 도시바음악공업주식회사를 방문,
> '「임진강」은 조선민주주의인민공화국의 가곡, 임진강(臨津江)이며, 작사 작곡
> 모두 분명하다. 그것을 '불명'이라고 하고, 제2, 제3절의 가사를 허락없이 변경
> 하였다. 도시바측은 '이상의 사실을 인정하고 조선총련에 사죄할 것', '사죄는
> 아사히 마이니치 요미우리의 각 신문과 닛폰방송의 도시바프로그램을 통해
> 서 행할 것', '원곡가사에 충실하도록 다시 번역할 것', '원곡의 작사 작곡가 명
> 을 분명히 할 것' 등의 4항을 실행하기 바란다'라는 취지의 항의문을 전달했
> 다.

이날의 기자회견에 대해서는 2월 20일자 『아사히신문』 석간에도 기사
로 다루어졌다. 기사는 「「돌아온 주정뱅이」그룹 「임진강」에 이의제기
조선총련 작자명을 명시하라」는 제목으로 사회면에서 전해졌다.

> '나는 죽었단다……'로 시작하는 「돌아온 주정뱅이」로 일약 인기그룹이 된
> 더 포크 크루세이더스가 취입한 레코드 「임진강」이 작곡자 불명의 조선민요

라는 선전내용으로 21일에 발매될 예정이었지만, 19일 재일본조선인총연합회 (조선총련)로부터 '이것은 조선민주주의인민공화국(북조선)의 가곡으로 작사, 작곡자도 분명하다. 원곡의 가사도 무단 변경했다'는 이의제기가 있어서 레코드회사인 도시바음악공업 측도 일부 실수가 있었다는 것을 인정하고, 우선은 레코드에 작자명 등을 명시해서 발매할 것을 검토하고 있다. 이 곡은 2년 정도 전부터 간사이 지방에서 유행했으며, 작년 가을에 더 포크 크루세이더스의 자체 제작판 레코드(1968년 10월에 나온 「하렌치」)에도 수록되었다. 라디오의 히트퍼레이드에 상위에 랭크될 정도로 인기가 있었다. 이 인기에 주목한 도시바음악공업이 새롭게 크루세이더스의 노래로 취입하여 21일 발매를 목표로 13만 장을 제작하였다. 또한 작사, 작곡자는 불상으로 하였고, 저작권료를 문부성에 공탁했다.

이 두 신문의 기사 내용에 의하면 조총련 측이 19일에 도시바음공에 항의 방문한 사실을 신문사에서는 이미 알고 있었으며, 포클의 싱글앨범으로 발매예정이었던 「임진강」은 북한의 가곡으로 작사 작곡가가 분명히 확인된다는 내용을 기사로 전하고 있다. 즉 조총련 측은 도시바음공을 항의 방문하기 전에 적어도 두 신문사의 관계자에게 「임진강」의 저작권문제를 제보하였을 가능성이 높다. 이렇게 볼 때 조총련 측은 「임진강」의 저작권문제와 관련하여 도시바음공을 항의 방문하기 전에 관련 내용의 사실 확인 및 시정 조치를 도시바음공에 공식 요청했을 가능성도 크다고 볼 수 있다.

다시 말해서 제작 담당자 다카시마가 19일 기자회견장에서 조총련 측이 도시바음공에 「임진강」의 앨범발매와 관련하여 항의가 있었다는 것을 부정한 것은 사실이 아니었을 것으로 추정된다. 다만 이 두 신문이 20일에 「임진강」의 앨범발매와 관련한 기사를 작성할 시점까지는 도시바음공이 「임진강」의 발매중지 결정을 공개하지 않은 상태였으며, 이날의 앨범발매중지는 도시바음공 측의 갑작스런 결정이었음을 짐작할 수 있다. 분명한 것은 도시바음공 측이 대히트를 기록한 「돌아온 주정뱅이」보다도 「임진강」의 발매에 더 기대를 걸고 있었던 만큼 「임진강」의 발매중지를 결정하기는 쉽지 않았을 것이라는 점이다. 도시바음공 측이 「임진강」의 발매중지 결정을 조총련 측에 전달한 것은 20일 오전으로 알려져 있다. 담당 제작자인 다카시마와 문예선전부장 아사와 신타로(淺輪真太郎)가 조선총련중앙본부를 방문하여 문화부장인 이인재(李寅宰)에게 도시바음공 측의 결정을 전했다고 한다. 그 후 아사와는 도시바음공 본부로 돌아와서 오후에 기자회견을 열고 '재일본조선인총연합회로부터 항의가 있었던 「임진강」 레코드는 판매를 중지한다'고 발표했으며 21일자 신문은 이를 기사로 전하였다.[61]

그러나 이 기사는 당대의 최고 인기그룹을 둘러싼 빅뉴스였음에도 불구하고 그다지 큰 소동 없이 잠잠해졌다. 실은 1968년 2월 20일 아사와 신타로가 「임진강」의 발매중지 회견을 한 날은 일본 열도 전역을 놀라게 한 사건이 발생한 날이기도 하다. 이른바 김희로사건이 발생한 것이다. 앞서 기술한 바와 같이 김희로사건은 재일코리안 2세인 김희로(본명 권희로)가 시즈오카현 시미즈시에서 일본 폭력단 2명을 총으로 사살하고 스마타쿄(寸又峽)온천의 여관으로 들어가 13명의 일본인을 인질로 잡고 약 88시간에 걸쳐 농성을 하며 재일코리안에 대한 일본사회의 차별문제와 인권문제를 제기한 대사건이다. 이 사건은 일본 최초의 극장형 범죄로 일컬어질 정도로 텔레비전과 라디오로 생중계 되었으며, 21일 신문의 1면과 사회면을 장식하는 기사로 보도되었다. 말하자면 김희로사건이

---

61) 1968년 2월 21일자 『아사히신문』에는 「임진강」의 발매중지와 관련하여 '도시바음악공업에서는 조사한 결과, 항의내용이 사실이라는 것을 알았기 때문에 조선총련을 방문하여 '추정 13만 장의 제품은 발매를 중지한다'고 이해를 구했다'는 기사를 전하고 있다.

「임진강」의 발매중지 소동을 압도하는 양상으로 기사화되었던 것이다.

그런데 「임진강」의 발매중지를 둘러싼 배경에는 단순히 저작권문제로 결론짓기 어려운 정치적인 문제가 관여하고 있었다. 여기에서 조총련 측이 도시바음공에 방문하여 전달한 항의내용을 살펴보자. 앞서 마이니치신문의 기사에서도 확인되었듯이 조총련 측이 요구한 사항은 크게 다음의 4가지이다. 「임진강」은 '조선민주주의인민공화국'에서 만들어진 가곡으로 정식 국명을 명시할 것, 이에 대해 신문사를 통해 조총련에 사과할 것, 원곡을 충실하게 다시 번역할 것, 작사 작곡가를 명시할 것 등이다.

앨범발매를 눈앞에 둔 도시바음공의 입장에서는 조총련 측의 요구 사항을 어떻게든 무마시키고 앨범의 판매를 강행할 의지가 있었을 것이다. 이것은 앞서 제시한 2월 20일자 『아사히신문』 석간의 내용에서도 미루어 짐작할 수 있다. 도시바음공은 앨범제작 과정의 실수를 일부 인정하고 작자명 등을 명시하는 정도에서 앨범발매를 진행할 의사가 있었음을 확인할 수 있다. 그러나 도시바음공은 앨범의 발매직전에 발매중지 결론을 내리고 결정사항을 조총련 측에도 전달하였다. 이와 같은 결정을 내린 가장 큰 배경에는 도시바음공이 「임진강」의 앨범발매가 정치문제나 국제문제로 비화되는 양상을 우려하였다는 점을 들 수 있다. 동서진영의 냉전이데올로기가 첨예하게 대립하고 있던 무렵에 일개 레코드회사로서 조총련이나 북한 측에 문제의 불씨를 제공하는 것은 무엇보다도 부담스러운 일이었을 것이다.

특히 일본과는 정식적으로 국교가 수립되지 않은 북한의 정식 국명을 명시한다는 것은 일본 국내의 정치는 물론 외교적으로도 문제로 작용할 가능성이 있었을 것이다. 그와 함께 한국 또한 북한의 노래가 일본에서 유행하는 것에 대해 호의적이지 않을 것이라는 판단이 도시바음공이 「임진강」 앨범의 발매중지를 결정한 배경이 아닐 수 없다. 이와 같은 추정은 다음의 증언에서도 확인할 수 있다.

전 도시바EMI(구 도시바음공) 관계자의 증언에 따르면 '당시 일본에서 드러내놓고 '조선민주주의인민공화국'이라는 국명을 명시하는 것은 세태의 분위기상 어려웠다. 회사의 입장에서는 이번에는 싱글을 회수하자라는 결론이 나왔다'고 한다.[62]

1968년 무렵은 일본이 고도경제성장을 구가하던 시기이지만 정치적으로는 미소 양 진영에 의한 동서냉전은 전 세계를 양분하였으며, 그 와중에 발발한 베트남전쟁은 미소 양국의 대리전 양상으로 전개되었다. 그와 함께 한반도 또한 동서냉전의 각축장으로 남북의 대립은 심화되던 시기였다. 일본은 1965년에 한국과 '한일기본조약'을 체결하고 국교를 정상화하였다. 이로써 일본은 한국을 한반도 내의 유일한 합법정부로 인정하였으며 북한과는 국교를 체결하지 않았다. 따라서 일본에서 '조선민주주의인민공화국'이라는 국명의 사용은 당시의 국제정세로 볼 때 정부방침에 반하는 일이었다. 그만큼 도시바음공의 입장에서는 정부의 방침과 국제적 사정을 고려하지 않을 수 없었을 것이다.

결국 「임진강」 싱글앨범의 발매는 중지되었다. 그리고 포클은 같은 해 10월에 오사카에서 마지막 공연을 행한 후 해산되었다. 이로써 「임진강」을 둘러싼 일련의 소동은 종결되는 듯하였다. 그러나 「임진강」은 도시바음공의 싱글앨범 발매중지가 발표되었음에도 불구하고 음반제작과 콘서트 장에서의 공연은 지속되었다. 또한 재일코리안 사회에서는 여전히 자주 불려지는 노래 중 하나였다.

도시바음공의 「임진강」 발매중지 발표가 있은 후 조총련은 원곡에 충실한 「임진강」의 레코드화에 착수한다. 조총련 측의 이철우(李喆雨)는

---

62) チャンソナ, 「幻の名曲『イムジン河』の受難」, 『文芸春秋』80(11), 2002年9月, 216~222쪽.

조총련 산하의 재일본조선문학예술가동맹(이하, 문예동)과 오사카노동자
음악협의회(오사카노음) 산하의 유니존음악출판사와 함께 「임진강」의
레코드화를 추진하였다. 음반은 와세다대학 아마추어 인기 포크밴드 '드
포슈리크'에 의해 취입되었다. 밴드의 리더는 간베 가즈오(神部和夫)였
다. 이철우가 이 작업에서 중요시한 것은 원곡에 충실한 레코드의 제작
이었던 만큼 「임진강」의 타이틀은 북한식 발음인 '림진강(リムジン江)'을
사용하고 부제로 '임진강(イムジン河)' 표기를 함께 병기하였다.

〈그림 10〉『드 포슈리크의 임진강 앨범』

가사에 있어서는 마쓰야마가 쓴 포클판이 아닌 원곡의 가사를 일본어
로 일부 '의역'한 형태로 제작되었다. 제작된 음반의 「임진강」의 작사는
이금옥(李錦玉)으로 표기되어 있다. 일본어 가사는 다음과 같다.[63]

63) 한국어 가사는 「임진강」 원곡의 가사를 참고하여 인용자가 직역한 것이다.

リムジン江 水清く 静かに流れ行き	임진강 맑은 물은 조용히 흘러가고
鳥は川を 自由に飛び交うよ	새는 강을 자유로이 날건만
南の故郷へ なぜに帰れぬ	남쪽 고향에 왜 못 가는가
リムジンの流れよ 答えておくれ	임진강 물결아 말해다오
水鳥悲しく	물새는 슬프게
南の岸で鳴き	남쪽 언덕에서 울고
荒れた畑に 空しく風が立つ	메마른 들판에서는 하염없이 바람이 분다
幸せの花咲く 祖国の北の歌	행복의 꽃이 피는 조국 북녘의 노래
リムジンの流れよ 伝えておくれ	임진강 물결아 전해다오
南の故郷へ なぜに帰れぬ	남쪽 고향에 왜 못 가는가
リムジンの流れよ 答えておくれ	임진강 물결아 말해다오
リムジンの流れよ 答えておくれ	임진강 물결아 말해다오

가사내용은 전체적으로 원곡에 나타난 남쪽 고향에 대한 그리움과 북쪽의 경제적 우위와 행복을 시사하는 프로파간다를 그대로 수용한 양상을 띠고 있다.

조총련 측과 새로운 「임진강」의 레코드화를 기획한 오사카노음은 1949년에 발족하였으며 그 후 각지에 노음이 결성되었다. 노음은 노동자를 위한 음악감상을 지향한 측면이 강했으며 「임진강」의 레코드 제작도 그 일환으로 기획되어 당시 20만 장을 판매했다고 한다.

드 포슈리크판 「임진강」이 발매되고 난 후 1969년 8월에는 마쓰야마와 포클의 전 멤버였던 기타야마가 '뮤테이션 팩토리'라는 밴드를 결성하여 마쓰야마가 작사한 포클판 「임진강」을 일종의 독립음반의 형태로 URC(언드그라운드 레코드 클럽)에서 회원을 대상으로 판매하기도 하였다.

그러나 드 포슈리크판은 물론 뮤테이션 팩토리판도 음반업계에서 발매 중지라는 소동을 불러온 음반이라는 평판을 극복하기는 어려웠다. 드 포슈리크는 「임진강」 이외에는 알려지지 못하고 해산되었으며, 뮤테이션 팩토리도 특이한 활동 없이 잊히게 되었다. 그리고 「임진강」은 방송국의 자숙을 이유로 공개적으로는 방송이 제한되었지만 각지의 공연장과 콘서트장, 시민집회와 정치집회의 장소 등에서 면면히 불려졌다. 그리고 「임진강」은 누구보다도 포클의 멤버들에게는 특별한 의미를 가진 노래였던 만큼 계속해서 불리게 되었다.

1988년 8월 교토조선제2초중급학교에서 전 더 포크 크루세이더스(the Folk Crusaders)의 멤버였던 하시다 노리히코(はしだのりひこ)가 「임진강」을 부른 후의 감상을 기술하고 있다.

포크루가 해산한 후에도 나는 몇몇 그룹을 만들어서 노래를 불렀습니다. 그 일은 1988년이었던 것 같아요. 교토조선제2초중급학교에서 여름에 학교 교정에서 축제를 하는데 노래를 불러주었으면 한다는 초청이었습니다. 8월 15일이라면 일본에서는 패전의 날이죠. 하지만 조선사람들에게는 기념할만한 '해방일'이었죠. 그래서 매년 축제를 개최하는 것이었어요. 나는 야간 출연이었어요. 「바람」이나 「신부」같은 노래를 불렀던 것 같아요. 노래를 끝내고 무대에서 내려가려고 하자 관객이 몰려들어서 「임진강」을 부르기 전까지는 끝나지 않았다고 하는 거예요. 어쩔 수 없이 불렀습니다. 그런데 깜짝 놀랐습니다. 3절의 '고향을 언제까지나 잊지 않아요(故鄕をいつまでも忘れはしない)'라는 부분을 부르고 있을 때 보이는 거예요. 어두운 밤에도. 사람들이 넓게 원형을 만들어 어깨동무를 하면서 몸을 천천히 흔들고 있었어요. 어두운데도 보일 정도로 모두들 울고 있는 거예요. 그중에 누군가가 '아버지, 어머니(アボジー, オモニー)'라고 소리치면서 주먹을 치켜들었어요. 그것은 약간 잊을 수 없는 광경이었습니다.

그날 이후 나의 「임진강」에 대한 의식이나 노래 부르기가 확실히 바뀌기

시작했습니다. 가사의 3절 '임진강 하늘 멀리 무지개야 걸려라(リムジン河 空遠く 虹よかかっておくれ)'라는 부분은 어쩌면 이토록 덧없는 것인가 하고 생각한다. 무지개 따위 금방 사라져버리는 것에 그들은 통일에 대한 염원을 담고 있다. 물론 이 부분은 원곡 가사에는 없는 부분이지만 정말로 이 노래의 본질을 나타내고 있다고 생각합니다. "고향에 대한 궁극의 생각"이라는 의미에서 말입니다. …그때 이후로 나의 콘서트에서는 부르게 되었습니다. 그날 교정에서 눈물을 글썽거렸던 그들의 모습을 떠올리면서 앞으로도 부를 것입니다.[64]

「임진강」은 20세기 후반에 몇몇 뮤지션에 의해 불리면서 다시 화제가 되었다. 재일코리안 소프라노 가수인 전월선은 1983년 이래 줄곧 「임진강」을 불렀을 뿐만 아니라 1997년에는 한국에서도 부르게 되었다. 2000년에는 일본의 방송국 TBS의 보도프로그램 「뉴스23」에서 라이브로 열창하기도 하였다. 한편 재일코리안 가수 아라이 에이치(新井英一, 본명 박영일)는 1997년에 스스로 「임진강」의 가사를 번역하여 CD로 제작해 판매하기도 하였다.[65] 또한 재일코리안 가수 미야코 하루미(都はるみ)는 2000년 12월에 도쿄 히비야 닛세이극장 콘서트에서 「임진강」을 열창하였다. 2001년에는 한국인 가수 김연자가 요시오카 오사무(吉岡治)가 일본

---

64) チャンソナ, 「幻の名曲『イムジン河』の受難」, 『文芸春秋』 80(11), 2002年 9月, 216~222쪽.
65) 아라이 에이지는 후쿠오카 출신의 재일코리안 2세 가수로 1995년에 『清河への道~48番』을 발표하였다. 아라이가 번역한 「임진강」의 일본어 가사는 다음과 같다. 밑줄 친 부분이 그 이전까지의 「임진강」 가사와는 다소 차이가 있다.

1. イムジン江水清く しずかに流れ行き
   鳥は河を自由に飛び交うよ
   <u>ふるさとの人たちは 達者でいるだろうか</u>
   イムジンの流れよ 答えておくれ
2. 水鳥美しく 静かな岸で鳴き
   山の畑に やさしく風が吹く
   幸せの花が咲く ふるさとの唄
   イムジンの流れよ 伝えておくれ

어로 작사한 「임진강」을 고하쿠우타갓센(紅白歌合戰)에서 한일월드컵의 성공을 기원하며 부르기도 하였다. 그 후 2002년에는 가토 가즈히코와 기타야마 오사무 등이 포클을 재결성하였고, 포클판 「임진강」이 34년 만에 CD로 제작되어 약 10만 장 이상 판매되기도 하였다. 그리고 앞서 기술한 바와 같이 2005년에 개봉된 영화 『박치기』(한국에서는 2006년 개봉)에 삽입곡으로 등장하면서 일본과 한국에 새로운 붐을 일으키기도 하였다. 한국에서는 2007년에 재일코리안 지휘자 김홍재가 편곡한 「임진강」이 울산시립교향악단에서 연주되기도 하였다.

여기에서 참고로 1960년대 이후의 재일코리안의 음악활동과 일본에서 활약한 재일코리안 2세 음악가, 가수를 간단히 소개하고자 한다.

1960년대 이후부터 일본의 음악계에는 재일코리안 2세 음악가나 가수가 다수 등장하였다. 그 대표적인 인물에는 미야코 하루미(都はるみ), 니시키노 아키라(錦野旦), 와다 아키코(和田アキ子), 조니 오쿠라(ジョニー大倉) 등이 있다. 이들은 모두 자신의 출신이 재일코리안이라는 민족적 아이덴티티를 밝히고 있으며 각각의 장르에서 대중적 인기를 끌어낸 인물들이다.

특히 미야코 하루미는 1948년 교토에서 출생했으며, 1964년에 데뷔한 후 제6회 일본레코드대상 신인상을 수상하였으며, 1976년 제18회 일본레코드대상에서 대상을 수상하였다. 이때 재일코리안 출신이라는 것 때문에 '비국민'이라는 비방과 중상으로 어려움을 겪기도 했다. 그 후 1980년 제22회 일본레코드대상에서는 최우수 가창상을 수상하며 일본 최고의 스타 가수가 되었다.

1980년대에 들어서서는 자신의 출신이 재일코리안이라고 밝히고 활동한 재일코리안 2세 가수들이 많이 나타났다. 대표적인 가수에는 하쿠류(白龍), 박보, 조박, 이정미, 홍영웅, 아라이 에이치(新井英一) 등이 있다.

이들은 포크와 록을 바탕으로 한국 민요와 가곡, 한국의 민중저항 음악 등 다양한 장르의 음악을 구사하며 재일코리안의 삶과 정서를 노래하였다.

특히 아라이 에이치는 1950년 후쿠오카에서 태어나 1979년에 「마이동풍」으로 데뷔하였다. 본명은 박영일이다. 1995년에 앨범 「청하로 가는 길」을 발표하여 제37회 일본레코드대상 앨범대상을 수상하였다. 그 후 일본은 물론 미국, 한국에서도 라이브 공연을 하는 등 활발한 음악활동을 펼치고 있다. 그 외에도 성악가 전월선, 재즈 베이시스트 김성구, 싱어송라이터 사와 도모에(澤知惠) 등의 활동도 두드러진다.

1990년대가 되어서는 재일코리안 3세와 4세 뮤지션의 등장이 눈에 띈다. 재즈의 게이코 리(본명 이경자), 팝의 크리스탈 케이, 소닌(본명 성선임), 지휘자 기무 세이쿄(金聖響) 등이 국제적으로 주목을 받으며 활약하고 있다. 그 외에도 악기 연주나 지휘 분야에서는 플루트 연주자이자 지휘자인 김창국, 바이올리니스트 정찬우 등이 큰 활약을 보였다.

제3장

재일코리안의 무대예술

연극·영화·무용

제3장
재일코리안의 무대예술

연극 · 영화 · 무용

1. 재일코리안과 연극

재일코리안의 연극 활동은 해방 이전부터 일본 유학생이었던 조일재,
윤백남, 김우진, 김영팔, 홍해성 등이 연극계에 입문하면서 활발히 전개
되었다. 1930년대에는 일본프롤레타리아문화연맹(KOPF) 산하의 일본프
롤레타리아연극동맹에 좌익계열 조선인 극단도 가맹하게 되었으며, 그
전후해서 KOPE가 주최하는 행사에 일본인극단과 함께 조선인극단이 출
연하기도 하였다.[1] 재일조선인극단으로는 3.1극장, 조선예술좌, 조선학
생예술좌, 니치다이형상좌(日大形象座) 등의 극단이 중심이 되어 활동하
였으며 일본의 연극단체 쓰키지소극장(築地小劇場)과도 함께 공연을 하
였다.

해방 직후 대부분의 재일코리안 연극인들은 한반도로 귀국하였으며

---

1) 外村大, 「研究ノート 村山知義と朝鮮」, 한국민족운동사연구회 2005년 10월 보고 원고 참조
   (http://www.sumquick.com/tonomura/note/200510/200510_03.html).

조선예술좌의 김두용, 장비 등 일부만 남았다. 해방 이후의 재일코리안 사회에 연극 활동이 다시 시작된 것은 여타의 문화예술분야가 그러했듯 이 조련의 조직과 활동이 무엇보다 큰 역할을 하였다. 해방 이후 조련의 문화예술분야에 대한 방침은, 앞서 기술한 재일코리안의 음악 활동에서 살펴본 바와 같이, 국제친선과 재일코리안 대중에 대한 위안 사업, 계몽 활동이 주된 활동의 방침이었다. 이 방침은 조련의 연극 활동에 있어서 도 그대로 적용되었다고 판단된다. 특히 해방 직후 초기 연극 활동은 연극분야를 중심으로 이루어진 것이었다기보다 동포 위안과 계몽, 조련활 동의 선전을 목적으로 한 대중예능활동의 한 장르로 진행되었다. 그 때 문에 연극은 각종 예능행사에서 음악이나 춤과 함께 대중의 여흥을 북돋 우는 역할을 하는 정도였으며 예술적인 완성도나 수준을 추구하는 정도 는 아니었다.

해방 이후 재일코리안의 연극 활동이 본격적으로 시작된 것은 재일본 조선예술협회(이하, 예협)의 결성부터라고 할 수 있다. 예협은 1946년 3월 25일에 간다 한국YMCA에서 김두용, 장비, 박의원 등이 중심이 되어 창립 총회를 개최하고 결성되었으며 회장은 장비가 맡았다. 예협은 1946년 6월 에 간다공립강당에서 제1회 공연으로 같은 해 북한으로 넘어간 연극인 신고송의 작품「결실」을 상연하였다.[2] 하지만 예협의 활동은 조직 동원 력의 미비와 전문적인 연극인의 부족, 극심한 재정난 등으로 운영에 곤 란을 겪었으며, 1947년 3월에는 명칭을 재일본조선예술가동맹으로 바꾸 어 활동을 진행하였다.

그 후 재일코리안의 연극 활동은 청년조직과 학생, 특히 민청이 많은 노력을 기울이며 활발히 전개되었다. 민청은 1948년에 이동계몽극단을

---

2) 吳圭祥, 『ドキュメント在日本朝鮮人連盟1945-1949』, 岩波書店, 2009, 294쪽.

편성하여 5월 19일부터 한 달간 전국의 각 지부를 돌며 순회공연을 펼쳤
다. 또 그 과정에 각 지부에서도 극단이 조직되어 음악이나 무용과 함께
연극이 상연되기도 하였다. 이 무렵에 활발한 연극 활동을 전개한 극단
에는 민청도쿄아라카와(荒川)연극반, 8.15문화제를 계기로 탄생한 극단
'희망좌'가 있다.

아라카와연극반은 1948년 3월 27일에 연극연구회로서 발족되어 장비,
김경재 등의 지도를 받으며 활동을 시작하였으며, 민청결성1주년기념대
회에 출연하여 합창과 연극을 선보였다. 아라카와 연극반의 활동이 대중
적인 호응을 끌어내면서 가나가와, 오사카, 고베, 후쿠오카 등지에서도
자립극단이 탄생하였다. 그리고 이들 극단은 전국 각지에서 8.15해방기
념일 전야제 행사에도 참가하였다.

민청은 연극 활동의 대중적인 호응과 필요성이 부각되면서 청년연극
인을 양성하고 조직의 다양한 목표를 달성하기 위한 조치로 민청 전속의
중앙극단의 조직을 진행하였다. 그렇게 해서 만들어진 극단이 '희망좌'이
다. 희망좌는 민청총본부 직속의 문화조직으로서 각지의 자립극단이나
지방극단에 대한 양성과 지도를 하는 역할을 담당하였으며, 전문연극인
의 양성에도 노력하였다. 희망좌의 제1회 공연은 민청제3회전국대회가
개최되었던 10월 1일과 2일, 이틀 동안 청년문화의 밤에서 「황혼」, 「매맞
는 집」, 「북위38도선」의 각 1막을 상연하고 많은 성과를 얻었다고 한다.[3]

그리고 오사카에서는 1949년 1월 5일에 쓰루하시소학교에서 문화제연
극콩쿨이 개최되었는데 조선중학의 「흙」, 민청히가시나리지부의 「현대
청년」, 민청고등학원의 「희망가」 등의 작품이 상연되었다.[4] 또 1949년
2월부터 히로시마현 내 각지에서 활동한 히로시마조선소년단연극반은

---

3) 『解放新聞』 1948년 10월 6일자.
4) 『民青大阪』 1949년 1월 25일자.

4편의 연극을 모두 한국어로 공연함으로써 큰 호응을 얻었다. 이밖에도 민청도쿄문화공작대와 조련가와사키문화공작대의 연극 활동은 문화공작대의 다른 예능프로그램과 함께 큰 인기를 모았다.[5]

민청과 조련은 재일코리안 청년들을 위한 연극교육에도 많은 노력을 하였다. 민청은 민청문화공작대의 지방 순회를 통해 연극을 위한 기초훈련, 발성훈련, 체력훈련, 율동법 등을 지도하였다. 지도에는 장비, 신영, 허남기, 오정민, 박원준, 박의원 등이 참가하였다. 한편 조련은 연극 지도자 양성을 위해 조련중앙고등학원 12기를 민청문화공작대 지도자 양성을 목표로 운영하였다. 기간은 2개월이며, 이수내용은 예술 각 분야의 이론 확립이었으며 주요 과목은 연극과 민족무용으로 설정 되었다. 이 프로그램에는 전국에서 488명이 수강하였다고 한다.[6]

이와 같은 해방 직후의 재일코리안의 연극 활동은 조련의 해산 이후에도 계속되어 새로운 극단의 창단을 도모하였다. 조련이 해산된 이후 1949년 12월에 재일코리안 지식인 이진규와 허남기 등이 연극 활동의 필요성을 제기함으로써 이은직, 김달수, 임광철, 장비, 안보, 윤봉구, 박원준, 정백운을 비롯하여 정태유, 서정자 등 다수의 지식인과 연극인들이 모여서 우리말 연극단을 만들고 일본 각지를 순회할 수 있도록 하자는 취지로 새로운 극단의 발족을 계획하였다. 이렇게 해서 만들어진 극단이 1950년 1월 5일에 탄생한 극단 '모란봉극장'이다.[7] 모란봉극장의 첫 공연은 1950년 2월 20일에 해방신문사 주최로 간다공립강당에서 개최된 '애독자위안회' 제2부 연극 「차꽃 피는 지리산」이었다. 이후의 재일코리안

---

[5] 『解放新聞』 1949년 5월 6일자.

[6] 呉圭祥, 『ドキュメント在日本朝鮮人連盟1945-1949』, 岩波書店, 2009, 298쪽.

[7] 일반적으로 모란봉극장은 1946년에 북한의 모란봉 기슭에 건립된 극장을 지칭하지만, 여기에서는 1950년에 재일코리안이 발족시킨 극단을 지칭한다.

연극은 '모란봉극장', 1962년에 첫 공연을 한 '재일조선중앙예술단연극부', 1965년 1월에 창단한 '재일조선연극단' 등이 등장하면서 지속적인 활동이 이루어졌다.

1) 주요 재일코리안 연극인과 작품

재일코리안의 연극 활동은 오늘날까지 일본의 연극사는 물론 한국의 연극사에서도 그다지 논의되지 않았으며, 그 활동과 의미는 단편적이고 분절적으로 다루어져 온 경향이 있다. 특히 해방 이후의 재일코리안의 연극 활동에 대한 논의는 미비한 상태이다. 그 결과 재일코리안 연극 활동의 그 위상 또한 제대로 평가되고 있지 않는 것이 현실이다.[8] 연극은 실시간으로 관객과 소통하는 장르로서 동시대의 담론을 무대를 통해 전달하고 그 사고를 반영한다는 점에서 그만큼 유동적이며 또한 사회적이고 문화적인 활동이라고 할 수 있다. 이러한 측면에서 재일코리안의 연극 활동을 살펴보고 논의한다는 것은 재일코리안의 생활과 문화 또는 의식과 사고에 대한 변화양상을 살펴보는 작업이며, 동시에 재일코리안에 대한 이해의 폭을 넓히는 계기가 될 것이다. 다만, 여기에서는 일본(또는 한국)에서 활동해 온 주요 재일코리안 연극인과 그 작품에 대해 개괄적으로 살펴보는 것에 한정한다는 점을 밝힌다. 전후 일본의 연극에 있어

---

[8] 재일코리안의 연극 활동, 특히 해방 이후의 연극 활동에 대해서는 1970년대 이후가 되어서야 비로소 일본과 한국에서 논의가 시작되었다고 할 수 있다. 또 재일코리안의 연극이 한국에 상연된 것은 1980년대에 들어서서의 일이다. 이 때문에 재일코리안의 연극 활동에 대한 연구는 축적된 성과가 미비한 실정이며 연구 또한 시작 단계라고 할 수 있다. 그런 가운데서도 서민호『한국 현대 희곡사』(고려대학교 출판부, 2004), 정진세「동시대 재일한인연극 연구: 경계인의 형상화를 중심으로」(한국예술종합학교 예술전문사학위논문, 2013) 등은 재일코리안의 연극 활동에 대한 의미부여와 특징을 고찰하고 있다는 점에서 시사적이다.

서 특이할만한 활동을 보여준 주요 재일코리안 연극인으로는 쓰카 고헤이(つかこうへい), 정의신(鄭義信), 김수진(金守珍), 유미리(柳美里) 등이 있다.

(1) 쓰카 고헤이

쓰카 고헤이는 1948년 4월 24일에 후쿠오카현에서 태어난 재일코리안 2세이다. 한국명은 김봉웅(金峰雄)이다.[9] 해방 이후 귀국을 포기하고 후쿠오카에 정주를 결정한 부모와 함께 후쿠오카현에서 성장하였다. 후쿠오카현립다치야마고등학교를 졸업하고 게이오기주쿠대학 문학부를 중퇴하였다. 대학 재학 중에 희곡을 집필하는 한편 학생극단에 가입하여 연극 활동을 펼쳤다. 이때부터 언더그라운드(underground, 안구라) 소극장운동에 가담하였다.[10] 이후 쓰카 고헤이는 본격적인 연극 활동을 위해 대학을 중퇴하고 와세다 소극장에서 스즈키 다다시(鈴木忠志)로부터 연극지도를 받았다.

1973년 11월에 극작품 『아타미살인사건』이 문학좌의 아틀리에 공연에서 후지와라 신페이의 연출로 상연되었다. 쓰카 고헤이는 이 작품으로 제18회 기시다 구니오 희곡상을 수상하였으며 신세대 극작가로서 주목을 받았다. 이후 『스트리퍼 이야기』(76년), 『가마타행진곡』(80년), 『비룡전90-살육의 가을』(90년) 등을 발표하여 각각 제14회 골덴아로우상 연극상 수상, 제15회 기노쿠니야연극상 단체상 수상, 제42회 요미우리문학

---

9) 쓰카 고헤이의 한국명에 대해서는 자신의 에세이 『딸에게 들려주는 조국』(김은정 역, 이상북스, 2011, 35쪽)에서 '본명은 가네하라 미네오(金原峰雄), 정확하게는 김봉웅(金峰雄)'이라고 밝히고 있다.
10) 안구라라는 명칭은 '소극장 연극을 하는 사람들 스스로가 기성의 연극표현양식이나 정치체제에 대해 반항하는 연극이라는 의미로 정착되면서 안구라연극인들에게는 일종의 영광스러운 명칭'으로 인식되어 널리 쓰이게 되었다(이응수 외, 『이야기 일본연극사』, 세종대학교출판부, 2011, 184쪽 참조).

상 수상 등 일약 인기 극작가로서의 지위를 획득하였다. 1970년대 쓰카 고헤이의 인기는 '1970년대 연극=쓰카 고헤이 연극'이라는 평가를 받을 만큼 열광적인 것이었다. 이 무렵 쓰카 고헤이의 등장으로 소극장운동은 언더그라운드 문화라는 이미지에서 벗어나 소극장연극에서도 웃음이 있는 연극, 희극적인 연극의 존재를 부각시키며 큰 인기를 모았다. 그리고 이후부터는 소극장연극이 전위 연극의 이미지에서 대중적인 이미지로 탈바꿈하게 되었다.

1980년대에 들어서서 쓰카 고헤이는 연극 활동을 중단하고 소설가로 변신하였는데 1982년의 소설 『가마타행진곡』은 제86회 나오키상을 수상하였다. 1987년 11월에는 한국에서 '아타미살인사건'을 상연하여 대성공을 거둔다. 그는 1989년에 다시 연극계로 복귀하였다. 1994년에는 도쿄도 기타구와 협력하여 기타구쓰카고헤이극단을 설립, 이어서 1996년에는 오이타시와 협력하여 오이타시쓰카고헤이극단을 창설하였다. 1998년부터 한일 문화교류가 본격화되면서 양국의 연극교류에도 노력하였다. 1999년 4월 문예회관 대극장에서는 한국 측은 쓰카 고헤이의 『도쿄에서 온 형사』와 『평양에서 온 형사』(이 두 작품은 쓰카 고헤이의 『아타미살인사건』을 번안한 것이다)를, 오이타극단은 『여형사 이야기』를 공연하여 호평을 받았다.

쓰카 고헤이가 재일코리안의 정체성을 작품 속에서 드러내기 시작한 것은 1986년의 소설 『히로시마에 원폭이 떨어지는 날』, 1990년의 『딸에게 들려주는 조국』 등을 통해서이다. 『히로시마에 원폭이 떨어지는 날』에서는 재일코리안에 대한 일본사회의 차별을 충격적으로 묘사하였으며, 『딸에게 들려주는 조국』에서는 어린 시절의 자신의 민족적 아이덴티티에 대한 열등감과 자기반성 등이 잘 나타나 있다.

아빠가 자란 곳은 기질이 거친 치쿠호 탄광촌의 한복판으로 당시의 한국인 차별은 말로 다 표현할 수 없을 정도였다. 그때는 바다에 '이승만 라인'이라는 것이 있었는데 그 경계선을 넘어 대한해협에서 조업하는 일본 어선을 한국 경비대가 나포하곤 했었지. 그런 뉴스가 나온 다음 날은 잔뜩 기가 죽어 감히 학교에 갈 엄두도 내지 못했다. 그리고 간신히 학교에 다녀온 후엔 투덜댔지. "왜 한국 사람들은 아무 죄 없는 일본 어선을 붙잡고 난리야!" 또 다음날 학교에 가서는 "조센징은 구제불능이다"라는 따위의 말로 친구들에게 아첨을 떨었다. 지금 생각하면 부끄러운 일이지만 어린아이가 살아가기 위한 어쩔 수 없는 선택이었을 거라고 생각해. 그뿐만 아니라 솔직히 말하면 일본인 악동들과 합세해 마음 약한 한국아이를 괴롭히기도 했다. 아무튼 아빠가 비열했고 어리석은 아이였던 건 확실한 것 같다.(중략) 어린 아빠의 마음 속에는 '내 조국을 경멸이라도 하지 않으면 살아나갈 수가 없잖아. 한국이라는 나라는 구제불능이야. 하지만 난 아니라고!' 하는 생각을 하는 자아가 있었다. 어릴 적 아빠에게 한국이라는 나라는 결코 자랑스러워할 조국은 아니었어. 오히려 숨기고 싶은 나라였지….11)

다만, 쓰카 고헤이는 다른 재일코리안 극작가나 소설가들이 재일코리안으로서 체험한 차별과 아픈 기억을 작품화한 것과는 달리 한 번도 재일코리안으로서의 쓰라린 체험을 작품화하지는 않았다. 그렇지만 쓰카 고헤이는 재일코리안이 차별받지 않고 공평한 대우를 받는 미래를 희망하며 언젠가 그러한 세상이 되기를 바라는 마음에서 필명 쓰카 고헤이(つかこうへい一何時か公平, 언젠가 공평)에 그런 의미를 담았다고 한다.

(2) 정의신

정의신은 1957년에 효고현 히메지시에서 태어났다. 정의신의 아버지는 15살 때 일본으로 건너갔으나 전쟁 중에 징병되어 헌병이 되었다. 이

11) 쓰카 고헤이, 김은정 역, 『딸에게 들려주는 조국』, 이상북스, 2011, 48~49쪽.

것이 이유가 되어 동향출신의 사람들에게 비난을 받았으며, 결국 해방 이후에도 귀국을 단념하고 일본에서의 정주를 선택하였고, 재일코리안 취락 부근에서 고철상을 했다고 한다. 정의신은 학생시절 민족학교가 아닌 일본학교에서 소학교, 중학교, 고등학교를 졸업하였다. 어린 시절 정의신은 '데이 요시노부'라는 이름으로 불려졌다. 그 무렵 일본에 체류하던 김지하 시인 등에 영향을 받아서 민족적 아이덴티티를 의식하게 되었고 고등학교 때부터는 '정의신'이라는 본명을 사용하기 시작했다고 한다.[12]

정의신은 교토에 있는 도시샤대학에 입학한 후 재일코리안 계열의 학생조직에 가담하였다. 대학은 2학년 때 중퇴하고 요코하마방송영화전문학원 미술과를 졸업하였다. 이후 영화사 쇼치쿠(松竹)에서 미술조수로 근무를 하며 연극계에 입문하게 되었다. 정의신이 처음 활동한 극단은 1968년에 '연극센터68/71'로 출발한 구로텐트라는 안구라극단이었다. 구로텐트는 1970년대 말부터 아시아 연극인들과 함께 아시아 연극의 발전을 위해 노력하였는데 구로텐트에서의 활동을 계기로 극작가로도 데뷔하였다.

정의신이 구로텐트에서 활동할 무렵에 쓴 첫 희곡은 1986년의 습작 『사랑의 미디어』라는 작품이다. 이 작품은 기시다 구니오(岸田國士)희곡상 후보에까지 올랐는데 이후 본격적인 극작가로서의 활동을 시작하게 된다. 그런 가운데 1987년에는 연출가 김수진과 함께 극단 '신주쿠양산박(新宿梁山泊)'을 창단하였다. 1993년에는 『더 데라야마(ザ・寺山)』(사토 마코토(佐藤信) 연출)를 상연하여 기시다 구니오희곡상을 수상하였다. 이후 1994년에는 『달은 어느 쪽에서 뜨는가』로 마이니치 영화콩쿠르 각본상, 키네마순보 각본상, 일본아카데미 최우수각본상을 수상하였고, 1999년

---

12) 『야끼니꾸 드래곤』 프로그램, 예술의전당 토월극장, 2011년 3월, 17쪽.

에는『사랑을 갈구하는 사람』으로 키네마순보 각본상, 일본아카데미상 최우수각본상, 아시아태평양영화제·오사카영화제 최우수각본상을 수상하였다. 그 외에도 2003년에『OUT』, 2004년에『피와 뼈』, 2005년에『바다의 반딧불이』, 2007년에『제비꽃이 필 무렵』, 2009년에『야끼니꾸 드래곤』등으로 무수히 많은 상을 수상하였다.

정의신이 한국연극계와 교류를 한 것은 1989년에 자신이 쓴 극본『천년의 고독』을 극단 신주쿠양산박이 서울에서 공연을 하면서부터이다. 그러나 1995년에는 신주쿠양산박과의 불화로 극단을 탈퇴하고 프리랜서 극작가로 활발히 활동하였다. 이후부터 한국 연극계와의 교류는 더욱 활발히 이루어졌다. 2005년에는『행인두부의 마음』이 국립극장에서 낭독공연이 진행되었으며, 2006년에는 정의신의 극본『20세기 소년소녀창가집』이 서울 아르코예술극장에서 상연되었다. 또 2007년에는 박조열 극본의『오장군의 발톱』을 직접 연출하였다. 무엇보다 2008년에 양정웅과 공동연출한『야끼니꾸 드래곤(燒肉ドラゴン)』이 도쿄 신국립극장과 한국예술의전당이 합동공연을 하면서 한국에서도 호평을 받았다. 그 이후의 작품 활동을 간단히 소개하자면, 2009년에『바케레타』(극본, 연출), 2010년『적도 아래의 맥베스』(극본), 2011년 예술의전당에서 재공연 된『야끼니꾸 드래곤』의 단독 연출,『쥐의 눈물』(극본, 연출),『아시안 스위트』(극본), 2012년『봄의 노래는 바다에 흐르고』(극본, 연출) 등의 작품 활동을 하였다.

연극평론가 이상우는 한국과 일본을 왕래하는 정의신의 연극 활동을 '월경의 연극'이라고 평가하면서 다음과 같이 기술하고 있다.

한국과 일본 사회의 뿌리 깊은 반목과 질서 그리고 증오, 더 나아가 남한과 북한, 한반도를 둘러싼 동북아 지역의 해묵은 갈등과 긴장의 근본 원인은 따

지고 보면 국민국가를 단위로 하는 일국주의적 관념에 그 원인이 있다. 국민
국가의 경계를 초월하여 월경하는 시선으로 한국인과 일본인, 그리고 더 나아
가 동아시아인의 삶을 상상하게 될 때, 전쟁과 갈등을 넘어서 진정한 동아시
아의 평화와 연대가 가능할 것이기 때문이다.[13]

　이상우는 정의신의 연극이 한반도라는 경계를 넘어 동아시아 전체의
평화와 연대를 지향하는 활동이라고 규정하며 긍정적인 입장을 밝혔다.
즉 정의신의 연극 활동은 재일코리안 디아스포라라는 한계적 상황을 '월
경'이라는 방식으로 극복함으로써 인류의 평화와 연대라는 보다 보편적
인 가치를 추구하고 공유하고자 하는 실천적 예술 활동이라고 할 수 있
겠다.

(3) 김수진

　김수진은 1954년에 도쿄에서 태어난 재일코리안 2세 연출가이다. 도카
이대학을 졸업한 후 니나가와(蜷川)스튜디오[14]를 거쳐 연출가 가라 주로
(唐十郎)가 주재한 상황극장에서 연기 수업을 받았다. 김수진은 자신이
연극계에 입문한 계기에 대해 다음과 같이 술회하고 있다.

　　오래전 한국의 군사독재정권시절에 일본에서 김지하 선생님의 작품 〈진오
귀〉를 보게 되었습니다. 그런 시기에 본 그 작품은 굉장히 큰 충격과 감흥으
로 다가왔습니다. 김지하 선생님을 진심으로 존경하게 되었죠. 그때부터 연극
에 관심을 가져서 많은 연극 작품을 보게 되었습니다. 일본에서 우리 재일 동
포들은 어렸을 때부터, 차별받으면 안 된다는 생각에 어른들로부터 공부를 잘

13) 이상우, 「월경하는 시선의 매력―정의신 연극과 「봄의 노래는 바다에 흐르고」」, 『봄의 노
래는 바다에 흐르고』 프로그램, 남산예술센터, 2012, 20쪽.
14) 1984년에 연출가 니나가와 유키오(蜷川幸雄)가 젊은 세대의 배우와 스태프를 모아 연극연
습 및 배우훈련을 위해 운영한 스튜디오.

해서 의사나 변호사가 되어야 한다고 들으면서 자랐습니다. 일본이 우리나라
가 아니라는 생각을 했었고 언젠가는 한국으로 돌아온다고 생각했습니다. 하
지만 공연을 알고부터는 공연으로 인해 인간됨을 찾고 뛰어난 교포문화를 만
들어나가는데 큰 힘을 쏟게 되었습니다. 그렇게 해서 처음 시작했습니다.15)

　　우연인지는 모르겠지만 연극계에 입문한 계기가 김지하(혹은 그의 작
품)에게 감명을 받은 것 때문이라는 점은 앞서 기술한 정의신의 경우와
흡사하다. 인용에서도 알 수 있듯이 김수진은 연극을 통해 재일코리안의
민족적 정체성과 문화를 자각하였다는 것을 알 수 있다.

　　김수진이 본격적으로 연극 활동에 매진한 것은 상황극장의 영향이 크
다고 할 수 있다. 가라 주로가 주재한 상황극장은 연기의 변혁과 희곡구
조의 변환, 극장구조의 개혁, 탈극장, 비극단제, 운동적인 연극의 복권,
배우중심의 연극 등이 특징이었으며, 광대 · 유행민족(떠돌이)의 후예 ·
건달 등 무뢰한 혹은 무법자의 세계를 표현하고자 했다.16) 이와 같은 상
황극장의 특징과 표현방식은 김수진이 이끄는 극단 신주쿠양산박의 연
극 활동에도 많은 부분 수용되었다고 할 수 있다. 그리고 이것은 신주쿠
양산박의 전신이 1987년까지 가라 주로가 이끌던 상황극장이었다는 사
실만으로도 어느 정도 이해할 수 있는 대목이라고 하겠다.

　　극단 신주쿠양산박은 가라 주로의 상황극장이 해산한 후 감수진이 몇
몇 남은 배우들을 규합하여 1987년에 결성한 극단이다. 여기에는 예술감
독 김수진 외에도 극작가 정의신, 대표배우 김구미자, 주원실 등의 재일
코리안 연극인을 중심으로 다양한 극단 출신의 연극인들이 참여하였다.

---

15) 공정임, 「극단신주쿠양산박 김수진」 인터뷰, 『Bmnews』 2007년 4월 19일 기사
　　(http://www.newstage.co.kr 참조).
16) 정진세, 「동시대 재일한인연극 연구: 경계인의 형상화를 중심으로」, 한국예술종합학교 예
　　술전문사학위논문, 2013, 154쪽.

신주쿠양산박은 가라 주로의 상황극장이 추구했던 텐트 연극을 계승하면서 언더그라운드 연극을 발전시키고자 노력하였다. 또 하나 신주쿠양산박은 근대화 과정에서 누락되거나 잊혀진 민중들의 이야기 혹은 마이너리티의 서사를 통해 연대의식을 공유하고자 하는 시도를 하였다.

김수진은 정의신과 결별하기 전 신주쿠양산박에서 총 8편의 작품을 제작하였다. 대표적인 작품에는 『천년의 고독』(1989년), 『인어전설』(1993년) 등이 있다. 그 외에도 『류의 노래』, 『시네마 천국』, 『에에자나이카』 등의 작품을 선보이기도 하였다. 또 김수진은 연극뿐만 아니라 영화나 드라마에도 출연하였으며, 2001년에는 한일합작영화 『밤을 걸고(夜を賭けて)』의 감독을 맡아 1950년대 후반의 오사카지역 재일코리안의 삶과 애환을 담아내며 호평을 받기도 하였다.

(4) 유미리

아쿠타가와상(芥川賞)을 수상한 소설가로 많이 알려져 있는 유미리는 1968년 이바라키현 쓰치우라시에서 태어났으며 얼마 후 가나가와현 요코하마시로 이주하여 어린 시절을 그곳에서 보냈다. 1983년에 요코하마 공립학원고등학교를 1학년 때 중퇴하고, 1984년 히가시 유타카(東由多加)가 주재하는 뮤지컬 극단 '키드 브라더스'에 입단하였다. 이 무렵부터 그 이전까지 사용했던 이름 '야나기 미리'를 '유미리'로 바꾸어 사용하였다. 히가시 유타카의 권유로 희곡 창작을 시도하였는데 1988년에는 직접 극단 '청춘오월당'을 결성하여 「물속의 친구에게」라는 작품의 극본과 연출을 담당하며 데뷔하였다. 1993년 「물고기의 축제」로 제37회 기시다 구니오희곡상을 수상하였다. 1994년에는 소설 「돌에 헤엄치는 물고기」를 발표하고 본격적으로 소설 집필에 전념하였다. 그 후 「풀하우스」(1995년), 「콩나물」(1995년), 「가족시네마」(1996년), 「타일」(1997), 「골드러시」(1998년),

「여학생의 친구」(1999년) 등의 소설 작품을 발표하며 활발한 활동을 전개하였다. 특히 1996년에는 「가족시네마」로 제116회 아쿠타가와상을 수상하면서 소설가로서의 지명도를 높였다.

유미리의 작품은 1994년부터 한국에서도 공연되기 시작하였다. 1994년 7월에 서울에서 윤광진 연출로 「물고기의 축제」가 공연되었으며, 같은 해 8월에는 「해바라기의 관」이 박상현 연출로 공연되었다. 2000년대 이후에 공연된 작품으로는 2005년에 이성렬 연출로 「그린벤치」가 공연되었다. 이 작품은 2005년 한국연극 베스트7에 선정되면서 호평을 받기도 하였다. 그 외에도 2007년에 극단 백수광부에 의해 「그린벤치」와 「물고기의 축제」가 재공연 되었으며, 2011년에는 극단 신주쿠양산박에 의해 「해바라기의 관」이 재공연 되기도 하였다.

이밖에도 일본 연극계에는 재일코리안이 운영하는 소규모 극단들이 다수 활동하고 있다. 예를 들면 도쿄의 조선대학 출신들이 중심이 되어 활동하고 있는 극단 '아랑삶세'는 1988년에 창단했으며 주로 남북분단과 통일문제, 재일코리안의 삶과 일상에 관한 내용을 공연하고 있다. 아랑삶세의 아랑은 아랑전설 속 주인공의 이름에서 착안한 것이며 몸과 넋이 분리되었다가 나중에 하나가 되는 내용에서 남북분단의 문제와 통일에 대한 염원을 담았다고 한다. 또 삶세는 재일코리안 3세의 삶을 주로 다루고자 한다는 것과 재일코리안 3세의 시대에 통일이 되기를 기원한다는 의미가 담겨져 있다고 한다.

또 하나 활발하게 활동하고 있는 재일코리안 극단으로는 '달오름'이 있다. 극단 달오름은 김민수가 2005년에 창단하여 오사카를 중심으로 활동하고 있다. 주로 재일코리안의 아이덴티티에 대한 고뇌와 갈등, 취업과 연애, 한반도 통일문제 등 다양한 주제로 꾸준히 활동하고 있다. 2005년

창단공연에서는 제주4.3사건을 다룬 작품 「고도의 려명」을 6월 18일과 19일에 이틀간 공연하였다. 이후 거의 매년 공연발표를 하고 있으며 2012년까지 제7회 공연이 이루어졌다.[17]

2) 한일 연극 교류와 『야끼니꾸 드래곤』

한일 양국의 연극교류는 2002년 한일연극교류협의회의 창설과 함께 활발하게 진행되었다. 당시는 월드컵 한일공동개최와 일본에서의 한류 붐 등으로 한일 간의 문화적 교류가 그 어느 때보다 왕성하게 이루어진 시기이기도 하다. 2002년에는 월드컵을 기념하여 한국의 예술의전당과 일본의 신국립극장이 공동으로 기획하고 제작한 『강 건너 저편에』가 상연되었다. 이 작품은 그 해 평론가협회의 '올해의 연극 베스트3'에 선정되었으며 아사히공연예술상에서 최우수작품상을 수상하였다. 그리고 2005년에는 예술의전당 공연과 일본 지방 6개 도시 순회공연이 이루어질 정도로 큰 주목을 받았다.

2003년에는 히라타 오리자(平田オリザ)의 작품 『도쿄노트』를 번안한 『서울노트』를 박광정이 연출하여 공연되었으며, 2004년에는 기시다 구니오희곡상을 받은 마쓰다 마사타카(松田正隆)의 작품 『바다와 양산』이 송선호의 연출로 공연되어 비평가들의 호평을 받았다. 2005년에는 노다 히데키(野田秀樹)의 『농업소녀』와 『빨간 도깨비』가 각각 무대에 오르며 화제를 모았다. 이와 같은 한일 양국 간의 연극교류의 분위기에 발맞추어 2008년에는 또 하나의 한일공동 제작의 작품이 공연되었다. 앞서 『강 건

---

17) 극단 달오름의 2005년 창단공연 이후 공연된 작품을 살펴보면, 2006년에 제2회 공연 「오사까간죠센」, 2007년에 제3회 공연 「라인(선)」, 2008년 제4회 공연 「흔들이다」, 2010년 제5회 공연 「금은화영야」, 2011년 제6회 공연 「와카야노이야기」, 2012년 제7회 공연 「저고리의 땅」 등이다(극단 달오름 홈페이지 참조, http://www.office-wink.com/tal-orum/kr/index.php).

너 저편에』를 계기로 한일공동 제작의 모범적인 선례를 만든 예술의전당과 일본 신국립극장이 각각 창립 20주년과 10주년이 되는 2008년에 『야끼니꾸 드래곤』으로 다시 한 번 공동 제작한 작품을 공연한 것이다.

『야끼니꾸 드래곤』은 일본을 대표하는 재일코리안 2세 극작가 정의신의 작품으로 한국의 연출가 양정웅과 정의신이 공동 연출을 맡았으며, 한일 양국의 정상급 배우들이 대거 출연하여 제작되었다. 약 2년여 기간 동안의 준비 과정을 거쳐 제작되었으며 2008년 4월에 일본 신국립극장에서 공연된 후 5월에 예술의전당에서도 공연되었다. 『야끼니꾸 드래곤』은 공연 이후 수많은 연극상을 수상하며 다시 한 번 작품성을 인정받았다. 제16회 요미우리연극대상 대상과 최우수작품상, 제8회 아사히무대예술상 그랑프리, 한국평론가협회의 '올해의 연극베스트3' 선정, 한국연극협회 '2008 공연베스트 7' 선정, 제59회 예술선정문부과학대상 등을 수상하였다. 그 외에 제43회 기노쿠니야연극상, 제12회 쓰루야난보쿠희곡상 등을 수상하였다.

이와 같은 호평과 인기를 바탕으로 『야끼니꾸 드래곤』은 2011년에 신국립극장과 예술의전당, 그리고 효고현립예술문화센터, 기타큐슈예술극장에서 재공연이 이루어졌다. 정의신은 2011년 예술의전당 재공연 프로그램에서 『야끼니꾸 드래곤』에 대해 다음과 같이 기술하고 있다.

　　양쪽에 다 속해있으면서도 어느 쪽에도 속해있지 않은 존재가 '재일(在日)'이라고 생각한다. 우리 집안 역시 전쟁이 끝난 후 토지를 갖고 있지 않은 가난한 일본인과 재일 한국인이 사는 곳에 임의로 집을 세우고 정착한 일이 있다. 내 아버지는 '국유지'임에도 불구하고 그것을 샀다고 주장했는데, 그러한 내용은 작품 속 용길이의 대사에서도 나온다. 현재 우리 집은 극중 상황과 동일하게 철거되어 공원이 되었다. 이번 작품이 한국과 일본 사이에 놓인 '재일 한국인'의 심정을 조금이라도 이해할 수 있는 기회가 되고, 먼 나라의 이야기

가 아닌 가까운 이웃의 이야기라는 것을 느끼길 바란다.[18]

정의신은 『야끼니꾸 드래곤』이 재일코리안 출신인 자신의 경험을 이
야기한 작품이라는 점과 재일코리안의 삶과 고뇌를 이해할 수 있는 작품
이 되기를 기대한다고 밝히고 있다. 즉 연극 『야끼니꾸 드래곤』은 재일
코리안이라는 마이너리티를 연극의 주체로 삼고 있으며 그들의 삶의 현
실과 문제를 한일 양국의 근현대사는 물론 근대 국민국가의 역사적 담론
속에 차별과 억압, 배제와 은폐를 감내해야 했던 소수자 또는 경계인의
삶을 연극을 통해 형상화한 것이다. 작품 속에는 식민지지배와 전쟁, 한
반도의 해방과 분단, 제주4.3사건과 북송(귀국)사업, 취직차별과 이지메
(집단 따돌림), 민족공동체와 디아스포라, 기억과 트라우마 등 재일코리
안을 둘러싼 역사적 거대담론과 함께 정치적 사회적 문화적 갈등과 충돌
이 다양한 방식으로 재현되고 있다. 여기에서는 작품의 내용만 간단히
소개하고자 한다.

작품은 시간적으로는 일본의 고도경제성장을 총결산이라도 하듯 성대
하게 치뤄진 1970년 오사카 만국박람회의 개최 시기를, 공간적으로는 오
사카 근교의 비행장 근처에 있는 재일코리안 부락을 배경으로 전개된다.
낡은 함석지붕이 즐비하게 늘어선 재일코리안 부락의 한쪽 귀퉁이에 '야
끼니꾸 드래곤(燒肉ドラゴン)'이라는 간판의 곱창집이 무대이다.

곱창집 주인 김용길은 아시아·태평양전쟁 때 징용으로 왼손을 잃었
고 제주4.3사건으로 고향 제주도에서 일본으로 건너온 고영순과 결혼했
다. 용길은 장녀 시즈카와 차녀 리카를, 영순은 삼녀 미카를 각각 데리고
재혼한 부부이다. 두 사람은 결혼 후 일본의 국유지에 '불법적'으로 들어

선 재일코리안 부락에서 '야끼니꾸 드래곤(燒肉ㄷㄹㄱㅖ)'이라는 곱창집
을 개업하였고 그러는 동안에 아들 도키오가 태어났다. 이야기는 1969년
봄부터 시작되며 중학생이 된 도키오가 가게 한켠에 지어진 창고 지붕
위에 올라서서 '나는 이 마을이 정말 싫다'고 외친다. 리카는 가게에서
데츠오(이철부)와 결혼 축하 파티를 열려고 했으나 데츠오가 시청 창구
에서 담당자와 싸우며 혼인신청서를 찢어버리는 바람에 결혼은 이루어
지지 못하고 두 사람은 서로 다투며 가게로 돌아온다. 여름이 되어 김용
길 일가는 국유지 '불법점거' 통지를 받게 되고 유명한 사립중학교에 다
니는 도키오는 일본학생들의 이지메로 학교를 등교하지 않게 된다. 리카
는 데츠오가 일은 하지 않고 다시 과거에 연정을 품었던 장녀 시즈카를
좋아하는 것이 아닌가 하고 다투게 된다. 이를 염려한 시즈카는 윤대수
와 사귀게 되지만 데츠오는 시즈카를 잊지 못하고 다시 연정을 느낀다.
이에 리카도 가게 단골손님인 오일백과 관계를 맺는다. 한편 도키오는
계속된 이지메로 실어증에 걸렸고 삼녀 미카는 클럽에서 함께 일하는 지
배인 하세가와와 불륜관계라는 것이 밝혀진다. 겨울이 되어 시즈카와 윤
대수는 약혼을 했지만 여기에 데츠오가 나타나 시즈카에게 북한으로 가
서 함께 살자고 청하고 시즈카는 이를 받아들인다. 당시는 북한으로의
귀국(북송)사업이 진행 중이던 시기이기도 하다.

학교를 유급한 도키오에게 아버지 용길은 다시 학교에 다닐 것을 설
득하려고 하지만 도키오는 지붕 위로 올라가 투신자살하고 만다. 1970년
이 되자 하세가와는 임신한 미카와 결혼하기 위해 부인과 이혼했다. 국
유지 강제철거와 관련하여 찾아온 시청 공무원에게 용길은 정당한 대가
를 치르고 매입한 것이라고 주장했지만 북받치는 감정에 '전쟁으로 잃어
버린 손을 돌려 달라', '아들을 돌려 달라'고 울부짖는다. 1970년 봄이 되
자 마침내 가게는 철거되고 귀국사업으로 북한으로 이주를 결정한 데츠

오의 제안으로 가족은 기념사진을 찍는다. 그리고 리카는 오일백과 한국으로 가서 생활하기로 결정하고 떠난다. 삼녀 미카는 하세가와와 함께 일본에서 술집을 운영하기로 하고 일가는 제각기 흩어지게 된다. 아버지 용길과 어머니 영순은 리어카에 가재도구를 싣고 떠난다. 죽은 도키오의 환영이 지붕 위에 나타나 '아버지, 어머니, 정말로 이 마을이 좋았습니다' 라고 소리치는 가운데 벚꽃 꽃잎이 휘날리며 이야기는 끝이 난다.[19]

2. 재일코리안과 영화

1) 해방 이전의 영화와 재일코리안

만약 영화가 시대정신을 기록하고 반영하며 또 재현하는 문화적 산물이라면 제국주의와 식민지지배, 전쟁과 해방, 분단과 이산, 차별과 저항, 갈등과 화해는 어떻게 기록되고 반영되었을까? 또 어떻게 재현되었을까? 이 문제는 바로 이미 100년 이상의 역사 속에서 이질적인 타자로 한반도와 일본의 경계를 살아온 재일코리안에 대한 사회적 시각과 표상의 문제가 아닐 수 없다.

여기에서는 영화 속에 그려진 또는 그려 온 재일코리안에 대한 사회적 시각과 표상을 살펴보고, 그 시대적 흐름과 양상을 고찰하고자 한다. 아울러 재일코리안을 중점적으로 다루면서 근년에 화제를 모았던 주요 작품도 개괄하고자 한다.

앞서 기술한 바와 같이 재일코리안은 이미 100년이 넘는 세월을 몇 세

---

19) 『야끼니꾸 드래곤』은 2018년에 정의신(감독)에 의해 영화로도 제작되었으며, 한국에서는 2020년에 『용길이네 곱창집』이라는 제목으로 개봉되기도 하였다.

대를 걸쳐 품어왔다. 그만큼 일본영화의 지층 속에도 재일코리안의 삶의
퇴적이 혁혁히 자리 잡고 있는 것이다. 일본 영화 속에서 재일코리안의
등장은 해방 이전의 영화에서도 찾아볼 수 있다. 예를 들면 다사카 도모
타카(田坂具隆) 감독의 1930년 작품『이 어머니를 보라(この母を見よ)』에
서는 재일코리안은 도시의 슬럼가를 살아가는 빈민층으로 등장한다. 또
1930년의 오즈 야스지로(小津安次郎) 감독의 영화『낙제는 했지만(落第は
したけれど)』에서는 졸업시험 합격자 게시판에 분명히 조선인으로 추정
되는 이름이 등장하기도 하였다. 시미즈 히로시(清水宏) 감독의 1936년
작품『고맙습니다(有りがとうさん)』에는 후반부에 흰색 옷을 입은 조선
인 노동자들이 가재도구를 운반하는 장면이 등장한다. 작품은 '아리가토
상'이라는 별칭으로 불려지는 이즈(伊豆)를 오가는 노선버스 운전사가 버
스운행 중에 만나는 승객이나 서민과의 교류를 그리고 있다. 조선인과의
교류는 도로공사를 끝낸 조선인 노동자 가운데 한 여성이 운전사와 이야
기를 나누는 장면에서 나타난다. 치마저고리를 입은 여성은 운전사에게
이곳 도로공사가 끝나서 이번에는 신슈(信州)의 터널공사장으로 옮겨간
다고 이야기를 꺼낸다. 그러면서 공사 중에 죽은 아버지의 무덤을 살펴
봐 주기를 청한다. 당시 일본 각지의 탄광이나 도로, 터널, 댐 공사장 등
에 종사했던 조선인 노동자들이 현장에서 현장으로 집단 이동하는 일은
자주 목격되는 자연스러운 일이었을 것이다. 실제로 이 장면은 가와바타
야스나리의 원작『아리가토(有難う)』에는 없는 장면이며 영화 제작 중에
도로공사를 하는 조선인 노동자 일행과 조우하면서 즉흥적으로 촬영하
게 된 것이라고 한다.[20]

또 지바 야스키(千葉泰樹) 감독의 1940년 작품『벽돌공장 여공(煉瓦女

---

[20] 高柳俊男,「日本映画のなかの在日コリアン像」,『環 特集歴史のなかの在日』, 藤原書店, 2002,
225쪽.

工)』은 요코하마 쓰루미의 빈민가에 살고 있는 일본인 소녀(みさ-미사)
와 조선인 소녀(チュイ-주희)의 교류, 우정을 그리고 있다. 일본인 소녀
미사 혼자만 여자인 학교에 조선인 소녀가 전학을 왔다. 미사는 이 조선
인 소녀 주희와 적극적으로 친하게 되고 주희의 부모님도 미사를 친절하
게 대한다. 어느 날 주희가 학교를 그만둔다는 소식에 실망하지만 학교
를 그만두는 이유가 결혼 때문이라는 사실을 알고 축하해 준다. 조선의
전통적인 음식과 악기가 등장하여 결혼식을 축하하고 조선의 전통혼례
식이 치러진다. 이 작품은 1940년에 제작되었지만 검열 등으로 해방 이
후인 1946년에 개봉되었다. 검열의 이유는 불명확하지만 내선일체와 동
화를 표방하던 식민지 정책의 관점에서 볼 때 조선의 전통적인 문화가
여전히 생명력을 유지하며 친화력을 보여주는 장면 등은 분명 당국의 지
적 대상이 되었을 것으로 추정된다.

해방 이전의 일본 영화 속에 재일코리안이 주연으로 등장하는 영화가
하나 있다. 그 영화는 '동양의 무희'로 명성을 떨친 조선의 무용가 최승
희의 일생과 활약상을 그린 곤 히데미(今日出海) 감독의 1936년 작품『반
도의 무희』이다. 영화의 작품성이나 상업적 흥행의 문제는 별개로 하더
라도 재일코리안의 재능과 활동을 제재로 삼은 것은 물론 주인공도 재일
코리안인 최승희 본인을 등장시켜 제작한 점은 특이할 만하다.

이와 같이 해방 이전의 영화 속에 등장하는 재일코리안의 모습은 대부
분이 가난한 노동자의 모습이거나 그 가족이었으며 최승희와 같은 재능
의 소유자나 전문인의 등장은 극히 드문 경우였다. 다만 재능이 있는 재
일코리안의 경우도 일본의 지도와 교육이 그 재능을 더욱 가치있게 한다
는 도식은 충분히 해석 가능한 대목이 아닐 수 없다. 그리고 해방 이전의
영화 속 재일코리안은 편견과 차별의 대상으로 그려지기보다 오히려 보
호와 교육의 대상처럼 표상되었다는 점은 식민지지배 정책인 '내선일체'

나 '동화정책'과 같은 융화적 측면이 관여한 결과로 보아야 할 것이다.[21]

2) 해방 이후의 영화와 재일코리안

해방 이후 일본 영화에 있어서 재일코리안이 본격적으로 등장하는 것은 1950년대 후반에 이르러서이다. 그 대표적인 예로는 고바야시 마사키(小林正樹) 감독의 1956년 작품 『벽 두꺼운 방(壁あつき部屋)』, 고모리 기요시(小森白) 감독의 1960년 작품 『대학살(大虐殺)』, 우치다 도무(内田吐夢) 감독의 1957년 작품 『마지막 순간(どたんば)』, 이마무라 쇼헤이(今村昌平) 감독의 1959년 작품 『작은오빠(にあんちゃん)』, 이마이 다다시(今井正) 감독의 1961년 작품 『저것이 항구의 불빛이다(あれが港の灯だ)』, 우라야마 기리오(浦山桐郎) 감독의 1962년 작품 『큐폴라가 있는 마을(キューポラのある街)』, 오시마 나기사(大島渚) 감독의 1963년 작품 『잊혀진 황군(忘れられた皇軍)』과 1968년 작품 『교사형(絞死刑)』 등의 작품이 있다.

먼저 위의 작품들을 통해 1950년대, 60년대의 일본 영화 속 재일코리안의 모습을 개괄해 보자. 1950년대에 이르러서 식민지지배나 황국신민화 정책, 전쟁책임 등의 문제를 속죄하고 단죄하는 영화가 등장하기 시작하였다. 그 첫 작품이라고 할 수 있는 것이 『벽 두꺼운 방』이다. 이 작품에는 재일코리안 BC급 전범 허(許)가 등장한다. 작품에서는 등장인물 허를 통해 조선인의 비극과 피해자로서의 조선인상을 그려내고 있다. 『대학살』은 관동대지진이 일어나 극심한 혼란 상황에서 무고한 조선인들이 학살을 당하는 모습을 담고 있다. 『마지막 순간』은 탄광의 갱도가

---

21) 門間貴志, 「朝鮮人と中国人のステレオタイプはいかに形成されたか」, 『スクリーンのなかの他者』, 岩波書店, 2010, 142~143쪽 참조.

무너지는 사고로 갇혀버린 광부를 구조하기 위한 문제로 일본인 광부와 조선인 광부가 갈등을 일으킨다. 그 갈등은 일본인의 조선인에 대한 차별의식이 발단이 되었으며 영화 속 조선인의 역할이 비교적 크게 다루어진 작품이다.

『작은오빠』는 1953년부터 1954년경의 구 기시마(杵島)탄광 오쓰루광업소를 배경으로 부모를 잃은 4명의 형제가 서로 도와가며 꿋꿋하게 살아가는 모습을 그린 재일코리안 소녀의 일기를 원작으로 제작되었다. 작품속에는 재일코리안에 대한 일본사회의 차별과 편견을 문제화 시키고 있으며 동시에 양심적인 일본인의 모습도 그려내고 있다.[22]

『저것이 항구의 불빛이다』는 이승만라인 주변에서 조업 중이던 일본의 어선이 한국 경비정에 의해 사상자가 발생하고 나포되는 과정에서 재일코리안이라는 출신을 감추어 왔던 인물이 일본인들과 한국인들 모두에게 배신자로 취급당하며 자신의 아이덴티티를 고뇌하는 내용을 그리고 있다. 재일코리안 2세의 아이덴티티 문제를 본격적으로 문제화한 작품으로 평가받고 있다.

『큐폴라가 있는 마을』은 사이타마현 가와구치시에 위치한 주물 거리를 무대로 기계화가 진행되는 가운데 장인기질의 아버지와 아들 준이 갈등을 겪으며 성장하는 내용을 그리고 있다. 준과 준의 동생, 그리고 준의 동생 친구로 등장하는 조선인 남매가 등장하여 서로의 우정을 싹틔워 나간다. 일본인 학생이 조선인 친구에게 짓궂은 장난을 하면 대신 혼내주는 등 서로의 민족적 차이 등은 문제시 되지 않는다. 그리고 마지막에 조선인 남매가 북한으로 귀국(북송(귀국)사업)하게 되는 이별의 장면은 오히려 민족의 차이를 극복한 짙은 우정을 그려내고 있다. 전후 일본 영

22) 高柳俊男, 「日本映画のなかの在日コリアン像」, 『環 特集歴史のなかの在日』, 藤原書店, 2002, 226쪽.

화에서 재일코리안이 등장하는 대표적이고 가장 인상적인 작품으로 평가되고 있다.

『잊혀진 황군』은 아시아태평양전쟁에 징용 또는 징병되어 상이군인이된 재일코리안이 원호법, 연금법의 대상에서 제외되어 보상을 요구하기위해 수상관저, 외무성, 한국 주일대표부 등을 찾아다니며 호소하는 다큐멘터리이다. 작품은 니혼TV『논픽션 극장』에 방영되었으며 일본의 전쟁책임과 조선인의 피해를 부각시키며 주목받았다. 또『교사형』은 고마쓰가와사건(小松川事件)을 모티브로 제작된 영화로 재일코리안에 대한차별문제와 사형제도에 대한 일본사회의 입장을 비판적인 관점에서 그려내고 있다.

이들 작품 외에도 도키와탄광에서 부모를 잃은 일본인 소년을 조선인어머니가 키우는 내용의『어머니와 소년(オモニと少年)』(1958년), 이승만라인 문제로 시작된 갈등을 극복하고 오무라수용소로 위문을 실현하는『일본의 아이들(日本の子どもたち)』(1960년), 귀국사업의 문제를 다루고있는『바다를 건너는 우정(海を渡る友情)』(1960년),『일본해의 노래(日本海の歌)』(1964년) 등의 작품이 있다. 또 이시이 데루오(石井輝男) 감독의『여왕벌과 대학의 용(女王蜂と大学の竜)』(1960년), 모리 가즈오(森一生) 감독의『신·악명(新·悪名)』(1962년) 등과 같은 이른바 야쿠자영화에서도재일코리안은 자주 등장하게 되었다.

이 시기의 일본 영화 속에 등장하는 재일코리안은 차별과 갈등을 겪으면서도 강한 생활력과 인내심으로 문제를 극복하고 해피엔딩을 맞이하는 인물로 자주 그려져 있다. 아울러 이 시기에 재일코리안을 둘러싼문제를 다룬 사회파 감독들의 문제의식은 전후 일본사회가 은폐하고 침묵해 온 민족적 차별과 국가적 폭력을 공론화하는 계기로도 작용하였다.

다음으로는 1970년대, 80년대의 영화를 살펴보도록 하자. 1970년대,

80년대의 재일코리안이 등장하는 (혹은 재일코리안을 그리고 있는) 영화
는 장르면에서 다양화된 특징이 있다. 이 무렵에 재일코리안이 등장하는
영화의 장르에는 다큐멘터리, 야쿠자영화, 문예 장르, 애니메이션, 독립
영화 등이 확인된다. 또 하나의 특징으로는 재일코리안 영화인이 직접
영화 제작이나 촬영에 참가하여 스스로의 민족적 아이덴티티, 식민지지
배와 전쟁에 의한 피해자상, 전후 일본사회에서의 차별과 억압에 대한
사회적 고발 등을 그리고 있다는 점이다.

이와 같은 영화의 주요 작품을 살펴보면 다음과 같다. 먼저 다큐멘터
리 영화에는 와세다 대학 출신자들의 영화제작 집단 NDU(Nihon Document
Union)가 제작한『왜놈에게: 하소연조차 못한 재한 피폭자 26년』(1971년),
오카모토 아이히코(岡本愛彦)의『세계 인민에게 고하다(世界人民に告ぐ)』
(1971년), 재일코리안 2세인 김경식의『고발, 재일한국인 정치범 리포트
(告発, 在日韓国人の政治犯レポート)』(1975년), 모리 젠키치(盛善吉) 감독
의『세계 사람들에게: 조선인 피폭의 기록(世界の人へ: 朝鮮人被爆の記録)』
(1981년) 등이 있다. NDU의 작품과 모리 젠키치의 작품은 제목에서도 알
수 있듯이 조선인의 원폭피폭문제를 고발하는 내용을 담고 있다. 그리고
오카모토 아이히코의 작품과 김경식의 작품은 한국의 유신정권하에 벌
어진 정치범 문제를 다루고 있다. 특히 김경식의 작품은 한국민주회복통
일촉진국민회의(한민통) 소속으로 유신정권 시절에 국가보안법 위반으
로 사형선고를 받은 재일조선인을 다루고 있다.

60년대 야쿠자영화에서 재일코리안은 주로 '적(敵)으로서 배제의 대상'
으로 다루어져 왔으나 70년대에 이르러서는 '동화의 대상'으로 변화되어
그려지고 있다.[23] 70년대 야쿠자영화에 등장하는 재일코리안은 일본에

---

23) 梁仁實,「「やくざ映画における「在日」観」,『立命館産業社会論集』38(2), 2002, 126쪽.

서 안주하고자 하는 재일코리안 2세의 모습이 자주 등장하고 있으며, 영화 속에서는 자신의 독자적인 조직을 만들기보다 일본인의 조직에 가담하여 통명(일본명)을 사용하며 활동하는 인물로 자주 다루어지고 있다. 이 시기의 야쿠자영화에는 『삼대째 이름을 잇다(三代目襲名)』(1974년), 『일본폭력열도: 교토, 오사카, 고베 살인의 군단(日本暴力列島)』(1975년), 『고베국제폭력단(神戸国際ギャング)』(1975년), 『야쿠자의 묘지: 치자나무꽃(やくざの墓地・くちなしの花)』(1976년), 『총장의 목(総長の首)』(1979년) 등이 있다.24)

문예 장르에는 오구리 고헤이(小栗康平)의 『가야코를 위하여(伽耶子のために)』(1984년)가 있다. 이 작품은 아쿠타가와상을 수상한 재일코리안 2세 문학가 이회성의 소설을 원작으로 한 작품으로 재일코리안 2세 청년과 일본인 여성의 슬픈 사랑이야기를 그리고 있다. 특이한 점은 일본영화에 재일코리안 지식인이 등장하고 일본 여성의 연애 상대로 그려졌다는 점이다.

애니메이션 장르에서는 야마다 덴고(山田典吾)의 『맨발의 겐(はだしのゲン)』(1976년), 야마모토 겐이치로(山本謙一郎) 『김의 십자가(キムの十字架)』(1990년) 등이 있다. 『맨발의 겐』은 1970년대 이후에 전쟁이나 원폭, 강제연행 등 전시 중의 재일코리안의 피해상을 다룬 영화의 선봉이라고 할 수 있다. 『맨발의 겐』은 일본 군인에게 끌려 온 조선인 박 씨가 등장하고 히로시마에 원폭이 투하되었을 때 많은 조선인들도 희생된 점을 지적하고 있다. 또한 피폭 후에도 조선인에 대한 구호를 거부하는 모습 등을 통해 일본사회의 가해성을 그리고 있다. 『김의 십자가』는 전시 중에 일본 군에게 강제동원되어 희생된 조선인을 조선인의 시점에서 그려내고 있다.

---

24) 박동호, 「전후 일본영화에 나타난 재일조선인상」, 경상대학교대학원 박사학위논문, 2017, 48~49쪽.

독립영화는 이 시기에 가장 많이 등장하는 장르이기도 하다. 작품으로
는 이학인의 『이방인의 강(異邦人の河)』(1975년)과 서승(徐勝)의 어머니
를 모델로 한 『시우 아주머니(詩雨おばさん)』(1977년), 조영래의 『전태일
평전』을 원작으로 한 김경식의 『어머니(オモニ)』(1978년) 외에 독립영화
노선의 다큐멘터리 『해방의 날까지: 재일조선인의 발자취(解放の日まで:
在日朝鮮人の足跡)』(신기수, 1980년), 『감춰진 상흔: 관동대진재 조선인학
살 기록영화(隠された爪跡)』(오충공, 1983년), 『지문날인 거부1,2(指紋押
捺拒否1,2)』(오덕수, 1984년, 1987년), 『또 하나의 히로시마: 아리랑 노래
(もうひとつのヒロシマ:アリランのうた)』(박수남, 1987년) 등이 대표적이
다. 특히 이학인의 『이방인의 강』은 해방 이후 처음으로 재일코리안에
의해 제작되었다는 점에서 기념비적인 작품이다.

그 외에 재일코리안 2세 촬영감독 안승민이 독립영화 프로덕션 녹두
사(綠豆社)를 설립하여 다수의 영화제작에 참여하였는데 앞서 기술한
『이방인의 강』, 『맨발의 겐』 등의 작품이 대표적이다.

또 이 시기에는 재일코리안 영화인들이 만든 상업영화로서 국제적으
로 그 작품성을 인정받은 영화도 등장했다. 감독 김우선의 1989년 데뷔
작품 『윤의 거리(潤の街)』가 그 작품이다. 이 작품은 감독뿐만 아니라 다
수의 제작진이 재일코리안으로 구성되어 있다. 프로듀서에는 강정식, 각
본에는 김수길과 김우선 공동, 촬영에 김덕철, 제작에 김우언, 주연에 강
미범 등 주요 스태프는 대부분 재일코리안이다. 『윤의 거리』는 지문날
인, 통명, 강제연행, 차별 등 재일코리안을 둘러싼 다양한 사회적 문제를
담고 있으며, 1989년 일본영화 감독협회 신인상과 일본문화청 우수영화
상을 수상하였으며, 칸국제영화제 비평가주간과 하와이영화제에 출품되
는 등 그 작품성을 인정받았다.

이 시기의 재일코리안 영화인 중에 또 한 사람 주목할 사람이 등장한

다. 그는 오시마 나기사의 조감독을 거쳐 1983년에『10층의 모기(十階の
モスキート)』로 데뷔한 최양일이다. 최양일은 데뷔 후,『친구여, 조용히
잠들어라(友よ、静かに暝れ)』(1985년),『A사인 데이즈(Aサインデイズ)』
(1989년) 등의 작품을 제작하였다.

　이상 살펴본 바와 같이, 1970년대, 80년대 일본 영화 속 재일코리안은
스스로의 아이덴티티 확립을 둘러싼 문제를 갈등하는 인물로 그려졌으
며, 또 과거 일본의 제국주의의 죄악과 전후 일본 사회의 재일코리안에
대한 차별을 고발하는 작품 속에 다수 등장하고 있다. 또한 주목할 부분
은 이 시기의 재일코리안은 영화 속에서 보여지는 존재일 뿐만 아니라
영화를 생산하는 주체로서도 활동하기 시작했다는 점이다.

　마지막으로 1990년대부터 2000년대에 이르는 시기의 일본 영화 속 재
일코리안상을 살펴보자. 이 시기는 일본의 버블경제가 붕괴되고 경제적
불황의 도래와 함께 일본영화 산업도 침체기를 맞이한 시기이기도 하다.
그러나 경제 불황과 영화산업의 침체는 영화산업의 또 다른 변화를 불러
일으켰다. 그것은 대중적이고 상업적인 작품보다 개인의 개성이나 세계
관을 중요시하는 수많은 인디영화가 등장한 것이다. 또 타자와의 관계성
을 바탕으로 탈민족적 탈국가적 작품들이 유행하기 시작했다는 것이다.
그리고 이와 같은 변화의 흐름은 재일코리안에 대한 이미지의 재구축에
도 영향을 끼쳤다. 즉 재일코리안은 더 이상 일본 사회의 차별과 편견의
대상이 아니며 ‘일본’이라는 시공간을 공유하고 있는 존재로서 인식하기
시작했다는 것이다.[25] 그 대표적인 작품이 최양일의『달은 어디에 떠 있
는가(月はどっちに出ている)』(1994년), 박철수의『가족시네마(家族シネマ)』
(1995년) 등이다.

25) 구견서,『일본영화의 시대성』, 제이앤씨, 2007, 729쪽.

특히 『달은 어디에 떠 있는가』는 재일코리안 2세 문학가 양석일의 자전적인 소설 『택시광조곡(タクシー狂操曲)』(1981년)을 원작으로 한 작품이다. 그리고 이 영화에는 각본가 정의신과 프로듀서 이봉우가 함께 참여하고 있다. 영화는 재일코리안 택시운전사 강충남와 필리핀 호스티스와의 연애이야기를 담고 있다. 영화 속에는 종래의 재일코리안이 등장하는 또는 재일코리안 영화와는 달리 다양한 민족과 국적의 소유자들이 등장한다. 그리고 전체적인 작품의 분위기는 어둡거나 암울하지 않으며 오히려 아주 밝고 경쾌한 이미지를 표출한다. 그리고 그런 가운데 국적문제, 정체성, 차별과 같은 사회문제를 문제시하고 동시에 코믹스럽게 풀어내는 방식을 취하고 있다. 이 점은 재일코리안에 대한 정형화된 피해자 이미지나 불안한 정체성을 주로 다루어 온 종래의 일본 영화 속 재일코리안의 이미지와는 차별화된 것이라고 할 수 있다.

이와 같은 차별성을 단적으로 보여주는 내용은 감독 최양일의 기술에서도 확인할 수 있다. 최양일은 영화 속 주인공인 재일코리안 남성의 연애 상대가 왜 일본인이 아닌 필리핀 여성으로 설정되었는가라는 지적에 대해 '재일조선인 남자가 한국에서 온 여성 또는 일본인 여성과 사랑에 빠진다는 설정은 흔하기 때문에 그렇게 할 경우 작품이 어두워질 수 있다고 생각했다. 그래서 재일조선인과 공통점을 지니지 않는 필리핀 여성을 설정함으로써 스토리가 밝아질 수 있다고 보았다'라고 응하였다. 즉 최양일은 작품 속에서 정형화된 재일코리안의 이미지로부터 탈피하여 보다 밝고 유쾌한 이미지의 재일코리안상을 형상화하고자 한 것으로 평가할 수 있다.

이밖에 재일코리안을 다룬 90년대의 영화에는 최양일의 『개 달리다(犬、走る)』(1998년), 재일코리안 3세 감독인 이상일의 『청~Chong~(青~Chong~)』(1999년), 일본으로 귀화한 한국계 일본인 감독 마쓰에 데쓰아키(松江哲明)의 『안녕 김치(あんにょん キムチ)』(1999년) 등이 있다. 그리고 다큐멘터리 장르에서는 오덕수의 『전후50년사 재일(戰後50年史 在日)』(1998년)이 제작되었다.

2000년대에 들어서서 주목할 만한 작품으로는 유키사다 이사오(行定勳)의 『GO』(2001년), 극단 신주쿠양산박의 연출·감독 김수진의 『밤을 걸고(夜を賭けて)』(2003년), 최양일의 『피와 뼈(血と骨)』(2004년), 이즈츠 가즈유키(井筒和幸)의 『박치기!(バッチギ!)』(2005년) 등을 들 수 있다.

먼저 『GO』를 살펴보자. 『GO』는 2001년에 한일합작으로 제작된 영화로 재일코리안 3세 문학가 가네시로 가즈키(金城一紀)의 동명소설을 원작으로 한 작품이다. 주인공 스기하라는 재일코리안 3세로 중학교 때까지 조선학교를 다녔으며, 고등학교는 아버지가 북한국적을 포기하여 일본고등학교로 가게 되었다. 스기하라에게 있어서 국적은 그다지 중요한 문제가 아니라고 생각했지만 조선학교의 친구들은 '민족반역자'라고 비난하였으며 일본인 학생들은 '자이니치'라는 말로 차별적 자세를 취한다. 그뿐만 아니라 호감을 가지고 있던 여학생 사쿠라이에게서도 재일코리안이라는 출신은 현실적인 장벽이 되어 결국 두 사람의 인연은 중도에 끝나 버린다. 작품에서는 재일코리안 3세의 정체성과 이를 둘러싼 기성세대와의 내적 갈등, 그리고 여전히 일본사회 속에 자리 잡고 있는 민족이나 국적에 대한 편견과 차별의 문제를 다소 경쾌하면서도 담담하게 그려내고 있다.

『밤을 걸고』는 재일코리안 2세 문학가 양석일의 동명소설을 영화화한 작품이다. 1950년대 후반에 오사카의 구 병기 공장지대 근교의 조선인 부락을 무대로 힘겨운 삶을 살아가는 재일코리안 아파치족(アパッチ族)의 일상을 통해 전후 일본 사회에서 재일코리안이 생존하는 방식, 차별과 이산의 문제 등을 다루고 있다.

『피와 뼈』도 양석일의 동명소설을 영화화 한 작품이다. 1923년 제주도에서 홀로 일본으로 건너간 김준평이 일본에서 살아가는 동안 마치 괴물과 같이 폭력을 휘두르고 욕망을 채워 자신의 세계를 만들어 가는 재일코리안 1세 아버지의 모습에 초점을 둔 영화이다. 김준평은 자신이 얻고자 하는 것을 돈과 폭력을 앞세워 탈취하기 위해 동물적인 집착을 보이며 재일코리안 사회에서는 물론 일본사회에서도 철저하게 외면당하는 인물로 등장한다. 그리고 그러한 과정에서 김준평이 휘두르는 폭력을 통해 타자와의 대면을 이끌어내는 효과를 도출한 영화라고 할 수 있다. 종래의 영화에서 다루어진 재일코리안의 좌절과 절망, 그리고 저항 등에 초점을 둔 이미지와는 다른 재일코리안의 이미지를 발현하고 있다는 점은 또 하나의 특징이라고 할 수 있다. 이 작품은 2004년 일본 아카데미 최우수 감독상과 여우주연상, 2004년 마이니치영화콩쿠르 일본영화대상, 남우주연상, 남우조연상, 여우조연상, 일간스포츠영화대상 작품상 등을 수상하며 그 작품성을 인정받았다.

『박치기!』에 대해서는 앞서 기술한 바가 있는 관계로 소략하고자 한다.[26] 다만, 재일코리안 학생들과 일본 학생들의 폭력, 그리고 연애 등을 통해 서로 간의 갈등을 확인하고 동시에 그 갈등을 해결하고 화해하기 위한 방법을 모색하려는 시도가 담겨진 작품이라고 평가할 수 있다.

2000년대에 제작된 재일코리안을 다룬 영화에서 또 하나 주목할 장르는 다큐멘터리 장르이다. 이 장르의 대표적인 작품으로는 재일코리안 2세인 양영희 감독의 『디어 평양』(2006년), 『굿바이 평양』(2011년), 『가족의 나라』(2012년) 등이 있다. 이들 작품은 오랫동안 조총련의 조직활동을 하며 사회주의를 신봉해 온 재일코리안 1세 아버지의 삶과 그 아버지로

---

[26] 『박치기!』에 대해서는 재일코리안의 음악활동에 관한 논고를 참조 바란다.

인해 가족의 이산을 체험하게 된 감독 자신의 가족의 이야기를 다루고 있다. 가족들 중 오빠들은 귀국(북송)사업을 권유한 아버지의 뜻에 따라 북한으로 이주하였으며 그렇게 가족들은 각각 일본과 북한에서 서로 떨어져 생활한다. 그리고 가족들의 이산과 재회가 반복되는 가운데 세대 간의 갈등과 화해를 그려내고 있다. 특히 『디어 평양』은 2005년 야마가타국제다큐멘터리영화제 특별상, 2006년 제56회베를린국제영화제 최우수아시아영화상(NETPAC상), 2006년 샌더스영화제 심사원특별상 등을 수상하였으며 다양한 국제영화제에 초청되어 소개되었다.

1990년대, 2000년대 재일코리안을 다룬 영화는 종래의 재일코리안의 이미지로 선점되었던 희생자와 피해자 또는 차별과 억압에 저항하는 사회적 약자의 이미지보다 개인의 주체적인 삶에 초점을 두고 있는 경향이 강하며, 그 가운데 재일코리안의 세대 간의 갈등, 재일코리안 3세의 정체성의 문제, 재일코리안의 가족적 비극 등을 그려내고 있다고 할 수 있다. 그리고 재일코리안 문학가의 소설을 원작으로 한 영화들이 눈에 띄게 주목을 끈 시기라고 할 수 있다.

3. 재일코리안과 무용

1) 해방 전후의 재일코리안의 무용 활동

춤은 인류가 시작된 이래로 음악과 함께 끊임없이 만들어지고 또 계승되어 온 예술이다. 특히 민족 고유의 생활과 감정, 풍습과 정서를 율동으로 형상화하여 무대예술로 양식화 하고 재창조한 춤을 '민족무용'이라고 할 수 있다.[27] 그 때문에 민족무용은 민족의 문화를 표현함으로써 민

족적 아이덴티티를 형성하고 재구축하는 기능을 내재하고 있으며 민족
의 전통과 문화를 향유하고 보급하며 나아가 계승하는 역할을 한다.

이와 같은 민족무용의 성격은 일제강점기를 거쳐 해방 이후에도 일본
에 정주하게 된 재일코리안 사회에서 민족의 전통과 문화를 체득하고 향
유할 수 있는 매개체로서의 기능을 하였으며 내셔널 아이덴티티의 자각과
형성에도 큰 역할을 하였다. 또 민족무용의 학습과 훈련, 보급과 전승에
있어서는 한반도와의 관계도 중요한 작용을 함으로써 자연스럽게 고국
이나 민족에 대한 의미부여와 소통을 의식하게 되는 것이다. 이러한 점
에서 재일코리안의 민족무용과 그에 관한 활동을 고찰하는 것은 재일코
리안의 삶과 문화, 정체성과 민족의식 등의 전승과 변용 양상을 이해하
는데 많은 도움이 된다. 여기에서는 해방을 전후한 재일코리안의 민족무
용에 대한 활동 양상과 대표적인 민족무용가의 활동을 개괄하고자 한다.

해방 이전의 일제강점기 동안의 민족무용을 논의하는데 있어서 빼놓
을 수 없는 인물이 배구자와 최승희이다. 먼저 배구자는 1920년대 후반
부터 무대에서 「아리랑」과 「도라지」 등의 신민요에 맞추어 민족무용을
공연한 인물이다. 출생년도는 확실하지 않지만 1905년 전후로 추정된다.
1910년대에 '마술의 여왕'이라고 불린 기술사(奇術師) 초대 쇼쿄쿠사이
덴카츠(松旭齋天勝)가 주도한 덴카츠좌(天勝座)에 입문하여 1918년 도쿄
와 경성에서 소녀 탤런트로서 인기 스타가 되었다. 그 후 1926년 평양에
서 덴가쓰좌를 탈퇴한 후, 무용연구소를 설립하고 많은 무용발표회를 개

---

27) 한국은 1974년 당시 문공부 주관의 무용 용어 심의위원회에서 우리춤(한국민족무용)의 학
술용어를 '한국무용'으로 결정한 바 있다(민족미학연구소 역음, 『姜理文 춤비평론1 - 한국
무용문화와 傳統』, 현대미학사, 2001, 15쪽). 한편 일본 내의 조총련계 재일코리안 사이에
서는 민족무용을 북한으로부터 전승된 춤으로 인식하며 명칭에 있어서도 '조선무용'이라
는 용어를 자주 사용하고 있다. 여기에서는 재일코리안 사회의 무용의 전승과 계승, 그리
고 그 활동상을 살펴보고자 하는 차원에서 '한국무용'과 '조선무용' 양측 모두를 아우를 수
있는 개념으로 '민족무용'이라는 용어를 사용하고자 한다.

최하며 활동하였다. 1930년에는 배구자가무극단(1935년 이후 배구자악극단)을 결성하고 교토·오사카를 중심으로 공연을 계속하다가 1930년대 후반 요시모토흥업(吉本興業) 합명회사의 전속 극단 중 하나로 인기를 모았다. 1935년 경성에서 동양극장을 창립하였지만 1940년경 연예계를 은퇴하였으며, 1945년 이후 일본을 경유해서 미국 캘리포니아주로 이주하여 2003년에 타계하였다.[28)

다음으로 최승희는 '동양의 무희'라고 불리며 최고의 활약을 펼친 무용가이다. 식민지 시절에 조선의 언어와 문화, 민속과 전통이 무참히 말살되면서 조선의 민족무용 또한 수난을 당하였다. 이러한 시기에 조선의 민족무용을 재구성하고 발전시켰으며 나아가 전승을 위해 힘쓴 인물이 최승희이다. 최승희에 대한 상세한 내용은 별도로 논의하겠지만, 최승희의 무용은 일제강점기 망국의 재일코리안에게 민족적 아이덴티티를 자극했을 뿐만 아니라 조선에 대한 향수와 민족적 자부심을 전달하는 역할을 하였다.

해방 이후 재일코리안 사회의 민족무용은 1945년 10월에 결성된 조련의 문화 활동과 함께 새로운 출발을 하였다. 조련은 정기적으로 문화부장회의와 전체대회를 개최하여 식민지정책과 동화정책의 청산, 민족문화의 수립과 신조국건설 등을 위한 문화 활동의 중요성을 강조하였다. 그리고 동포들의 문맹퇴치와 민족계몽활동, 민족문화의 대중화를 위해 교육과 문화 활동에 노력하였다.[29) 민족무용은 조련이 개최한 다양한 문

---

28) 국제고려학회 일본지부, 『재일코리안사전』, 선인, 2012, 179쪽 참조. 그밖에 「여자교육협회 주최의 납양음악연극대회 광경, 배구자 양의 독특한 태도와 표정에 관객은 열중하여」(『동아일보』 1926년 6월 20일), 「배구자양의 음악무용회」(『동아일보』 1928년 4월 21일; 『매일신보』 1928년 4월 18일, 20일), 「배구자무용 배구자고별대공연」(『매일신보』 1936년 6월 15일), 「배구자무용연구소 제1회 공연 19일 중앙관에서」(『동아일보』 1929년 9월 18일), 「배구자 일행 평양에서 공연」(『동아일보』 1929년 10월 5일) 참조.

29) 이 당시 조련이 진행한 구체적인 문화 활동에 대해서는 재일코리안의 음악 활동을 논의하

화 활동의 한 장르로서 자주 공연되었다. 또 1947년 2월 20에는 재일본 조선문화단체연합회가 결성되고 민청이나 여성단체가 협동하여 위안대와 문화공작대가 조직되었다. 이들 조직은 연극, 합창, 무용 등을 중심으로 활발한 활동을 전개하였다. 그 밖에도 조련은 문학, 미술, 무용, 연예 부문의 지도자양성을 위해 조련중앙고등학원 12기를 예술학원으로 지정하여 민청문화공작대 지도자를 양성하기도 하였다.[30] 그러나 1949년 9월에 조련이 강제 해산되면서 재일코리안의 조직적인 문화 활동도 크게 위축되었다.

이 시기에 재일코리안의 문화 활동 가운데 무용에 대한 구체적인 내용이나 기록은 확실하지 않다. 다만, 1946년 2월부터 시작된 지방순회위 안대의 활동과 함께 각지에는 수많은 문화공작대와 문화선전대가 조직되고, 문화제나 순회 공연활동의 한 장르로 무용이 공연되었는데 이 중에 중앙문화선전대의 제1문화선전대가 주로 노래와 춤을 공연하였다. 중앙문화선전대의 1954년 2월 강연 행사 내용에는 함경도 민요인 '어랑타령', '양산도', '농악', '승무', '밀양아리랑' 등과 함께 무용극 '흥부와 놀부', 무용단편 '빛나는 조선' 등의 민족무용이 공연되었다고 한다.[31] 하지만 일반적으로는 동포들이 즐겨 부른 민요나 가요 등의 장단에 맞추어 즉흥적인 율동과 춤을 피로한 것으로 추측된다.

1955년 5월 25일에 조총련이 결성된 후 문화예술분야에는 1955년 6월 6일에 재일조선중앙예술단, 같은 해 6월 26일에는 재일본조선인문화단체

면서 기술한 바와 같이 1945년 12월에 개최한 조선독립대연주회, 1946년 2월에 개최한 동포위안회, 1946년 2월부터 진행된 지방순회위안대의 공연 활동, 그 외 아동학예대회, 조국해방1주년기념연예공연 등이 개최되어 연주, 합창, 무용, 아동극, 촌극 등 다양한 공연이 이루어졌다.

30) 呉圭祥, 『ドキュメント在日本朝鮮人連盟1945-1949』, 岩波書店, 2009, 298쪽.

31) 朴貞順, 「在日朝鮮同胞の民族舞踊を考える」, 『朝鮮大学校学報』 23권, 2013, 61쪽.

협의회가 결성되었다. 또 이들 단체를 기반으로 1959년 6월 7일에는 재일본조선문학예술가동맹이 결성되어 문예작품을 비롯하여 문화예술분야의 조직적인 활동이 활발히 진행되었다. 그리고 이때에는 북한과의 문화교류도 빈번하게 이루어졌다. 『해방신문』에 의하면 북한에서 제작된 영화 『아름다운 노래』 속에 무용 출연자로 최승희의 부채춤과 장구춤, 국립예술극장의 무용 '장미'가 수록되었다는 소개가 확인된다.[32] 이 시기에는 무용극 '아리랑', '심청전', '춘향전' 등이 창작되었으며, 무용조곡으로 '귀국선', '부채춤' 등이 창작되었다.

1960년대에는 1959년 12월 14일부터 진행된 귀국(북송)사업으로 북한과의 문화예술교류가 더욱 활발하게 이루어졌다. 그 과정에 북한에서 창작된 무용이나 무용극 등도 재일코리안 사회에 소개되기도 하였다.[33] 또 이 시기에 1966년부터 1968년까지 매년 1회씩 3회에 걸쳐 '대음악무용서사시' 공연이 도쿄와 오사카에서 개최되어 재일코리안 사회에 민족무용의 보급과 대중화에 기여하였다.

한편 해방 이후 재일코리안 사회에는 민단계를 통해 전승된 한국의 민족무용도 전승되기 시작하였다. 물론 한국에서 유입된 민족무용은 조련이나 조총련과 같이 조직적인 활동과 전승체계를 갖춘 방식으로 전달된 것은 아니다. 일본으로 유입된 한국의 민족무용은 대부분이 전문적인 한국의 무용가 개개인이 전승의 주체였다. 1950년대부터 1960년대에 한국에서 일본으로 건너간 무용가들은 주로 한국계 민족학교와 개인 무용학원 등을 통해 활동하였다. 이와 같은 차이 때문에 1960년대까지만 하더라도 재일코리안 사회의 민족무용 분야는 가극단, 가무단, 조선학교

---

32) 『解放新聞』 1955년 11월 19일자.
33) 1964년 10월에 개최된 도쿄올림픽에 참가하는 북한선수단을 환영하기 위한 공연에서 북한의 민족무용 작품 '부채춤', '환희' 등 다수의 작품이 무대에 올랐다.

등의 전승기관과 교육기관을 갖춘 조총련 계열의 활동이 주도적이었으며 상대적으로 한국 민족무용의 존재감은 미비하였다. 그러나 1980년대 이후부터는 재일코리안 사회에서 민족무용의 지형에 변화가 일어났으며 양측의 영향력은 역전되는 양상이 나타나기 시작하였다. 그 이유는 민족 문화의 습득을 위한 한국 유학의 증대와 재일 2세, 3세들이 한국에서 새로운 '전통'을 발견하고 일본에서 수행하고 확산시키는 역할을 하였기 때문이다.[34]

비록 재일코리안 사회에서 민족무용은 크게 한국에서 전승되고 있는 무용과 북한에서 전승되고 있는 무용으로 구분되지만, 재일코리안의 민족적 아이덴티티를 확인하고 형성시키며, 또한 민족의 문화와 전통을 계승하고 전승한다는 측면에서는 양측 모두 큰 역할을 하고 있는 민족예술이라고 평가할 수 있다.

2) '동양의 무희' 최승희의 활동

최승희는 1911년 11월 24일에 경성의 양반가에서 태어났다. 4남매 중 막내이며 두 오빠와 언니를 두고 있다. 큰오빠 최승일은 니혼대학을 졸업하고 박영희, 한설야, 이기영, 임화 등과 함께 프롤레타리아문학운동에 참여하였고, 경성방송국에서 근무하면서 문화예술계 분야에 많이 알려진 인물이다. 작은오빠 최승오는 경성사범학교를 졸업하고 교사로 근무하였으며 언니 영희는 진명여학교를 졸업하고 출가했다. 당시로는 형제들이 모두 인텔리였으며 최승희도 소학교인 숙명학교 보통과를 거쳐 1922년에 숙명여학교에 입학, 1926년에 졸업하였다. 그 무렵 일본 무용가

---

34) 한영혜, 「재일조선인 사회 민족무용의 전승과 아이덴티티」, 『일본비평』 창간호, 2009, 348쪽.

이시이 바쿠(石井漠)가 무용단과 함께 경성을 방문하여 발표회를 가졌으며 마침 무용연구생을 모집하는 신문기사를 오빠 최승일이 확인하고 최승희에게 무용가를 권한다. 그 후 최승희는 오빠와 함께 경성일보 학예부장이었던 데라다 도시오(寺田壽夫)에게 소개장을 받아 이시이 바쿠를 면담하고 곧바로 같은 해 4월에 이시이바쿠무용연구소에 입소하게 된다.

이시이 바쿠는 1886년에 아키타(秋田)현에서 태어났다. 1916년 제극가 극부 제1기를 졸업하고 오페라에 진출한 인물이지만 나중에 유럽으로 유학을 가서 무용을 공부하고 돌아와 이시이바쿠무용연구소를 창설하고 총 150여 작품을 발표한 무용가 겸 무용지도자였다. 이시이 바쿠의 지도를 받은 최승희는 1927년 10월에 경성공연에 참여하여 모던댄스 '세레나데'를 선보였다.[35] 그러나 1929년 7월에는 이시이바쿠무용연구소를 떠나 경성으로 돌아왔으며, 같은 해 11월 최승희무용연구소를 설립하였다. 1930년 2월 1일에 경성에서 '제1회 창작무용발표회'를 시작으로 1931년 2월에 제2회. 5월에 제3회 발표회를 개최하였다.[36] 그 사이 최승일의 소개로 안막(본명 안필승)과 결혼하여 딸 안성희를 출산하였다. 1932년 4월에 제5회 창작무용발표회를 개최한 후 마침 경성을 방문한 이시이 바쿠를 만나 다시 일본에서의 활동을 타진하였다. 그 후 1933년 3월에 다시 일본으로 건너가 1934년 9월에 제1회 신작무용발표회를 일본청년관에서 개최하였다. 공연은 모던댄스와 조선 춤을 개작한 춤으로 구성되었는데

---

35) 이때의 공연에 대해서 『매일신보』 9월 29일자에는 「향토에 돌아오는 새 무용가 최승희」라는 제목의 기사가 실렸고, 10월 14일 기사에는 '오는 25, 26일 양일 경성공회당에서 조선이 낳은 신무용가 최승희 양 향토방문공연. 숙명 출신의 꽃다운 처녀무용가 최승희 양의 힘과 열과 느낌의 무용시를 공회당에서 공연케 되었다. 여기에는 세계적인 무용가 이시이 남매도 동시 출연'이라는 광고가 실렸다(김영희·김채원, 『전설의 무희 최승희』, 북페리타, 2014, 8~9쪽).
36) 제1회창작무용발표회는 3부로 나뉘어져 진행되었으며 작품으로는 '금혼식의 무도', '인도인의 비애', '양기의 용자', '희롱', '애의 용', '오리엔탈', '애수의 을녀', '모던풍경', '해방을 구하는 사람', '영산무', '마주르카', '적막한 왈츠' 등이 공연되었다.

작품에는 모던댄스로 '거친 들판을 가다', '폐허의 흔적', '단념', '습작A', '습작B', '위기의 세계', '바르다의 여자', '희망을 안고', '생명의 춤', '로맨스' 등이, 조선 춤으로 '마을의 풍작', '승무', '검무', '에헤야 노아라'가 공연되었다. 이 발표 공연에는 일본의 유명 예술가들과 신문잡지 기자들도 초청되었는데 큰 호응을 얻었다. 이 자리에는 문학가 가와바타 야스나리(川端康成)도 참석하여 공연을 관람하였는데 가와바타는 1934년 잡지 『문예』에 최승희에 대해서 다음과 같이 기술하고 있다.

　'일본제일 좌담회'를 『모던일본』이 올해 1월호에 개최하였을 때, 여류신진무용가 중 일본제일은 누구인가라고 해서 서양무용에서는 최승희 일 것이라고 답했다. …내가 그렇게 답한 이유를 최승희는 분명 가지고 있다. 다른 누군가를 일본제일이라고 하기보다도 최승희를 일본제일이라고 쉽게 말할 수 있는 것은 첫째 훌륭한 체구이다. 그녀의 춤의 크기이다. 힘이다. 게다가 춤을 추기에 한창 좋은 나이이다. 또 그녀 한 사람에게 풍기는 두드러진 민족의 냄새이다. 최승희가 다시 일본에 건너와서 이시이 바쿠 씨의 문하에 들어와 출연한 첫 무대는 『영계녀』에서 주최한 여류무용대회였다. 이 대회는 젊은 여류무용가들은 거의 다 모이게 했다. 최승희는 '에헤야 노아라'와 '엘레지'를 추었다. '에헤야 노아라'는 그녀가 일본에서 춘 조선무용의 첫 작품이었다.(중략) 최승희의 조선무용은 일본의 서양무용가에게 민족의 전통에 뿌리내리는 것의 강함을 가르쳐주고 있다고 볼 수 있다. 그러나 물론 최승희는 조선 무용을 그대로 추고 있는 것이 아니다. 옛것을 새롭게 하고 약한 것을 강하게, 없어진 것을 다시 살려 자신의 창작으로 한 점에 생명이 있는 것이다.[37]

　물론 가와바타의 호평에 종주국 지식인의 오리엔탈리즘적 시선과 동시대의 모더니즘에 대한 기류가 관여한 부분은 부정할 수 없다. 그러나 최승희가 조선의 무용을 있는 그대로가 아닌 재창작을 통해 민족 전통을

---

37) 川端康成, 「舞姫崔承喜」, 『文藝』 1934년 11월호.

계승하고 있다는 지적은 당시로서는 극찬이 아닐 수 없다. 이와 같은 평가는 극작가 겸 연출가인 무라야마 도모요시(村山知義)의 평가에서도 확인할 수 있다.

> 최승희는 그녀의 육체적인 천분(天分)과 오랫동안 근대 무용의 기본적인 훈련 위에 옛 조선의 무용을 되살렸다. 이것이야말로 뛰어난 예술가가 해낼 수 있는 특전이며, 딱딱한 말로 하자면 '유산의 비판적 섭취'라고 하는 것이다. 우리는 그녀를 통해 비로소 오래전 조선반도가 융성했던 시대에 풍요로웠던, 그러나 그 뒤 도태되고 소멸되었다가 되살아난 예술의 모습을 접할 수 있었다. 우리는 그녀에 의해 '일본적인 것'의 어머니의 어머니인, 그 어머니의 숨결을 느낄 수 있었다.[38]

무라야마도 최승희의 무용이 조선적인 것에 대한 재구성과 재창조를 바탕으로 새로운 민족예술을 창출해 낸 측면, 그와 함께 일본인들에게 자국의 전통문화에 대한 동시대 인식의 변화를 자극한 점을 높이 평가한 것으로 볼 수 있다.

최승희는 1935년 이시이 바쿠의 문하를 떠나 최승희무용연구소를 설립하고 같은 해 10월에 제2회 신작무용발표회를 개최하였다. 이 무렵부터 최승희는 학용품, 약품, 화장품, 과자류 등의 선전이나 모델로 등장하면서 대중적인 인기를 얻게 되었다. 1936년 3월 5일에는 최승희를 주연으로 한 곤 히데미(今日出海) 감독의 영화 『반도의 무희』가 상영되기도 하였다. 같은 해 9월에는 제3회 신작무용발표회도 개최되었다.

최승희는 1937년 12월 5일 히비야공회당에서 일본에서의 고별신작발표회를 끝으로 12월 19일부터 약 1년간 미국으로 건너가 활동하였다. 미국에서는 1938년 2월의 샌프란시스코에서 개최된 제1회 공연을 시작으

---

38) 村山知義, 「崔承喜讚」, 『Sai Shoki Pamaphlet 1935 No.1』, 최승희무용연구소, 1935년 11월 18일.

로 로스앤젤레스와 뉴욕에서 각각 공연이 개최되었다. 그러나 당시 미국
의 동포 사회에서는 일본대사관 주선으로 미국으로 온 최승희에 대해 배
일적 태도를 보였으며 미국사회 또한 반일적 여론이 영향을 주어 흥행에
는 실패하였다. 그 후 최승희는 그해 12월에 프랑스 파리로 건너가 다음
해 1월 31일에 '파리 제1회 공연'을 개최하였다. 최승희는 이 무렵부터 자
신의 출신에 대해 공연 팸플릿 등에 '코리안 댄서', '崔承喜'(한자명), 'Sai
Shoki'(알파벳명)라고 명확히 기재하였다. 이 공연의 프로그램은 '비취 피
리의 멜로디', '보상', '신라의 궁녀', '고대의 춤', '고구려 벽화', '보살춤',
'에헤야 노아라', '용왕의 희생', '백학', '초립동', '감옥에 갇힌 춘향', '기생

〈그림 11〉 파리 제1회 공연팸플릿[39]

〈그림 12〉 「보살춤」[40]

39) 강준식, 『최승희 평전』, 눈빛, 2012, 197쪽.
40) 김영희 · 김채원, 『전설의 무희 최승희』, 북페리타, 2014, 36쪽.

춤', '가을걷이춤', '아리랑', '농촌소녀', '시골소년', '한량', '서울의 점쟁이', '검무', '조선의 유랑패거리', '동양의 리듬', '부처에 대한 기도', '천하대장 군', '고구려의 전쟁무', '왕의 춤'이었다. 관객들은 최승희의 춤의 매력에 빠졌으며 호평을 아끼지 않았다. 그 후 최승희는 벨기에, 스위스, 이탈리 아, 독일, 네덜란드 등 유럽 각지를 순회하며 공연을 이어갔다.

벨기에의 한 유력지는 최승희의 무용과 활동에 대해 '그녀의 춤을 보 고 있으면 주술적인 몸짓으로 눈에 안 보이는 공중의 요정을 환기하여 그녀의 주의에 미묘한 마술이 떠도는 것 같다. 그녀의 성공은 최고의 것 이었고 세계적으로 확인된 것이다'며 극찬하였다.[41] 그뿐만 아니라 네덜 란드에서는 4월 중순에 암스테르담에서 공연된 '보살춤'에 대한 기사가 실렸다.

　　얼핏 보기에 전혀 표정이 없는 것 같지만, 이상하게도 변화되는 얼굴의 아 　　름다움, 그리고 수시로 변하는 손짓, 리드미컬한 음악의 반주, 그녀가 표출해 　　내는 조각적이고 색채적인 아름다움…최승희의 춤은 이처럼 독창적이면서도 　　매혹적이어서 위대한 인상을 준다. 바로 이것이 네덜란드 관객들의 최고의 　　눈길과 관심을 끌었다.[42]

반라의 동양 여성이 빛나는 보석과 구슬을 꿴 줄을 걸친 의상을 입고 변화무쌍한 손짓과 시선으로 불교 구도자의 정신세계를 표현한 '보살춤' 은 유럽인들에게 신비로움과 아름다움으로 받아들여졌으며 동양의 여운 과 정신적 강렬함에 찬사를 보낸 것일 것이다.

6월에는 다시 파리에서 제2회 무용발표회를 개최하였다. 공연장은 유 럽 최대 규모로 신축한 샤이요국립극장으로 객석은 3천여 석이었다. 이

41) 강준식, 『최승희 평전』, 눈빛, 2012, 230쪽 재인용(『라나시옹 벨주』, 1939).
42) 김영희·김채원, 『전설의 무희 최승희』, 북페리타, 2014, 34쪽.

때 관객으로 화가 파블로 피카소, 앙리 마티스, 시인 장 콕토, 작가 로맹 롤랑, 배우 미셸 시몽과 같은 당대 최고의 문화예술인들이 입장하였으며, 객석은 초연 때 이상으로 열기에 가득 찼다. 최승희의 공연에 크게 공감한 피카소는 객석에서 그녀의 공연 모습을 스케치하여 최승희에게 선물하면서 '진정한 예술가는 시대의 꿈과 이상을 창조적으로 표현해야 하는데, 당신이 바로 그런 예술가요'라는 뜻의 말을 했다고 전해진다. 피카소가 그린 이 연필화는 2002년 KBS가 최승희 탄생90주년 기념 다큐멘터리를 제작하는 과정에서 국내 모 거물급 정치인이 소장하고 있는 것으로 파악되었다고 한다.[43]

유럽에서의 공연 활동을 성공적으로 마친 최승희는 다시 미국으로 건너가 시카고, 로스앤젤레스 등의 도시에서 공연을 개최하였다. 이 무렵에는 미국뿐만 아니라 브라질, 우루과이, 아르헨티나, 페루, 칠레, 콜롬비아, 멕시코 등의 남미지역에서도 140회 이상의 공연활동을 진행하였다.

1940년 12월 5일, 최승희는 3년 만에 다시 일본으로 돌아왔다. 이 무렵 일본사회는 전시체제에 돌입한 상황이었으며 문화예술분야 활동의 국가 통제 및 사상의 검열까지 진행되던 시기였다. 결국 최승희는 일본에 입국 후 자신의 정치적 입장을 표명하지 않을 수 없었다. 당시 일본의 신문에는 최승희의 친일적인 입장 표명의 기사가 실렸다.

　　최승희 씨는 도쿄에 도착하자마자 궁성(宮城)을 향해 절한 뒤 메이지신궁과 야스쿠니신사를 참배하고, 더욱 더 무용으로 나라의 은혜에 보답하겠다는 것을 맹세했다.[44]

43) 강준식, 『최승희 평전』, 눈빛, 2012, 235쪽 재인용(한승희, 「어찌하여 그 여자는 …」, 『(주간)필름2.0』, 2005년 2월 18일).
44) 『報知新聞』 1940년 12월 7일자 기사.

최승희의 친일적인 행보의 시작은 자신이 유럽 공연 중에 밝힌 민족적 아이덴티티와 남편 안막의 프롤레타리아문학 활동 등이 영향을 주었을 것으로 추정되지만, 전시체제가 더욱 심화되면서 최승희의 친일행위도 더욱 가속화되는 처지에 놓이게 되었다. 일본 경시청의 지적으로 공연작품에 일본춤도 구성을 해야 했으며, 일본군부의 요청으로 전장의 일본군 위문공연도 가야 했다. 또 일본과 군사동맹을 맺고 있던 독일에 헌금을 내기도 했다.[45]

일본으로 돌아온 후 최승희는 1941년 2월 22일부터 25일까지 도쿄 가부키좌에서 '귀국공연회'를 개최하였으며, 그 후 간사이지방, 주고쿠지방, 규슈지방 등은 물론 식민지 조선과 만주에도 건너가 순회공연을 가졌다. 일본에서는 일본의 고전무용과 전통예능에 기초한 새로운 수법의 작품 창작에 노력하는 한편 조선과 중국을 비롯한 아시아 무용에 대한 이론과 기술에 대한 연구를 시도하기도 하였다.

이와 같은 최승희의 무용에 대한 열의와 연구 의욕에 대해 최승희 평론가 다카시마 유자부로(高嶋雄三郎)는 다음과 같이 기술하고 있다.

　동양의 무용가들이 서구의 무용가들에 대해 열의를 가지고 장점을 섭취해 가는 것은 물론 중요한 일이지만, 그 이상으로 중요한 것은 동양적인 새로운 무용예술의 건설을 위해 깊은 관심과 큰 노력을 기울이는 것이 필요하다는 것을 통감하는 것이었다. 묻혀진 향토무용 속에서도 많은 무용재료는 있다. 더 다채롭고 더 풍부한 것도 있을 것이다. 이들 일본, 류큐, 조선무용이나 더

---

45) 최승희의 헌금에 대해서는 당시의『아사히신문』(1941년 2월 5일자)에「일독헌금교환-독일인 기사와 최승희 씨」라는 제목으로 기사화되었다. 그 외에도 1941년 조선순회공연이 끝날 무렵에 경남도청을 방문하여 헌금한 사실도 기사화되었다. 기사에는 '군사후원연맹에 써 달라고 1천 원, 또 국방기금에 써 달라고 1천 원, 도합 2천 원을 헌납하여 도청 간부들을 감격시켰다'고 전하고 있다(「최승희 여사 2천 원 헌금」,『매일신보』1941년 4월 28일). 또 1941년 12월 3일자『매일신보』에는 최승희가 육군성휼병부를 방문하여 공연 이익금을 휼병기금으로 헌금한 사실을「최승희 여사, 군에 6천 원 헌금」이라는 기사로 소개하였다.

넓은 범위로 몽고나 중국의 무용 등으로부터 위대한 동양의 무용을 창조하지
않으면 안 된다고 생각했다.[46]

다카시마는 서양의 문화와 기술이 최고의 가치로 받아들여지던 시절
에 단지 서양의 문화와 기술만을 체득하는 것이 아니라 오히려 향토색이
짙고 동양적인 무용예술의 가능성과 가치를 발굴해 내고 그것을 새롭게
창작해 내려는 최승희의 무용에 대한 자세와 열정을 높이 평가하고 있
다. 실제로 최승희는 무용창작이나 공연과 함께 서양과 동양의 무용에
대한 이론해설을 작성하여 관객들의 이해를 돕기도 하였다. 1942년 12월
6일부터 22일까지 제국극장에서 개최된 연속공연은 최승희가 혼자서 공
연한 무대로 최승희는 이 공연에서 스스로 무용이론을 설명하였다. 제1부
에서는 '동양무용에 대해서'를, 제2부에서는 '조선무용의 기본'을, 제3부에
서는 '서양무용의 기본'을 관객들에게 이야기하였다.

최승희는 1943년에는 일본에서 문화예술인을 대상으로 '제1회 최승희
무용감상회'를 개최한 이후 중국의 남경과 상해에서 일본군 위문공연을
진행하였다. 그리고 1944년 1월 27일부터 2월 15일까지 제국극장에서 '예
술무용발표회'와 '최승희무용화감상회'를 동시에 개최하였는데 이 공연이
사실상 일본에서 개최한 최승희의 마지막 공연이 되었다. 이후 최승희는
같은 해 가을에 중국으로 건너가 '동방무용연구소'를 개설하고 일본의 패
전까지 베이징에서 활동하였다.

해방 후 최승희는 '친일파예술가'로 비난을 받으며 남편 안막의 뒤를
따라 1946년 7월 20일에 북한으로 월북하였다. 북한으로 건너간 최승희
는 1946년 9월 7일에 평양에 최승희무용연구소를 설립하고 학생들에게

---

[46] 小林直弥, 「崔承喜の足跡と創作舞踊への考察ー中国と中央戯劇学院における資料を中心に」,
『日本大学芸術学部紀要』, 2008, 63쪽(高嶋雄三郎, 『崔承喜』, むくげ舎, 1981).

무용을 지도하였다. 최승희무용연구소는 당국의 전폭적인 지원을 받으며
원활하게 운영되었으며, 10월 5일에는 북한에서의 첫 공연이 이루어졌다.
이 공연에는 '석굴암의 보살', '장난꾼', '장구춤', '초립동', '고구려의 무희',
'천하대장군', '장단' 등의 작품과 최승희 자신이 월북할 때의 심경을 형상
화한 '비 내리는 날'이 프로그램으로 구성되었다. 또 1947년 7월에는 체
코슬로바키아의 수도 프라하에서 열린 제1회세계청년학생축전 무용부문
에 딸 안성희와 최승희무용연구소의 연구생들이 함께 참가하여 당시 16살
의 딸 안성희가 그랑프리를 수상하며 공산권 세계의 무용가들에게 주목
을 받았다.

최승희는 이후에도 북한에서 다양한 무용 활동을 펼쳤지만 이 책이
지향하는 재일코리안의 무용 활동에 준거하여 추가적인 활동 사항은 소
략하고 개략적인 활동은 각주로 대신하고자 한다.[47]

[47] 1948년 남북연석회의 축하공연에서 첫 민족무용극 '반야월성곡'을 발표, 1951년 중국중앙
희극원 '최승희무도반' 개소, 1954년 무용극 '사도성의 이야기' 발표, 1957년 조선예술단을
이끌고 동유럽 32개 도시 순회공연, 1961년 무용극 '계월향'과 무용서사시 '대동강변에서'
발표, 1967년에 숙청당한 후 1969년에 사망(김영희·김채원, 『전설의 무희 최승희』, 북페
리타, 2014, 78~81쪽 참조).

제4장

재일코리안의 체육활동

제4장
재일코리안의 체육활동

1. 해방 이후의 체육활동

해방 직후 재일코리안 사회는 정치적 사회적 혼란 속에서 한반도로의 귀국과 일본에서의 생활안정, 민족교육, 권리옹호 등의 문제에 봉착해 있었다. 이와 같은 문제의 해결을 위해 1945년에 조련이 결성되고, 또 1946년에 민단이 결성되어 재일코리안 사회의 당면한 문제 해결에 많은 진척이 있었던 것은 분명하다. 그러나 이들 단체의 결성을 계기로 재일코리안 사회가 정치적 사상적으로 대립구도를 형성한 것도 사실이다. 그리고 이러한 대립구도는 이들 단체들이 전개하는 다양한 활동에서도 미묘한 차이를 보이며 전개되었다. 해방 직후의 재일코리안 사회의 체육활동 또한 각 단체의 정책이나 방침 등에 따라 각각의 활동방향이나 활동내용에 다소 차이가 나타난다. 여기에서는 먼저 해방 이후 재일코리안 사회의 각 단체별 체육활동을 살펴보고, 그 의의를 고찰하고자 한다. 아울러 주요 스포츠선수의 활약도 함께 개괄하고자 한다.

2. 각 단체의 체육활동

1) 재일조선건국촉진청년동맹과 체육부

1945년 11월 16일에 도쿄 간다에서 조련의 결성에 반대하는 청년들이 모여 '재일조선건국촉진청년동맹'(이하, 건청)이 결성되었다. 위원장으로 홍현기, 부위원장으로 서종실, 허운용, 이희원이 선출되었다. 그 외에도 정건영, 최규태, 채수인, 강원근, 장주경, 김용태 등의 청년들이 다수 참여하였다. 건청은 결성 이후, 각종 소모임 활동을 전개하였는데 그 가운데 하나가 체육부이다. 이때 체육부장 및 건설부장을 맡은 인물이 당시 도쿄YMCA에서 체육주사로 일하던 채수인이다. 건청 체육부는 먼저 도쿄 아오야마에 있던 일본의 옛 육군대학 부지에 축구장을 만들고 재일코리안 청년들의 체육활동을 지원하였다. 그리고 채수인은 도쿄 스기나미 구에 중앙훈련소를 만들어 직접 훈련소를 관장하며 청년들의 훈련과 지도를 담당하였다.

〈그림 13〉 중앙훈련소의 청년들과 최영의[1]

당시의 훈련생은 총 100여 명에 달했으며, 대부분의 훈련생들은 훈련소에서 숙식을 하며 훈련에 임하였다. 이때 훈련종목으로는 마라톤과 가라테, 복싱 등이었다. 가라테는 조영주와 최영의(최배달)가 지도를 담당하였으며, 복싱은 김경태가 복싱코치를 영입하여 복싱부를 만들어 지도하였다.

또 이 무렵에는 해방과 함께 일본에서의 학업이 중단될 위기에 있던 일본 전역의 재일코리안 유학생들이 1945년 8월 하순경에 '조선학생동맹'(이하, 학생동맹)이라는 단체를 결성하였는데 이들 학생동맹은 당시 요도바시구청의 조건부 허가를 받아 도쿄 신주쿠에 있던 조선장학회의 테니스 코트 뒤에 운동장을 마련하였다. 이 운동장은 요도바시 구민들에게도 개방되어 다목적으로 활용되었다. 그리고 학생동맹은 조선장학회 건물에 복싱 링크를 만들고 수십 명을 합숙시키기도 하였다.

일찍부터 체육부를 만들어 활동해 온 건청은 1946년 5월 14일과 15일 이틀간에 걸쳐 연합군과의 국제친선축구대회를 개최하였다. 이 대회는 연합군과의 친선을 목적으로 재일코리안이 기획한 최초의 국제대회라고 할 수 있으며, 도쿄 고라쿠엔 구장에서 개최되었다. 참가팀은 한국 A팀과 B팀, 영국팀, 소련팀, 중국팀이 참가하였으며 영국팀이 우승하였다. 이 경기는 당시 연합군의 라디오 방송으로 보도되면서 연합군 소속팀과의 친선경기가 자주 이루어졌다.

해방 직후의 재일코리안 사회의 체육활동은 도쿄지역뿐만 아니라 일본 각지의 지방에서도 전개되었다. 1946년 5월 19일에는 나고야 청년회가 10일간 성대하게 종합운동대회를 개최하였다. 이 대회의 축구 결승전은 건청과 학생동맹이 대결하여 건청이 우승하였다. 이후 학생동맹 축구

---

1) 재일본대한체육회, 『재일본대한체육회60년사 1953-2012』, 좋은땅, 2012.

〈그림 14〉 결성 당시의 건청 축구부[2]

팀은 같은 해 6월 30일에 교토대학 운동장에서 인도네시아 유학생 팀과
도 친선경기를 펼쳤으며, 야마나시, 고베 등지에 원정경기를 가기도 하
였다. 학생동맹의 축구팀은 총 4개 팀이 편성되어 있었으며, 1947년에 간
토 학생 축구연맹의 공식시합에 주오대학 단독팀으로 참가하였다. 주오
대학 축구부에는 김규성, 김동춘, 조상현, 정연원 등 총 10명의 재일코리
안 유학생이 소속되어 있었다.

전국 규모의 축구대회도 개최되었는데 1946년 4월 15일부터 17일까지
도쿄 고라쿠엔에서 제1회 전국조선청년축구대회가 개최되었다. 이 대회에
는 학생동맹A, B팀, 오사카A, B, C, D팀, 후쿠시마, 3.1정치학원, 가나가
와, 치바, 나가노, 사이타마, 효고, 아이치, 미야기, 도치기, 도쿄A, B팀 등
총 18개 팀이 참가하여 성대하게 진행되었다.[3] 지방 단위의 축구대회로
는 효고현 니시미야축구장에서 제1회 게이한신조선인축구대회가 1946년

2) 재일본대한체육회, 『재일본대한체육회60년사 1953-2012』, 좋은땅, 2012.
3) 「3전대회 청년부활동보고서」 참조.

9월 30일부터 3일간 개최되기도 하였다.

이 무렵 재일코리안 사회에는 각종 경기별 행사도 개최되었지만 지역별 운동회도 다수 개최되었다. 1946년 7월에 조련 도쿄도본부가 조련중총과 조선인상공회의 후원으로 개최한 '조련청년대운동회'가 대표적이다. 이 행사에는 20개 종목이 운영되었으며 약 2만여 명이 참가하였다.[4] 또 1948년 5월에는 도쿄도 내의 다수의 재일코리안 단체가 공동으로 통일정부수립촉성대운동회를 개최하기도 하였다. 약 천여 명의 학생들과 2만여 명의 재일코리안이 참가하였다. 그 외에도 이와 같은 운동회는 도쿄 근교지역, 가나가와, 이바라키, 나가노, 사이타마, 오카야마, 후쿠오카, 도야마, 니이가타, 히로시마 등의 지역에서도 체육행사로서 개최되었다. 당시의 운동회의 주요 종목에는 축구, 야구, 씨름, 정구, 탁구 등의 구기종목과 육상종목이 중심이 되었다.

체육활동은 민단 측에서도 이루어졌다. 민단 오사카본부에서는 1946년 10월에 총 15일간의 일정으로 효고현 니시노미아 경기장에서 육상, 유도, 축구, 야구 등 다양한 종목의 경기가 진행되었다.[5]

1946년 10월 5일자 『해방신문』 간사이판에는 전일본조선인축구대회에 대한 홍보기사가 실려 있다. 기사에 따르면 전일본조선인축구대회는 1946년 10월 18일부터 22일까지 5일간 아카시운동장에서 개최될 예정이라고 소개되어 있다. 다만 이 대회의 개최 여부나 보다 상세한 내용은 확인이 곤란하다. 또 민중신문사가 1946년에 발간한 사진집 『조선해방1년』에는 제1회 전일본조선인체육대회를 기록한 사진이 실려 있다. 사진 속의 대회기에는 조련오사카부본부, 건국촉진청년동맹, 대중신문사 등이 후원을 한 내용이 확인된다.[6] 다만 이 대회에 대한 상세한 기록도 현재

---

4) 『民衆新聞』 1946년 7월 15일자.
5) 재일본대한체육회, 『재일본대한체육회60년사 1953-2012』, 좋은땅, 2012, 100쪽.

로서는 확인이 어려운 상태이다.

〈그림 15〉 제1회 전일본조선인체육대회 대회기

해방 직후의 정치적 혼란과 경제적 궁핍 상황 속에서도 재일코리안 사회는 다양한 체육활동을 통해 상호 간의 친목과 유대강화, 재류동포들의 건전한 정신과 신체의 육성, 동포위안 등을 도모하고자 노력하였다. 그리고 그 과정 속에서 보다 굳건한 체육활동 단체의 결성 필요성을 인식하였다.

2) 체육회의 설립

체육회의 결성이 먼저 구체화된 것은 1945년 12월 21일에 결성된 '재일본조선인체육협회'이다. 재일본조선인체육협회는 오사카를 중심으로 만들어진 체육단체로서 1946년 5월 4일에 임시대회를 열고 신강령을 제정

6) 朝鮮民衆新聞社, 『写真集 朝鮮解放1年』, 新幹社, 1994, 25쪽.

하였다. 강령의 내용을 살펴보면, '우리는 강하게 단결해서 진보적 민주주의 국가건설의 강력한 추진력이 될 것을 기한다. 우리는 스포츠를 발전시켜 심신을 연마하고 진리를 추구하고, 인격의 향상을 기한다. 우리는 일제 잔재와 모든 반동세력의 철저한 소탕을 기한다'고 되어 있다.[7] 회장은 김민화로 되어 있다. 김민화는 조련의 오사카본부위원장이며 동시에 중총의 부위원장이다. 하지만, 재일본조선인체육협회는 전국 조직이 아닌 오사카를 중심으로 한 지방 체육단체였다.

이 무렵 또 하나 주목할 만한 체육단체는 1947년 4월에 결성된 '재일본조선체육협회'이다. 재일본조선체육협회는 여러 차례의 준비위원회를 소집하고 논의를 거친 후 1947년 4월 12일에 설립되었다. 회장으로는 채수인이, 부회장으로는 이인섭이 선출되었다. 재일본조선체육협회는 '재일동포의 체력향상, 품성도야, 대동단결을 목표로 세움과 동시에 국제친선을 도모하는 것을 염원으로 한다'는 규약을 정하고 취지서를 제작하여 각지에 배포하였다. 또 재일본조선체육협회는 협회 결성 직후인 4월 17일에 한국이 해방 후 처음 참가한 보스턴 마라톤대회에서 서윤복이 우승한 뉴스와 이들 선수단이 일본을 거쳐 한국으로 돌아간다는 소식을 듣고 이들 선수단에 대한 환영 만찬회도 준비하였다. 보스턴 마라톤 선수단에는 베를린올림픽 마라톤 우승자였던 손기정과 남승룡도 포함되어 있었다. 재일본조선체육협회는 정건영과 채수인을 중심으로 많은 재일코리안과 한국은행, 주일 대표부 등이 공동으로 도쿄YMCA에서 환영회를 개최하였다. 이날의 환영행사에는 조련도 참석하였다고 보고되어 있다.[8]

재일본조선체육협회는 단체가 결성된 이후 한국의 체육활동에 많은 공헌을 하였다. 해방 이후 한국이 처음으로 올림픽에 참가한 것은 1948년

7) 『大衆新聞』 1946년 5월 15일자.
8) 「4전대회문교국활동보고」 참조.

1월 30일부터 2월 9일까지 스위스 생모리츠에서 개최된 동계올림픽이다. 제2차 세계대전 이후 처음으로 개최된 올림픽에는 28개국이 참석하였으며 한국은 스케이트 종목에 3명의 선수가 출전하였다. 당시 한국선수단의 총감독으로는 메이지대학 유학생 시절에 활약했던 재일코리안 출신의 최용진이다. 최용진은 1937년과 1938년에 전일본스피드스케이트선수권을 제패한 선수 출신으로 나중에 대한빙상경기연맹에서도 활동한 인물이다. 최용진은 한일 양국에서 모두 활동한 인물로 1998년 나가노동계올림픽 때는 일본의 올림픽유치위원회 특별위원을 역임하기도 하였다. 해방 이후 첫 출전한 올림픽선수단을 이끈 인물이 재일코리안 출신이라는 점, 그리고 태극기와 KOREA라는 영문 국명을 처음으로 사용한 올림픽이었다는 점에서 역사적으로 기억할만한 대회라고 할 수 있다.

　그 후 한국은 1948년 7월에 런던에서 개최한 하계올림픽에 참가하게 되는데 당시의 한국은 곤궁한 경제사정과 극심한 물자부족으로 올림픽에 참가할 여력이 충분하지 않았던 것이 사실이다. 그래서 올림픽 참가 선수단이라고는 하지만 육상, 축구, 농구, 복싱, 역도, 레슬링, 자전거경기 등 총 7개 종목에 67명(선수 50명, 임원 17명)의 선수단이 참가하는데 그쳤다. 이때 재일본조선체육협회는 런던올림픽에 출전하는 선수단을 후원하는 활동을 전개하였다. 이 무렵에는 아직 한국정부가 수립되기 전의 미군정체제였던 시기로 올림픽 출전 선수단은 일본을 경유하여 런던으로 가야 했다. 일본에 도착한 올림픽 선수단에 대해 재일코리안들은 곳곳에서 환영회를 개최하여 선수단을 격려하였으며 선수단이 요코하마역에 도착했을 때는 대회 출전에 필요한 운동기구나 유니폼, 활동자금 등을 마련하여 전달하기도 하였다. 이 환영 행사는 재일본조선체육협회의 회장 채수인과 고문 이희원, 이사 정건영 등이 중심이 되어 준비하였다. 환영 행사는 선수단이 처음으로 일본에 도착한 후쿠오카현 하카타항

에서 이루어졌다. 이후 히메지역, 오사카역, 기후, 나고야, 하마마쓰 등
각 역을 거칠 때마다 재일코리안의 환영과 기념품 등이 전달되었다. 올
림픽 선수단이 요코하마역에 도착했을 때는 채수인, 이희원 등 재일본조
선체육협회 간부, 민단, 건청, 일본체육협회 등의 관계자들이 모여 환영
회를 개최하였다. 이 환영회에서 재일코리안들은 자신들이 모금한 거액
의 지원금도 전달하였다고 한다.[9]

〈그림 16〉 1948년 런던올림픽 출발 전 요코하마항[10]

　한국의 올림픽 선수단에 대한 재일본조선체육협회의 이와 같은 지원
활동을 계기로 한국의 체육계와 재일본조선체육협회의 관계는 더욱 가
까워졌으며, 1949년 10월 15일 서울에서 개최된 제30회 전국체육대회에

9) 『재일본대한체육회60년사 1953-2012』에 따르면 재일코리안들이 모금해서 전달한 금액은
　총 643,500엔으로 기록되어 있다.
10) 재일본대한체육회, 『재일본대한체육회60년사 1953-2012』, 좋은땅, 2012.

재일본조선체육협회는 채수인 회장과 이인섭, 조강석 3명을 파견하였다. 그리고 이러한 활동은 나중에 재일본대한체육회가 전국체육대회에 선수단을 파견하게 되는 기반이 되었다. 또한 한국의 스포츠선수에 대한 재일본조선체육협회의 지원도 지속적으로 이루어졌다. 1950년 4월 19일에 열린 보스턴 마라톤대회에서 손기정 감독이 이끄는 한국마라톤 선수 3명이 각각 1위, 2위, 3위를 차지했을 때도 재일본조선체육협회는 귀국 도중의 선수단을 도쿄로 초청하여 성대한 환영회를 열어 선수단을 축하하였다. 그뿐만 아니라 한국전쟁 중에 개최된 헬싱키올림픽 때는 전쟁 중인 상황에서 올림픽 선수단 파견이 어려워지자 재일코리안들이 후원회를 결성하여 선수단 파견을 위한 비용 일체와 경기용품 등을 지원하기도 하였다.[11] 물론 이때도 재일본조선체육협회를 중심으로 한 재일코리안들의 환영회가 도쿄YMCA에서 열렸다. 그리고 재일본조선체육협회는 일본체육협회에 협조를 요청하여 선수단이 연습장을 활용할 수 있도록 노력하였다. 그러한 노력으로 육상과 마라톤, 기타 경기는 진구경기장을, 자전거는 고라쿠엔경륜장을, 복싱은 도쿄YMCA체육관을, 레슬링은 메이지대학체육관을 연습장으로 활용할 수 있게 되었다.

3) 재일본대한체육회의 탄생과 활동

앞서 기술한 바와 같이 재일코리안 사회에는 몇몇 주목할 만한 체육단체가 활동을 하였다. 그중에서도 1947년에 결성된 재일본조선체육협회는 설립 이후 한국의 체육활동에 많은 지원을 해 왔다. 1948년 런던올림픽과 1952년 헬싱키올림픽에 참가하는 한국선수단에 대한 전폭적인 지원은 좋

[11] 헬싱키올림픽 한국선수단을 위해 재일코리안들이 모금한 총액은 12,099,000엔으로 집계되어 있다.

은 예가 될 것이다. 이 점에 대해서는 당시 한국 체육계에서도 높이 평가하는 분위기였다고 할 수 있다. 그리고 이러한 분위기는 일본에 대한체육회의 일본지부 설립의 필요성을 고조시키는데 일조하였다.

1953년 2월에 당시 대한체육회 이사이자 대한축구협회 이사장이었던 이유형이 도쿄에 방문하였을 때 축구선수 정용수를 만난 자리에서 체육회 설립의 필요성을 피력하였으며, 이러한 구상은 중앙대학교 축구선수 출신의 동생 이유철에게 전달되었다. 그리고 이유철은 축구 동료였던 김동춘에게 체육회의 설립 취지를 설명하고 동의를 구했다. 그 후 이혜재, 김세기, 장창수, 이수진, 장세준 등도 협력하여 체육회의 창립을 위한 준비 작업에 착수하였다. 그리고 곧이어 1953년 5월 5일 도쿄 한국YMCA강당에서 재일본대한체육회 창립총회가 개최되었다. 창립총회에서는 의장으로 민단중앙의 부단장인 김병욱이, 부의장으로는 도요멘카(동양면화, 東洋棉花) 촉탁인 정용수가 선출되었다. 발기인으로는 김동춘, 이유철, 이혜재, 정용수, 김세기, 이수진, 장세준, 김상묵 등을 포함한 30여 명이 참가하였다. 총회의 의사진행 결과 초대회장에는 주일 대표부 류태하 참사관을 추천하여 찬성하였다. 류태하는 창립총회에는 참석하지 않았지만 김동춘, 이유철과의 협의를 통해 회장 취임을 수락하였다. 초대 회장에 주일 대표부의 인물을 선출한 것은 추후에 재일코리안의 전국체육대회 참가 및 한국선수단에 대한 지원 등의 업무에 있어서 여권 발급 및 재입국 취득과 같은 일본 법무성과의 업무협조와 원만한 사업추진을 고려한 측면이 강하다. 이로써 재일본대한체육회가 공식 출범하게 되었다. 회장 이외의 임원으로는 부회장에 신희, 이사장에 김동춘, 상무이사에 이유철·김세기·장창수·이인섭·이수진, 사무국장에 장세준이 선출되었다.[12]

12) 재일본대한체육회의 목적과 사업방향은 다음과 같다. 먼저 목적은 '본회는 재일본대한민국 국민으로서 구성된 아마추어체육운동단체를 통합하여 재일동포의 체력향상과 건전한

재일본대한체육회가 창립한 후 당면한 과제는 한국에서 개최되는 전국
체육대회에 참가하여 한일 간의 스포츠 교류를 활발히 하고, 다음 해인
1954년 3월에 도쿄에서 개최 예정이었던 월드컵축구 극동지구예선전에
참가할 한국선수단을 초청하여 환영하는 일이었다.

먼저 재일본대한체육회의 전국체육대회 참가에 대해서 살펴보자. 1953년
10월 17일부터 22일까지 서울에서 개최된 제34회 전국체육대회에는 처음
으로 재일코리안 선수단이 참가하게 되었다.[13] 이 무렵 한국은 휴전협정
이 체결된 지 불과 3개월이 지난 시점이었으며 한국전쟁의 상흔이 고스
란히 남아있는 어려운 시기이기도 하였다. 재일본대한체육회는 이 대회
에 총 25명의 선수단을 파견하였다. 선수단 단장에는 정용수, 부단장에는
신희, 감독은 정용수가 이름을 올렸다. 선수단은 부산을 거쳐 서울로 가
는 야간열차로 이동하였다. 이 대회에 선수단이 참가한 종목은 축구 한
종목이다. 그러나 선수단은 대회 기간 내에 농구 친선경기를 펼치는 등
한국과의 체육 교류를 도모하며 환영을 받았다.

다음으로 이듬해인 1954년 스위스월드컵 극동지구 예선전에 한국선수
단을 초청하여 경기에 출전시킨 일이다. 당초 월드컵 극동지구 예선전은
한국과 일본이 홈 앤드 어웨이 방식으로 치러질 예정이었다. 그러나 이

운동정신을 진작하고 우수한 경기자를 양성해서 국위선양을 도모함으로써 민족문화발전
에 기여할 것을 목적으로 한다'고 규정하고 있다. 다음 사업방향은 ①체육운동에 관한 기
본방침의 심의결정 ②재일한국인의 각종 스포츠 및 각종 경기대회의 주최와 주관 ③본국
에서 개최되는 전국체육대회 및 각종 경기대회에 재일한국인을 대표하는 경기자와 임원
의 선정파견 ④국제올림픽대회, 아시아대회 및 각 종목별 세계선수권대회 등 각종 국제경
기대회에 출전할 대한민국대표선수단 구성에 참여할 수 있도록 재일한국인을 대표하는
경기자와 임원의 선정파견 ⑤재일한국인 학생의 보호 및 체력향상과 재일한국학교체육의
육성 ⑥체육운동에 관한 선전계몽 ⑦체육스포츠에 관한 각종 간행물의 발행 ⑧체육스포
츠에 관한 자료수집과 조사통계 ⑨재일동포 체력관리 및 조사연구 ⑩체육운동 시설에 관
한 연구와 설치 및 관리 ⑪본회가 중요하다고 인정하는 사업의 경우에는 이 분야의 발전
과 목적달성을 위해 별도로 그 후원회를 조직하고 이를 수행 ⑫그 외에 본회의 목적달성
에 필요한 사업으로 규정하고 있다(재일본대한체육회, 『재일본대한체육회사』, 1992 참조).
13) 대한체육회 홈페이지 '국내종합경기대회' 개최 현황 참조.

무렵 이승만 대통령이 선언한 이른바 '이승만라인'으로 한일관계는 극도로 경색되었다. 그리고 일제강점기로부터 해방된 지 10년밖에 되지 않은 시점에서 일본선수들이 한국에서 경기를 치른다는 것에 대한 심적 부담이 크게 작용하던 시기였다. 결국 이승만 대통령이 일본선수단의 한국입국을 거부하는 사태로 이어졌으며 일본에서의 한일전도 무산될 위기에 처했다. 이때 재일본대한체육회 신희와 재일코리안 사업가이자 재일본대한체육회 고문이던 정영건, 한국 축구대표팀 감독 이유형 등이 당시 대한체육회 회장이던 이기붕에게 월드컵 한일전의 출전을 요청하고 이어서 이승만 대통령에게도 한일전의 출전을 설득하였다. 재일본대한체육회는 한국이 처음으로 월드컵 극동지구 예선전에 출전하여 일본에 승리하고 월드컵 본선에 진출하면 일본에 거주하는 60만 재일코리안에게 큰 위로와 사기진작이 된다는 점, 한국이 일본에서의 경기에 참가할 경우 재일본대한체육회가 원정비용을 모두 지원하겠다는 등의 내용을 제안하였다. 그 결과 이승만 대통령은 한국에서의 홈경기를 포기하고 두 경기 모두 일본 도쿄에서 진행할 것을 전제로 한일전 출전을 승인하게 되었다. 이때 이승만 대통령이 한일전 참가를 승인하면서 '만약 일본에 진다면 현해탄에 몸을 던져라'고 말했다는 일화는 유명하다.

1953년 12월에 한일전 참가가 공식적으로 결정되자 재일본대한체육회는 선수단을 맞이할 준비에 분주하게 움직였다. 먼저 재일본대한체육회는 한국선수단을 지원하기 위한 방안을 논의하기 위해 임시총회를 개최하고 임원진을 개선하였다. 임시총회는 1954년 2월 11일에 열렸으며 주요 임원진은 다음과 같이 구성되었다. 회장은 류태하, 부회장은 신희와 정건영, 이사장은 김장욱, 전무이사는 김동춘, 상무이사는 이인섭·이유철·김세기·이흥수·장세준, 그 외 이사와 감사 등으로 구성되었다. 임시총회가 끝난 후 임원들은 대회에 참가하는 한국선수단을 지원하기 위한 후원회도 결성하였다.

후원회는 명예회장에 김용식, 회장에 류태하, 부회장에 조영주·정찬진, 고문에 김재화·김광남 외 7명 등으로 구성되었다. 후원회는 결성과 함께 모금활동을 전개하였다. 후원회는 먼저 신희와 정건영, 김세기를 주도로 도쿄지역부터 모금활동을 시작하여 점차 일본 전국으로 확대해 갔다. 오사카지역에서는 간사이의 재일코리안 사업가 한녹춘, 서갑호, 이희건, 박한식 등이 모금활동에 적극 협조하였으며 거액을 기부하였다. 또한 오사카에서는 프로레슬링 시합을 하던 역도산도 거액의 기부금을 찬조하였다. 그와 동시에 도쿄에서는 김상길·신격호·허태성·김평진·한회준 등이, 요코하마에서는 이종대·전임술 등이, 홋카이도에서는 민단 단장인 박준용이, 규슈에서는 박종·정태주 등이 활발하게 모금활동을 펼쳐 거액의 기부금을 모았다. 이렇게 모아진 기부금은 한국선수단의 초청 및 일본 체류를 위한 제반 비용으로 사용되었으며 일부는 대한체육회의 열악한 재정상황을 보충하는 재원으로도 사용되었다. 또한 경기진행으로 발생한 입장료 배당금 또한 한국선수단에게 전달되었다.

월드컵축구 극동지구 예선전 한국과 일본의 경기는 1954년 3월 7일과 14일 이틀간에 걸쳐 진행되었다. 경기장은 도쿄 진구경기장이었다. 1차전 경기는 5 대 1로 한국이 승리하였다. 2차전은 양국이 팽팽한 경기를 치룬 끝에 2 대 2로 무승부가 되었다. 이로써 한국은 1승 1무의 결과로 사상 처음으로 월드컵 출전권을 차지하게 되었다. 당시의 한국 대표 선수단의 감독은 재일본대한체육회의 설립 필요성을 지적하였던 이유형이었다. 이 경기 후 한국은 대표 선수단에 주오대학 소속 재일코리안 축구선수 김석의를 발탁하여 정식 멤버로 등록하였다.

이외에도 재일본대한체육회를 중심으로 한 재일코리안 사회의 한국선수단 후원은 여러 차례 있었다. 월드컵축구 극동지구 예선전에 앞서

1954년 1월 11일부터 17일까지 삿포로 마루야마공원 특설 링크장에서 개최된 세계스피드스케이트선수권대회 때에도 재일본대한체육회는 상무이사 김세기가 한국으로 파견되어 대회에 참가하는 한국선수단을 인솔하여 일본으로 왔으며 다수의 임원이 직접 삿포로로 건너가 지원과 응원에 나서기도 하였다. 또 1955년 5월 14일부터 5일간 도쿄체육관에서 개최된 아시아배구선수권대회 때에도 재일본대한체육회는 선수단을 격려하고 응원단을 동원하는 등 많은 지원을 하였다. 그러한 한편 재일본대한체육회는 1954년 10월 19일부터 25일까지 서울에서 개최한 제35회 전국체육대회에도 두 번째 재일코리안 선수단을 파견하였다. 선수단은 김상길 단장을 비롯하여 부단장 이능상, 총감독 이인섭, 그 외 임원과 이유철 감독이 이끄는 축구선수단으로 구성되었으며 총 34명이 파견되었다. 또 1955년 2월 20일 서울에서 개최된 전국체육대회 동계대회에도 선수단을 파견하였다. 선수단은 아이스하키의 가네미야, 길회식, 김상묵과 피겨스케이트의 오경학 등을 포함한 20여 명으로 구성되었다. 재일본대한체육회는 대회 참가는 물론 한국의 아이스하키 발전을 위해 경기용구를 한국아이스하키협회에 기증하기도 했다. 그리고 선수단은 이례적으로 이승만 대통령을 예방하고 이어 이기붕 대한체육회 회장도 방문하는 등 한국과의 체육교류에도 적극적으로 활동하였다.

재일본대한체육회는 1956년 4월 10일에 제6회 정기총회를 개최하고 새롭게 최규하 회장을 선출하였다. 잘 알다시피 최규하 회장은 나중에 한국으로 귀국하여 외무차관, 외무장관을 역임 후 국무총리, 10.26사태 이후에는 대통령 권한 대행을 맡았으며, 12월 6일에 제10대 대한민국 대통령으로 취임한 인물이다. 최규하 회장은 류태하 회장과 마찬가지로 외교 관료 출신으로 재일본대한체육회의 현실적인 문제라고 할 수 있는 일본 법무성의 재입국 허가나 선수단 파견 및 초청 등의 제반 업무에 필요한 인선이었다. 제2대 최규하 회장 시대를 맞이한 재일본대한체육회는 1956년 7월 14일에 서울에서 개최된 대한체육회 정기 평의원 총회에서 '재일본대한체육회는 가입신청 규정에 따라 지부로 결정한다'는 보고와 함께 정식으로 대한체육회 재일지부로서 출범하였다.

이 무렵의 재일본대한체육회의 주요 체육활동을 살펴보면 다음과 같다. 먼저 1956년 8월에 대한야구협회와 한국일보사 주최로 개최된 '재일교포 학생야구단 모국방문 환영대회'에 재일코리안 고교 야구부 학생들로 구성된 야구단을 한국으로 파견하여 한국 각지에서 야구 경기를 펼쳤다. 선수단 단장은 권영섭이었으며 감독은 이수진이었다. 선수단은 총 12회 경기를 가졌으며 9승 3패의 성적을 거두었다. 1958년 제3회 대회 때에는 나중에 일본의 야구 영웅으로 활약하는 장훈 선수도 방한하여 당시 서울 경동고등학교 1학년이던 백인천 선수와 대결을 펼치기도 하였다.

또 1958년 제3회 아시안 게임이 도쿄에서 개최되자 대한체육회는 156명의 선수단을 편성하여 육상, 역도, 복싱, 레슬링, 사격, 탁구, 테니스, 수영, 축구, 농구, 배구, 하키, 유도 등의 종목에 참가하였다. 이때 재일본대한체육회는 김상길을 회장으로 하는 후원회를 결성하여 일본 내의 전국적인 규모로 후원금 모금활동을 펼쳤다. 제3회 아시안 게임은 5월 24일부터 6월 1일까지 개최되었는데 특이할 만한 종목은 처음 출전한 종목이었지만 동메달을 획득한 필드하키이다. 당시 하키는 한국에서는 생소한 종목이었다. 그런데 동메달을 획득한 것은 하키 종목에 참가한 선수 대부분이 오사카의 민족학교인 건국고등학교 출신의 OB선수들과 재학생, 그리고 대학 재학생이었던 것이다.[14]

14) 건국고등학교는 1948년에 학교법인 백두학원이 설립한 민족학교로 오사카시 스미요시구에 위치하고 있으며, 현재는 학교법인 백두학원 건국유·소·중·고등학교라는 교명으로 운영되고 있다(홈페이지 참조, http://keonguk.ac.jp/).

그리고 마라톤에서는 이창훈 선수가 2시간 32분 55초의 기록으로 우승하였는데 이때 민단은 마라톤 코스의 연도에 재일코리안 응원단을 동원하여 선수들을 응원하고 격려하였다. 그 외에도 최규하 회장을 비롯하여 류태하 전 회장, 정건영, 신희, 정용수 등 임원들도 대회 기간 내내 한국 선수단에 대한 지원과 응원에 노력하였다.

다음으로는 1958년 12월 20일에 도쿄 호센고등학교 운동장에서 전국체전 참가 예선전을 겸한 재일한국인축구대회가 개최되었다. 이 대회는 해방 이후 재일코리안 축구선수들이 실시한 대회로 나중에 '제1회 재일한국인체육대회'로 명명되었다. 그리고 이 대회는 1959년에 광복절을 기념하여 그 규모를 확대하여 제2회 재일한국인체육대회로 이어졌다. 제2회 대회에서는 육상경기, 야구, 농구, 탁구, 씨름, 체조, 축구, 유도, 가라테 등 종목이 10여 개로 늘어났으며 재일코리안의 친목도모에 크게 기여하였다. 그 외에도 같은 해 2월 20일에는 한국에서 열린 제40회 동계전국체육대회에 피겨스케이트에 오경학 선수와 스키에 최향훈, 채수인 선수가 참가하였다.

1960년대에 들어서는 재일본대한체육회도 재일코리안을 중심으로 한 새로운 집행부가 구성되었다. 1960년 4월 16일에 제8회 정기총회에서는 제3대 회장으로 이유천이 선출되었다. 제1대와 제2대는 주일 대표부의 외교 관료 출신자가 회장으로 재임했지만 제3대는 처음으로 재일코리안 출신이 취임하였다. 이후부터 재일본대한체육회는 산하의 경기단체 육성에 주력하였으며, 속속 산하 경기단체가 결성되기 시작하였다. 재일본대한체조협회, 재일본대한정구협회 등이 그것이다. 아울러 제3대 이유천 회장은 지방본부(간사이본부) 설립에도 큰 역할을 하며 재일본대한체육회의 전국 조직화의 기틀을 마련하는데 노력하였다.

4) 재일본조선인체육연합회의 탄생과 활동

해방 이후 재일코리안 사회는 좌우대립과 정치적 갈등이 격화되면서 민족단체 또한 각각의 진영으로 크게 나누어졌다. 앞서 기술한 바와 같이 좌익진영의 대표적인 민족단체로는 조련이, 우익진영의 대표적인 민족단체로는 민단이 일본 내의 이해관계와 한반도의 정치상황에 발맞추어 활발한 활동을 전개하였다. 그러한 가운데 1948년 이후 조련에 대한 일본정부와 연합군 최고사령관 총사령부(이하, GHQ)의 탄압이 심화되었다. 결국 일본정부와 GHQ는 1949년 9월 8일에 조련과 산하 동맹단체인 재일본조선민주청년동맹(이하, 민청)을 '단체등규정령'을 근거로 폭력주의적 단체로 규정하고 해산을 명령하고 자산을 몰수하였다. 이로써 조련이 주도하여 전개하였던 모든 분야의 활동은 제한되고 규제될 수밖에 없는 상황에 처하게 되었다. 여기에는 체육 분야도 예외는 아니었다. 그리고 무엇보다 1950년에 발발한 한국전쟁으로 인하여 재일코리안 사회의 체육활동은 더욱 위축되었다고 할 수 있다.

재일코리안 사회에 체육활동이 다시 활발히 전개되기 시작한 것은 역시 1953년 7월 27일에 조인된 한국전쟁 휴전협정 이후라고 할 수 있다. 물론 앞서 기술한 재일본대한체육회는 1953년 5월 5일에 결성되었지만 본격적인 활동은 역시 한국전쟁 휴전협정 조인 이후부터라고 해야 할 것이다.

이 무렵 재일코리안 사회에는 한국과의 체육교류를 강화하던 재일본대한체육회에 대항적인 체육단체인 '재일본조선인체육연합회(이하, 체련)'가 탄생하였다. 체련은 1953년 7월에 개최된 재일조선청년체육대회를 계기로 결성되었다. 재일조선청년체육대회는 1954년 7월 25일부터 3일간 도쿄의 진구가이엔경기장과 무사시노운동장에서 개최되었다. 이 대회에는 전국 15개 지역에서 약 400여 명의 선수가 참가하였으며, 축구, 씨름, 육상경기, 정구 등 총 11개 종목이 진행되었다.

재일조선청년체육대회가 폐막한 다음 날인 7월 28일에 도쿄 시타야공회당에서 도쿄, 오사카, 교토의 체육협회와 각 지역의 체육 관계자, 각 스포츠 종목에서 선발된 150여 명의 대표들이 참가한 회의가 열렸다. 이 회의에서 전국적인 체육 조직의 결성에 관한 필요성이 논의되었고, 곧바로 재일본조선인체육연합회 결성대회가 열렸다. 그리고 동시에 총의로 재일본조선인체육연합회(체련)의 결성이 선포되었다. 이후 체련은 상설적인 체육기구로서 활동을 개시하였다.

체련결성대회에서 결정된 체련의 활동이념(목적)과 활동내용(방향)은 다음과 같다. 체련의 이념(목적)은 ①재일동포의 건강증진과 친목 ②스포츠의 대중화와 기술 증진 ③북한, 일본의 스포츠 교류 ④국제스포츠기구와의 교류이다. 다음으로 체련의 활동내용(방향)으로는 ①클럽팀의 확대와 기술 향상 ②학교체육의 지원 ③남북(한반도)과의 스포츠 교류 ④국제올림픽(IOC) 등 국제스포츠기구와의 연대를 제시하고 있다.[15] 그 후 체련은 1955년 5월에 결성된 재일본조선인총연합회의 산하단체로 재일코리안의 체육 스포츠활동을 전개하였다.

체련은 결성 직후부터 다양한 체육경기대회를 개최하는 등 활발한 활동을 전개하였다. 1954년 9월에는 도쿄와 오사카를 비롯하여 전국 18개 지역에서 각종 경기대회가 열렸으며, 11월에는 오사카에서 평화와 민족교육을 지키는 전국학생체육대회가 개최되었다. 전국 19개 지역 2백여 초중고급학교에서 선수 3천여 명이 참가하였으며, 3만여 관중이 경기를 관전하였다. 같은 해 12월에는 도쿄조선고급학교가 고교축구도쿄대회에

---

15) 재일본조선인체육연합회 홈페이지 참조(http://www.korea.co.jp/cheryon).

서 아오야마학원고교와의 결승전에서 승리하여 도쿄도 대표로서 전국대
회에 출전하게 되었다. 전국고교축구선수권대회는 1955년 1월에 효고현
니시미야에서 개최되었다. 도쿄조선고급학교는 첫 출전이었지만 강호
시마하라고교, 이쿠에이고교 등과의 경기에서 승리하고 4강에 진출하는
쾌거를 이루어내며 큰 화제를 불러일으켰다.

5) 체련 산하의 지방체육협회와 종목별 협회

체련이 결성되기 전 체육협회는 도쿄, 오사카, 교토지역에만 활동하였
다. 체련이 결성된 후 지방체육협회는 사이타마현, 미야기현을 비롯하여
전국 25개 지역에서 새롭게 탄생했으며, 종목별로도 축구와 육상을 비롯
하여 16개 단체가 결성되었다. 이들 지방체육협회와 종목별 협회가 결성
됨으로써 재일코리안 사회의 체육활동은 더욱 활성화되었으며, 아울러
대중화의 길이 열리게 되었다. 무엇보다 이들 지방체육협회와 종목별 협
회는 지방의 각 학교와 조총련 등의 지방조직, 단체들과의 교류를 강화
하고 각종 경기대회나 체육행사를 개최하였다. 그 예로 1958년 2월에 '재
일조선동포역전대회'가 개최되었는데 이 경기는 초급학교 학생에서 성인
에 이르기까지 수백 명의 재일코리안이 참가하였다. 그리고 이 행사는
현재까지도 그 명맥을 이어가고 있다. 그뿐만 아니라 각지의 지방체육협
회와 종목별 협회는 일본에서 개최되는 국제경기대회에 참가하는 재일
코리안 선수들을 응원하고 후원하는 역할도 담당하였다.

체련의 체육활동 중에 특히 주목할 것은 1961년에 만들어진 재일조선
인축구단과 1964년에 결성된 재일조선인축구협회의 활동일 것이다. 앞
서 기술한 바와 같이, 재일코리안 사회에 있어서 축구경기는 학교의 클
럽활동뿐만 아니라 성인들의 체육활동에도 크게 기여하였다. 체련은

1959년부터 일본의 사회인 축구팀이나 대학축구팀에서 활동했던 재일코리안 청년들을 대상으로 동서로 나누어 축구팀을 만들었다. 그리고 '총련중앙상임위원회배'를 만들어 동서축구대회를 개최하였다. 이 대회는 1959년 5월 7일에 오사카에서 제1회 대회가 개최되었으며, 1964년 11월 11일에 도쿄에서 개최된 대회까지 10회가 이루어졌다.

이와 같이 축구는 재일코리안 사회의 체육활동에 폭을 넓히는 한편 일본인과의 체육교류에도 큰 역할을 하였다. 그리고 이와 같은 분위기는 1961년 8월에 17명의 축구선수로 구성된 재일코리안 축구팀의 결성으로 이어졌다. 체련 산하의 이 축구팀은 일본의 각지를 돌며 많은 기업팀, 지역선발팀, 대학팀 등과 경기를 펼쳤으며, 재일코리안과 일본인의 체육교류를 활성화하는데 기여하였다. 이와 관련해서는 일본의 축구 전문잡지에서도 긍정적인 평가를 한 바 있다. 일본의 축구전문잡지『축구매거진』은 '일본에서의 공식 대회에는 한 번도 참가할 수 없었지만, 각지를 돌며 친선시합을 거듭하였으며, 일본과의 우호를 촉진해 온 재일코리안 축구단은 일본의 축구발전에도 한몫했다'는 기사를 게재하기도 하였다.16)

다시 말해서 체련 산하의 지방체육협회와 종목별 협회는 재일코리안 사회에 체육활동의 장을 제공하는 한편 일본인과의 체육교류에 공헌하는 등 재일코리안 사회에 체육 스포츠의 활성화에 큰 역할을 하였다고 할 수 있다.

---

16) 『サッカーマガジン』 1986년 8호 기사 참조.

3. 주요 스포츠선수의 활약

1) 역도산

재일코리안 체육활동에 있어서 빼놓을 수 없는 대표적인 인물은 역도
산(力道山)이다. 역도산은 함경남도 홍원군 용원면 신풍리 출신으로 본
명은 김신락이다. 출생년도는 정확하지 않다. 다만, 출생년도에 대해서
는 1922년 출생이라는 설, 1923년이라는 설, 1924년 11월 14일생이라는
설 등이 있다. 김신락이 일본으로 건너간 배경에 대해서도 명확하게 기록
이 남아 있지 않다. 김신락의 일본 도항에 대해서도 두 가지 설이 있다.
무라마쓰 도모미(村松友視)의 주장에 따르면 '씨름대회를 구경왔던 모모
타(百田)라는 일본인이 김신락을 일본으로 데리고 가려 했다'고 한다.[17]
또 다른 기록을 살펴보면, 이시이 다이조(石井代蔵)는 김신락이 17세가
되던 봄에 경성에서 열린 씨름대회에 출전했을 때 김신락의 경기를 관전
했던 오카타 도라이치(小方寅一)라는 조선총독부 소속의 경부보로부터
일본에서 스모를 해 볼 것을 권유받아 김신락이 일본으로 건너갔다고 기
술하였다.[18] 또 역도산의 부인인 다나카 게이코(田中敬子)는 김신락은
자신에게 찾아온 기회를 놓치고 싶지 않았고 요코즈나가 될 수 있다는
모모타와 오카타의 말을 받아들였다고 기술하였다.[19] 이들의 내용에 따
르면 김신락은 일본인 모모타와 오카타로부터 일본으로의 도항을 제안
받았으며 김신락은 스스로 이 제안을 받아들인 것으로 해석할 수 있다.
김신락에게 스모를 제안한 일본인 모모타와 오카타에 대해서는 다음과

---

[17] 村松友視, 오석윤 역, 『조선청년 역도산』, 북@북스, 2004, 292쪽.
[18] 石井代蔵, 『巨人の素顔』, 講談社, 1985, 166~167쪽.
[19] 田中敬子, 한성례 역, 『내 남편 역도산』, 자음과 모음, 2004, 25쪽.

같은 기술이 있다.

> 규슈(九州)의 나가사키(長崎) 오무라(大村) 출신인 오카다(小方)가 군에 입대한 것은 1923년. 그로부터 2년 후에 오카타는 조선 경관 모집에 지원하여 한반도로 건너왔다. 오카타의 의붓 아버지 모모타 미노키치(百田巳之吉)도 그날 씨름을 구경했다. 오무라에서 큰 장사를 하던 모모타는 굉장한 씨름 팬으로서 그야말로 김신락의 열전에 가장 흥분한 인물이라고 적고 있다.[20]

인용에서 알 수 있듯이 모모타와 오카타는 부자관계이며, 모모타는 나가사키에서 장사를 하는 사람으로 씨름을 좋아하는 인물이었다. 그리고 이 무렵 모모타는 일본 스모의 고무스비(小結)였던 다마노우미(玉の海) 후원회의 간사를 맡고 있었으며 자연스럽게 김신락에게 스모선수를 제안한 것이라고 할 수 있다. 그리고 김신락은 이들의 제안을 받아들여 일본으로 건너가게 되었다.

김신락은 1940년 2월에 니쇼노세키베야(二所ノ関部屋)에 입문한다. 스모에 입문하면서 김신락은 역도산이라는 이름을 받았다. 그리고 1941년 1월에 조노구치(序の口)에 데뷔하여 처음으로 일본명 역도산(力道山)을 사용하게 된다. 조노구치의 순번에는 '조선역도산쇼노스케(力道山昇之助)'라는 이름 소개가 확인된다.[21] 역도산은 스모계에 입문해서 순조로운 출발을 하였다. 다나카 게이코의 설명에 따르면 역도산은 '스모에 입문한 지 2년째가 되던 1941년에는 조노구치 시합에서 5승 3패를 기록했고, 같은 해 5월 조니단(序二段)시합에서 6승 2패를 거두며 승승장구했다. 역도산의 파죽지세와 같은 질주는 1942년 1월 시합에서 더욱 폭발적으로 타올랐다. 산단메(三段目)시합에서 전승으로 우승을 달성한 것이다.' 이후

20) 이순일, 육후연 역, 『영웅 역도산』, 미다스북스, 2004, 29쪽.
21) 石井代蔵, 『巨人の素顔』, 講談社, 1985, 169쪽.

에도 역도산은 1944년 5월 시합에서 또
다시 전승을 기록하며 마쿠시타(幕下)
에 오르게 되었으며, 11월에는 7승 3패
를 기록하며 주료(十両)로 승급하게 되
었다.[23] '1947년 6월 시합에서는 마에
가시라 8순위로 경기에 임해 9승 1패
라는 성적을 거두며 우승 결정전까지
진출한다. 1948년 5월 경기에서는 수
훈상을 수상하고 그해 10월 고무스비
로 승급한다. 승급과 함께 역도산의 인
기는 점점 치솟았다.'[24]

이 무렵의 역도산은 인생의 또 하나
의 절정기였다고 할 수 있을 것이다.

〈그림 17〉 스모선수 시절의 역도산[22]

역도산은 양복 차림에 인디언이라는 오토바이를 타고 다녔다. 역도산은
스모계에 몸담고 있는 동안에 또 하나의 이름을 갖게 된다. 역도산은
1943년에 나가사키현 출신의 가네무라 미쓰히로(金村光浩)로 출신과 본
명을 바꾸었다. 그리고 그 후 1950년 11월에는 또다시 가네무라라는 성
을 모모타로 바꾸고 본적이 나가사키현 오무라시 298번지라는 호적을
갖게 된다. 동시에 국적도 조선에서 일본으로 변경하였다. 역도산이 일
본 국적을 취득한 배경에는 이민족에 대한 일본 스모계의 차별과 압력이
작용했을 것이다.

---

[22] 石井代蔵, 『巨人の素顔』, 講談社, 1985.
[23] 일본 스모의 서열은 조노구치에서 출발하여 조니단, 산단메, 마쿠시타, 주료, 마쿠우치(幕
内)로 이어지며, 마쿠우치 내의 서열은 마에가시라(前頭), 고무스비(小結), 세키와케(関脇),
오제키(大関), 요코즈나(横綱)로 되어 있다.
[24] 田中敬子, 한성례 역, 『내 남편 역도산』, 자음과 모음, 2004, 52쪽.

역도산은 1950년 8월 갑작스럽게 자신의 존마게(스모선수의 상투)를 스스로 자르고 스모계를 은퇴해 버렸다. 역도산은 자신의 저서전 『가라테춥 세계를 가다』에서 '한 가지 말해 두고 싶은 것은 내가 배신을 당한 것과 협회의 냉대에 대해서 분개했다'고 밝히고 있다.[25] 즉 역도산은 조선 출신이라는 스모계의 차별에 아주 강한 반발심을 가지고 있었으며, 동시에 일본 국적에 대한 집착도 강했다는 것을 알 수 있다. 역도산은 이와 같은 차별이 스모계에 존재하는 이상 조선 출신의 자신이 요코즈나가 될 가능성은 전무하다는 판단이 있었을 것이다. 그리고 그 절망감은 스스로 존마게를 자르고 스모계를 떠나는 결심을 하게 만든 계기가 되었을 것이다.

존마게를 자르고 스모계를 은퇴한 역도산은 앞서 기술한 바와 같이 1950년 11월에 출신과 본명을 바꾸고 국적도 일본 국적을 취득하였다. 호적상의 아버지는 역도산에게 스모를 제안했던 모모타 미노키치로 되어 있었다. 이후부터 역도산은 철저하게 일본인으로 살아가게 된다. 스모계를 은퇴한 역도산은 잠시 생계를 위해 스모선수 시절의 후원인이었던 닛타 신사쿠(新田新作) 사장의 건축회사에서 일하게 되었다. 그리고 이 무렵에 역도산은 처음으로 프로레슬링을 접하게 된다. 당시 미국을 중심으로 한 연합군의 점령하에 있었던 일본에 GHQ의 초빙으로 미국의 일계인(日系人) 프로레슬링 선수 해롤드 사카타(Harold Sakata) 일행이 방문하였으며, 이들 일행은 일본에서의 흥행을 위해 일본인 프로레슬링 선수를 필요로 했던 것이다. 그리고 이 필요에 역도산이 호응을 한 것이다. 스모계의 차별로 요코즈나를 목표로 삼는 것이 좌절된 역도산에게 있어서 프로레슬링은 민족차별 없이 챔피언이 될 수 있는 장이기도 하였다.

25) 力道山, 『力道山自伝 空手チョップ世界を行く』, ベースボール・マガジン社, 1962.

결국 역도산은 해롤드 사카타에게서 프로레슬링의 실전기술을 익히게 된다.

당시에 격투기에는 복싱, 유도, 가라테, 스모, 프로레슬링 등이 있었다. 그중에서도 프로레슬링은 때리고 차고 던지고 조르고 때로는 일정 시간 이내에서는 반칙도 허용되는 그야말로 무규칙을 방불할 만큼의 종합격투기였다. 아마도 프로레슬링의 이와 같은 특징이 역도산에게는 매력적인 격투기로 보였을 수도 있으며 다분히 프로레슬링계의 왕좌를 목표로 삼게 된 것인지도 모른다. 그러나 레슬링의 세계는 역도산이 생각했던 이념이나 이상과는 다른 측면이 강하게 작용하고 있었다. 그것은 프로레슬링을 이해하고 익혀가기 위해서는 육체적인 강인함을 바탕으로 한 탁월한 기술의 체득도 필요하지만, 또 하나 프로레슬링은 관객들에게 보여주고 흥행을 유도하는 일종의 쇼와 같은 요소가 무엇보다 중요하다는 것이었다. 프로레슬링에 대한 이와 같은 이해도는 이후에 프로레슬링에 참가하는 많은 선수들의 명암을 구분하는 요소로도 작용하였다.

역도산의 프로레슬링 데뷔전은 1951년 10월, 프로레슬링에 입문한지 3개월이 된 시점이었다. 상대는 바비 브라운스(Bobby Bruns)였다. 경기 결과는 무승부로 끝났지만, 프로레슬링에 입문한지 3개월 남짓 지난 역도산이 경기에서 할 수 있었던 일이라고는 내던져지면 다시 일어나고 눕혀져서는 참고 견디는 정도의 일이었다. 아마도 이 경기 이후 역도산은 프로레슬링에 대한 자신의 생각을 재정립할 필요성을 자각했을지도 모르겠다. 그러한 차원에서였을까 역도산은 자신만의 기술을 익히고 훈련하고자 노력하였다. 그 기술이 다름 아닌 가라테 촙이었다. 역도산은 스모선수 시절부터 스승으로 우러러보았던 가라테의 명인 나카무라 히데오(中村日出夫)를 찾아가서 자문을 구했다. 나카무라는 역도산이 다리 길이가 짧은 관계로 킥 기술이 효과적이지 않다는 판단으로 가라테 기술을

이용해서 미국인 선수들과 대결할 것을
제안했다. 이후 역도산은 가라테의 기술
을 반복적으로 익히고 훈련하였으며, 그
결과 탄생한 기술이 가라테 촙인 것이다.

프로레슬링의 장래성을 인식한 역도산
은 본격적으로 프로레슬링을 배우고자
결심하고 1952년 2월에 미국으로 건너갔
다. 미국으로 건너간 역도산이 먼저 시
작한 것은 스모선수의 체형에서 프로레
슬링 선수의 체형으로 육체를 개조하는
작업이었다. 체력적인 측면에서 적어도

〈그림 18〉 프로레슬러 역도산[26]

1시간 이상 풀타임을 경기에서 소화해 낼 수 있는 육체적 능력을 키우는
것이 급선무였던 것이다. 역도산이 가장 먼저 훈련을 시작한 곳은 하와
이의 해변이다. 이 무렵의 역도산의 트레이너는 1930년대에 미국에서 크
게 활약했던 일계(日系) 프로레슬링 선수 오키 시키나(沖識名)였다. 역도
산은 오키 시키나로부터 프로레슬링에 대한 실전훈련을 배우게 된 것이
다.

당시의 프로레슬링 경기에 있어서 일본인 선수의 역할은 그레이트 도
고(The Great Togo, グレ―ト東郷)를 비롯하여 악역이나 패자를 연출하는
것이었다. 이와 같은 연출은 진주만기습공격의 기억이 생생히 남아있는
미국인들에게 일본인은 비겁하기 짝이 없는 사람들의 대명사로 낙인을
찍고 있었기 때문에 그와 같은 역할을 재현하듯 경기 초에는 악당을 연
출하고 분노와 증오를 불러일으키지만 경기 후반에는 미국인 선수들에

---

26) 石井代蔵, 『巨人の素顔』, 講談社, 1985.

게 무참히 패배하는 일본인 선수라는 패턴을 재현하는 것이었다.

그런데 역도산은 다른 일계인 프로레슬링 선수들과는 다소 차별된 선수로 활동하였다. 즉 미국의 프로레슬링계가 요구하고 재현하고자 한 경기패턴을 따르지 않거나 거부한 것이다. 예를 들면, 경기운영에 있어서 프로모터 측이 초반에는 상대의 공격을 일방적으로 받는 분위기를 연출할 것을 요청하였지만, 역도산은 이러한 지시를 받아들이지 않고 오히려 상대를 녹아웃 시켜버리는 등의 경기를 자주 연출하였다. 이러한 경기결과는 이미 패턴화된 경기운영을 봐왔던 관객들의 기대에 등을 돌리는 결과를 낳았으며 결국 프로모터 측은 역도산과의 관계를 정리하고자 하는 절차를 준비하였다. 그 절차의 일환으로 준비된 것이 프로레슬링 영국 챔피언 맥스 레더와의 경기였다.

초반 경기는 관객들이 기대했던 패턴으로 진행되었으며 영국 챔피언을 상대한 만큼 역도산도 이전과는 달리 힘겨운 경기를 해야 했다. 그런데 경기는 가라테 촙이 결정타가 되어 역도산이 우승하였다. 그 이전까지 일종의 연출된 쇼로서 프로레슬링을 관전했던 관객들의 입장에서는 생각지 않았던 일격에 챔피언이 패하는 경기를 보며 충격을 받지 않을수 없었을 것이다. 이 경기 결과는 원래는 미국에서 복싱을 전문으로 다루는 월간 잡지이지만 부분적으로 프로레슬링에 관한 기사도 게재하기도 했던 잡지『링매거진』에 소개되면서 역도산은 미국 전역에 이름을 알리게 되었다. 그리고 미국 전역의 프로모터로부터 역도산에게 경기초대가 이어지게 되었다. 특히 로스앤젤레스 지역을 중심으로 활동하던 프로모터와 계약을 맺고 본격적으로 미국 본토에서 경기를 펼치게 되었다.

역도산은 미국 본토에서 켄터키의 대포라는 별명을 지닌 아이크 아킨스(Ike Eekins)와의 경기를 비롯하여 약 1년간의 미국 수행기간 동안에 260경기 이상을 소화하면서 스타 프로레슬링 선수가 되었다. 프로레슬링 선수로서의 기량과 재력을 손에 넣은 역도산은 1년 1개월가량의 미국 수행을 마치고 일본으로 귀국하였다.

1953년 3월 6일에 일본으로 귀국한 역도산은 곧바로 프로레슬링 흥행을 일본에서 진행할 준비를 시작하였다. 역도산은 미국 수행 중이던 시절에 미국 프로레슬링 프로모터(NWA) 자격을 취득한 상태였으며, 흥행사로서의 노하우나 관련 업계의 인간관계 등도 미리 준비를 한 상태였다. 즉 역도산은 일본에서의 프로레슬링 흥행을 위해 스스로 프로모터 자격으로 미국의 선수들을 초청할 수 있는 상황이었으며, 미국의 관계자들과 흥행을 위한 교섭이 가능한 상태였던 것이다. 그와 동시에 역도산은 과거 후원인이었던 닛타 신사쿠를 만나서 미국의 프로레슬링 업계의 사정을 설명하고 일본에서의 프로레슬링 흥행을 위한 사업계획을 논의하였다. 닛타는 역도산의 프로레슬링 흥행 계획에 대한 가능성을 평가하고 곧바로 일본프로레슬링협회의 설립에 착수하였다. 협회장은 사카이 다다마사(酒井忠正), 이사장은 닛타 신사쿠, 상무이사는 하야시 히로타카(林弘高), 나가타 사다오(永田貞雄)가 맡았다. 이때가 1953년 7월 30일이다.[27]

역도산은 일본프로레슬링협회가 설립되자 곧이어 미국인 프로레슬링 선수들을 일본으로 초빙하여 경기를 시작하였다. 상대는 미국의 샤프 형제였다. 1954년 2월 19일부터 구라마에 국기관에서 시작된 샤프 형제와의 3연전은 일본 유도의 귀신이라는 별명을 지닌 기무라 마사히코(木村雅彦)와 한 조가 되어 진행되었다. 경기는 2 대 1로 역도산 팀이 승리한다. 이 경기는 1953년부터 시작된 TV방송이 실시된 후 처음으로 중계되면서 전 국민에게 큰 호응을 얻었으며 일대 프로레슬링 붐을 일으켰다.

27) 이순일, 육후연 역, 『영웅 역도산』, 미다스북스, 2004, 116~117쪽.

무엇보다 경기를 지켜본 대다수의 일본인들은 역도산이 미국과 일본의 대결 구도에서 승리를 이끌어 낸 일본인으로 영웅시하기 시작했다는 것이다. 역도산의 경기의 진행방식은 기무라가 상대의 공격을 받고 수세에 몰리면 역도산이 가라테 촙을 구사하여 구제하고 경기를 승리로 이끄는 패턴이었다. 이와 같은 패턴은 전전과 전시 중에 일본유도사상 최강으로 이름을 떨쳤던 기무라에게는 받아들이기 어려운 부분이 있었으며 또한 역도산이 만들어내는 영웅적 이미지에 비해 그 존재감은 점점 상실되어 가는 양상이었다. 그 결과 역도산과 기무라의 관계는 점점 균열이 발생했으며 전후 일본 프로레슬링계는 역도산이 대표하는 형국으로 기울어졌다.

프로레슬링이 미국과 일본의 대결 구도 양상으로 진행되고 이러한 진행이 흥행에 크게 작용하고 있다는 판단에서 역도산은 보다 많은 미국과 일본의 대결 구도 경기를 진행하였다. 1954년 8월 4일에 펼쳐진 한스 슈너벨, 뉴먼과의 태그매치는 그 좋은 예이다. 슈너벨과 뉴먼은 태평양 해안 태그 챔피언 벨트를 보유한 팀으로 과거 로스앤젤리스의 경기에서 슈너벨이 멕시코 선수를 죽였다고 해서 '살인자'라는 별명이 붙을 정도로 난폭한 팀이었다. 이에 맞서 역도산은 스루가우미(駿河海)와 파트너가 되어 경기를 준비하였다. 경기 전부터 일본인들은 미국인 선수를 상대로 역도산이 어떤 경기를 보여줄지, 또 어떻게 이길지에 큰 관심을 보였다. 그만큼 경기에 대한 관심은 뜨거웠으며 화제가 되었다. 경기는 초반부터 난폭하고 거칠게 진행되었으며 역도산과 스루가우미는 미국팀의 공격에 고전하는 양상이 계속되었다. 그러자 경기장을 가득 메우고 있던 일본인 관객들로부터 야유와 욕설, 분노가 터져 나오기 시작했다. 관중들은 링을 향해 빈병이나 의자를 던지며 극도로 흥분상태를 보이기도 하였다.[28] 이날의 경기장 상황에 대해서는 당시의 신문에서도 확인이 가능하다.

1954년 8월 9일자 『마이니치신문』에는 다음과 같은 기사가 실렸다.

> 우승컵은 슈너벨과 뉴먼 조에게 넘어갔지만, 그 후에 '판정을 받아들일 수 없다'는 관중들이 링을 둘러싸고 소동을 벌여 장내는 잠시 동안 대혼란에 빠졌다. 퇴장하려고 할 때 여러 명의 관객이 링에 올라가고, 동시에 천 명 가까운 관중이 일제히 링 아래로 모여들어, 우승컵을 든 사람은 이러지도 저러지도 못하는 상태가 되었다. 경관 수십 명이 달려와 해산시키려고 하자, 흥분한 관중은 경관에게 의자를 던지며 '요금을 돌려 달라'고 고함쳤다. 소동은 약 30분간 이어졌는데, 관리인이 장내의 전등을 끄고 소란을 자제할 것을 요구한 9시 40분경에 겨우 잠잠해졌다.[29]

역도산은 미국의 슈너벨과 뉴먼과의 첫 경기에서 패했지만 관중들은 이날의 패배를 인정하려고 하지 않았으며 오히려 승리에 대한 기대와 집착은 강해졌을 것이라는 것을 짐작할 수 있다. 결국 역도산은 첫 경기의 패배를 설욕할 기회를 만들어야 했으며 꼭 승리해야만 하는 상황이었다고 할 수 있다. 설욕전은 그로부터 한 달 후인 9월 10일, 약 1만 5천여 명의 관중이 운집한 가운데 진행되었으며 역도산은 슈너벨과 뉴먼을 제압하고 승리하였다. 그리고 새롭게 태평양 해안 태그 챔피언으로 등극하였다.

그 후 역도산은 당시로서는 또 하나의 큰 화제가 되었던 경기를 갖게 된다. 1954년 12월 22일에 함께 팀을 구성했던 기무라와의 일본 헤비급 챔피언 결정전이었다. 스모계와 유도계를 대표하는 일전이었던 만큼 화제가 되었으며 경기는 역도산의 승리로 끝났다. 이후부터 역도산의 프로레슬링은 황금시대를 맞이하게 된다.

1955년 역도산은 킹콩(King Kong)과의 일전에서 승리하여 초대 아시아

---

28) 이순일, 육후연 역, 『영웅 역도산』, 미다스북스, 2004, 133쪽.
29) 『每日新聞』 1954년 8월 9일자.

헤비급 챔피언이 되었으며, 그해 12월에는 자신을 주인공으로 그린 영화
『노도의 남자(怒涛の男)』가 제작되기도 하였다. 1957년에는 세계최강의
'철인'이라고 불리는 미국선수 루테즈(Lou Thesz)가 일본을 방문하여 역
도산과 NWA세계헤비급 선수권 시합이 성사되었다. 이때의 시합 결과는
무승부로 결정되었다. 하지만 1958년에 루테즈와의 재대결에서는 승리
하여 인터내셔널 헤비급 챔피언을 획득하였다. 1959년에는 프로레슬링
의 흥행을 보다 극대화하고자 제1회 월드 리그전을 개최하여 세계 각지
에서 개성적인 선수들을 불러 관객들에게 큰 호응을 얻었다. 월드 리그
전은 그 후 1963년까지 연속 우승을 기록하였다.

　한편 역도산은 1960년에 자이언트 바바(ジャイアント馬場)와 안토니오
이노키(アントニオ猪木)를 데뷔시키는 등 후진 양성에도 힘썼다. 그뿐만
아니라 1961년부터는 실업가로서의 면모도 보이기 시작하였다. 그해 7월
에 역도산이 꿈꾸던 '리키 스포츠 팔레스'가 도쿄 시부야에 완성되었다.
총 공사비 30억 엔에 이르는 대형 시설에는 3천 명 수용의 프로레슬링
회장을 비롯하여 근대적인 스포츠센터와 고급 맨션을 복합적으로 갖추
고 있었다. 당시 도쿄올림픽을 앞둔 시점이기는 하였지만 아직 일본에서
스포츠센터는 일반적인 시설은 아니었으며 다소 시기상조의 측면이 강한
도전이었는지 모른다. 결국 리키 스포츠 팔레스는 경영난을 겪으며 타인
에게 매각되었다. 그 외에도 역도산은 미국을 이상으로 하는 새로운 사
회모델을 꿈꾸며 다양한 시설에 투자하기도 하였다. 미국형 나이트클럽
이나 스테이크 하우스의 경영을 위해 리키엔터프라이즈를 설립하여 기
업가로서도 활약하면서 정계와 재계 관계자들과도 깊은 인간관계를 맺
기도 하였다. 1963년 1월에는 한국 측의 초청으로 한국을 방문하여 체육
협회, 레슬링 관계자 등의 환대를 받기도 하였다.

　1963년 5월 24일에 도쿄체육관에서 펼쳐진 WWA세계헤비급 선수권에

서는 디스토로이어(The Destroyer)와 치열한 공방전을 벌였는데 이때의 평균 시청률은 64%라는 역대급 시청률을 기록하기도 하였다. 경기는 심판으로부터 두 선수 모두 시합 불가능 상태 판정으로 무승부로 결정났다. 이렇게 승승장구하던 역도산이었지만 1963년 12월 8일에 도쿄의 아카사카 나이트클럽에서 일본 야쿠자에게 복부를 찔린 후 같은 달 15일에 사망하였다.

역도산의 프로레슬링 인생에 대해서는 많은 의견들이 있다.

프로레슬링 관계자들뿐만 아니라 일본각계의 지도자급 인사들까지 역도산은 일본인이어야 한다고 생각을 같이하게 된 것은 역도산이 미국프로레슬러들에게 거둔 승리는 곧 일본이 미국에게 거둔 승리라는 등식을 성립시키려는 뜻이 바탕에 깔려 있었기 때문이다. 물론 역도산도 일본의 영웅으로 군림하기 위해서는 한국인임을 감추어야 한다는 것을 깨닫고 일본인 행세를 했다. 1951년 10월에야 프로레슬러의 길에 들어선 역도산은 1952년 미국원정, 1953년 일본프로레슬링협회 창립을 거쳐 1954년 세계 태그 챔피언 샤프 형제의 일본 초청, 그리고 기무라와의 대결로 비로소 이름을 떨치게 된다. 그러니까 역도산이 1950년에 일본인 모모타 미쓰히로가 되려고 마음먹었을 때만 해도 '일본의 영웅'이기 때문에 일본인 행세를 하려고 했던 것이 아니라 일상생활에서 일본정부나 일본인들로부터 차별을 받지 않기 위해서였던 것으로 보는 편이 옳겠다. 1950년 5월 스모를 그만둔 역도산이 그해 11월 법원의 허가 심판을 받아 호적을 고치겠다는 진정을 냈던 때만 해도 그는 일본의 영웅이기는커녕 제대로 직장도 없는 백수건달이나 다름없었다. 한마디로 생활의 편의를 위해 일본국적을 얻어야겠다는 것이 애당초의 목적이었던 셈이다. 그러나 그 뒤 레슬링을 통해 일본의 영웅으로 떠오르게 되자 프로레슬링이라는 장사를 하기 위해서라도 역도산은 일본인으로 버텨야만 했다.[30]

30) 고두현, 『역도산 불꽃같은 삶』, 스크린 M&B, 2004, 366쪽.

이 글에서와 같이 역도산에게 있어서 프로레슬링은 일본사회 곳곳에 뿌리내려있는 민족적 차별에 대한 자기방어의 수단이었으며 또한 성공을 위한 통로로서도 작용하였을 것이다. 즉 디아스포라 역도산의 고뇌를 발산하고 극복하고자 한 무대였다는 점을 짐작할 수 있다. 그러나 일본인들이 바라보는 혹은 바라보고자 한 역도산은 디아스포라 역도산의 모습과는 크게 차이가 있다.

> 프로레슬러 역도산, 그 이름은 지금 소년들에게 역사 속의 인물에 불과할지도 모른다. 그는 1963년 12월 15일에 이르는 10년 동안 위대한 영웅이었다. 링 위의 역도산은 막판이 되면 '가라테 촙'을 휘둘러 '점령군'인 백인이나 흑인을 두들겨 팼고, 그들이 힘없이 경기를 포기하면 일본 전국이 열광하며 "맛이 어떠냐, 이놈들아!" 하고 속 시원해했다. 역도산은 '일본의 빛나는 별'이었다.[31]

일본인들에게 역도산은 단지 자신들이 기대한 '일본인'의 역할을 충실히 연출해 주는 존재였기에 그야말로 '영웅'으로 보였으며 디아스포라 역도산의 처지나 고뇌 따위는 관심의 영역이 아니었던 것이다. 그런 한편 그의 부인 다나카의 기술에는 다음과 같은 내용이 확인된다.

> 남편은 당시 어떻게 될지 몰랐던 프로레슬링에 도전장을 던졌다. 일본 한국의 부흥과 레슬러로 전향한 역도산의 성공이 오버랩 되어 나에게 다가온다. 역도산의 불굴의 정신은 어디서 솟아나온 것이었을까. 나라를 떠나온 한민족이었기 때문에 자신이 훌륭한 위치에 오르면 아무도 괴롭히지 않을 것이며 차별대우도 없어질 것이라는 믿음이 그를 초인으로 만들었을 것이다. 그리고 남편의 성격이나 그의 사업, 폭넓은 교우관계를 볼 때 그는 결코 자신만의 출세욕이나 사리사욕을 위해서만 노력하진 않았다. 남편은 제자들을 길렀을 뿐

---

31) 栗田登, 윤덕주 역, 『인간 역도산』, 엔북, 2004, 24쪽.

만 아니라, 그들이 은퇴한 후의 생활까지 생각했다. 시합을 하면서 틈틈이 정치가 기업인들과 골프를 하거나 술을 마시며 정재계에 인맥을 만들었다. 이런 프로레슬러가 그때까지는 없었다. 자신의 명예만을 위해서라면 그렇게까지 할 필요가 없었다고 생각되는 일들을 하며 그는 주야로 노력했다. 남편은 자신의 가라테 촙을 통해 일본인 관중에게 자신의 삶의 방식, 역도산 정신을 보여주고 싶었을 것이다.[32]

다나카는 자신의 남편 역도산이 단순한 자기 개인의 성공이나 명예만을 위해 활동한 것이 아니며 오히려 한국과 일본, 후배나 제자들을 위하여 보다 큰 의미의 자기 노력을 한 인물로 의미부여를 하고 있다. 물론 민족적 아이덴티티를 봉인한 채 일본이라는 공동체 안에서 자신의 존재성을 창출해 가는 과정은 수많은 난관과 어려움이 있었을 것이며 동시에 엄청난 노력을 필요로 하였을 것이다.

하지만 그런 한편에 역도산의 태도는 분명 모순적인 측면도 노정하고 있다. 다시 말하자면 스스로 존마게를 자르고 스모계를 뛰쳐나왔을 무렵의 역도산에게 있어서 식민지 한반도 출신에 대한 일본사회의 거부와 차별은 무엇보다도 큰 장벽이었을 것이다. 그런데 그 장벽에 대한 역도산의 대응이라는 것은 일본사회의 민족적 차별과 배제에 대한 적극적인 투쟁이나 저항이었다기보다는 오히려 일본사회가 획정한 차별과 배제의 논리에 수긍하고 더 나아가 소극적이나마 동화되어 가는 측면도 보여왔다는 점이다. 예를 들면 역도산은 링 위에서는 물론 일상생활에서도 철저하게 '일본인'을 연출하고자 했으며 결국 그러한 태도가 자신의 출신은 물론 본명을 삶의 마지막까지 봉인해 버린 결과로 이어진 것일 것이다. 그러나 이와 같은 역도산의 태도는 '미국을 극복하고자 한 전후 일본의

---

32) 田中敬子, 한성례 역, 『내 남편 역도산』, 자음과 모음, 2004, 246쪽.

단면'이나 '전후 일본의 남성성 회복의 표상' 등의 평가에는 적절할지 모르지만 재일코리안에 대한 일본사회의 차별과 배제를 극복하고자 한 표상으로 평가하기에는 한계가 있다는 점은 부정할 수 없다. 그 때문에 역도산을 바라보는 시각은 어디까지나 역도산이 한반도 출신의 재일코리안으로서가 아니라 '일본인'으로서 활약하고 '일본인의 영웅'으로 전후일본의 욕망을 대변하는 인물로 존재할 때 그 가치가 인정되고 평가되고 있다는 점을 지적해 둔다.

2) 재일코리안 2세, 3세의 활약

재일코리안은 일본사회에 뿌리 깊게 자리 잡고 있는 민족적 차별과 배제를 극복하고 많은 분야에서 활약해 왔는데 특히 스포츠 분야는 두드러진다. 앞서 기술한 프로레슬링의 역도산이나 공수도(가라테)의 최영의(최배달, 大山倍達)와 같은 재일 1세들의 활약은 물론 재일코리안 2세, 3세들의 활약도 주목할 만하다. 스포츠 무대에서 많은 활약을 하거나 현재도 활약하고 있는 재일코리안 2세, 3세는 아주 많다. 그중에서 여기에서는 야구와 축구를 중심으로 다루고자 한다.

먼저 재일코리안 2세 중에 두드러진 활약을 보여준 스포츠 선수로는 야구의 장훈(張勳, 張本勳(하리모토 이사오))이 있다. 장훈은 1940년 6월에 히로시마에서 태어났다. 아버지 장상정과 어머니 박순분의 2남 2녀 중 막내로 태어났다. 장훈은 태어나서 얼마 후 히로시마 원자폭탄투하 때 큰 누나를 잃었다. 그리고 5세 때는 오른손에 큰 화상을 입었지만 제대로 치료를 받지 못해서 네 번째 손가락과 다섯 번째 손가락이 붙어버리는 상태가 되어 자유롭게 움직일 수 없는 장애를 안게 되었다.

장훈이 야구와 인연이 된 것은 중학교 때 야구부에 들어가면서이다.

이후 오사카부 나니와상업고등학교 야구부에 들어가서 눈부신 활약을
펼쳤다. 긴키 대회 예선 13경기에서는 11개 홈런, 5할 6푼의 타율을 기록
하기도 하였다. 이 무렵 장훈은 '재일교포 학생야구단'에 선수로 참가하
여 대회 MVP를 수상하였다.

〈그림 19〉 한국을 방문한 재일교포 학생야구단[33]

1959년에 프로야구팀 토에이 플라이어즈에 입단을 시작으로 프로야구
선수로서 활약을 하였다. 1960년에는 19세의 최연소 나이에 4번 타자를
맡았으며, 61년에는 처음으로 수위타자가 되었다. 1962년에는 구단 사상
첫 퍼시픽리그에서 우승한 후 일본시리즈에서는 한신 타이거스를 꺾고
일본시리즈를 제패하였다. 장훈은 그해 퍼시픽리그 MVP 선수가 되었다.
1967년부터 1970년까지는 4년 연속 타격왕을 달성하며 크게 활약하였다.

33) 재일본대한체육회, 『재일본대한체육회60년사 1953-2012』, 좋은땅, 2012.

그 후 1976년에는 요미우리 자이언츠로 이적하여 통산 2,500안타 기록을 달성하였으며, 1978년까지 20년간 매년 100개 이상의 안타를 쳐내기도 하였다. 1980년에는 요미우리에서 이적하여 롯데 오리온즈에 입단하였다. 입단 직후 그해 5월 28일 한큐 브레이브스와의 경기에 출전하여 일본 프로야구 역사상 처음으로 3,000안타라는 대기록을 달성하였다. 그 후 장훈은 1981년 시즌을 마지막으로 프로야구계를 은퇴하였다. 그의 통산 안타는 3,085개였으며, 총 7회의 수위타자를 수상하며 일본 프로야구계에 큰 족적을 남겼다. 그리고 1990년에는 이러한 눈부신 활약을 바탕으로 일본 야구 명예의 전당에 헌액되었다.

장훈은 민족교육을 받지는 않았지만 한국어에 능숙하였으며 일본 야구계에 입문할 때부터 스스로가 한반도 출신의 재일코리안이라는 민족적 아이덴티티를 감추지 않고 오히려 대중들에게 공표한 선수로 은퇴 후에도 일본으로의 귀화를 거부한 선수이다.

재일코리안 3세(혹은 4세) 중에 큰 활약을 한 선수로는 축구의 안영학, 정대세, 이충성 등이 있다. 먼저 안영학은 1978년에 일본 오카야마현 구라시키시에서 태어난 재일코리안 3세 축구선수이다. 안영학은 5살 때 도쿄로 이사 후 조선학교인 도쿄조선제3초급학교, 도쿄조선중고급학교 중등부, 도쿄조선중고급학교 고급부를 거쳐 릿쇼대학을 졸업하였다. 2001년 J리그 2부 리그의 알비렉스 니가타에 입단하여 2004년 1부 리그로 승격하는데 공헌하였다. 2006년에는 부산 아이파크로 이적하면서 K리그 무대에 진출하였으며 도중에 수원 삼성 블루윙즈로 이적하는 등 2009년까지 활약하였다. 그 후 2010년에 J리그로 다시 이적되어 2014년부터는 요코하마 FC에서 활약하였다. 2017년 자신의 블로그를 통해 현역 은퇴 선언을 하였다.

안영학의 국적은 조선적으로 되어 있으며, 2002년 9월에 서울에서 개최된 '2002남북통일축구경기'에서는 북한의 국가대표로 참가하였다. 또한 2004년 9월에도 평양에서 개최된 2006년 FIFA월드컵 아시아지역 예선에 북한 대표로 출전하여 큰 활약을 하였다. 그 후 안영학은 2008년 2월에 암만에서 개최된 요르단과 북한과의 2010년 FIFA월드컵 아시아지역 예선에서 다시 북한 국가대표로 발탁되어 북한이 1966년 월드컵 출전 이후 사상 두 번째로 월드컵 본선에 진출하는데 크게 기여하며 2010년 FIFA월드컵 남아프리카공화국 대회 본선 명단에 이름을 올렸다.

다음으로 재일코리안 3세 축구선수 정대세는 1984년에 일본 아이치현 나고야시에서 태어났으며 한국국적을 가지고 있지만 조선학교인 아이치조선제2초급학교, 도슌조선초중급학교 중등부, 아이치조선중고급학교 고급부를 거쳐 조선대학교 체육학부를 졸업하였다. 2006년 J리그 프로축구팀 가와사키 프론탈레에 입단하여 공격수로서 활약하였다. 2007년 동아시아컵 예선전에서는 북한 국가대표로 발탁되었으며 2008년 본선에서는 각각 일본과 한국을 상대로 활약하였다. 이후에도 북한 국가대표로 활약하면서 안영학과 함께 북한의 2010년 FIFA월드컵 남아프리카공화국 대회 본선 진출에 공헌하였다. 월드컵 경기 이후 2010년부터는 독일 2부리그 VfL보훔으로 이적, 2012년에는 FC 쾰른으로 이적하는 등 유럽 리그에서도 활약하였다. 2013년에는 안영학이 입단한 바 있는 K리그 수원 삼성 블루윙즈로 이적하여 2015년 7월까지 활동하였다. 그 후 시미즈 에스펄스로 이적하면서 다시 일본 J리그 무대로 돌아와 활동하였다.

정대세는 북한 국가대표 발탁과 2010년 FIFA월드컵 남아프리카공화국 대회 본선 출전과 관련해서 재일코리안이라는 문제로 많은 우여곡절을 겪게 되었다. 정대세는 한국국적을 가지고 있었지만 북한 여권을 발급받아 북한 국가대표로 활약하였다. 이 과정에서 한국정부는 정대세의 이중국적을 인정하지 않았으며 동시에 정대세가 한국국적을 포기하고 북한

국적을 취득하는 것 또한 인정하지 않았다. 한국정부의 입장에서는 한국
국적을 가진 정대세가 정식 국가로 인정하지 않는 북한의 국적을 취득하
기 위해 한국국적을 포기하려는 신청을 받아들이지 않았던 것이다. 이러
한 상황에서 재일조선인축구협회와 FIFA국제축구연맹은 정대세의 국적
을 둘러싼 국제관계와 한반도 분단 상황, 그리고 정대세의 가족사 등을
고려하여 이례적으로 정대세의 북한 국가대표 출전을 인정하게 되었다.
정대세는 사실상 축구라는 무대에서만큼은 이중국적을 인정받은 것이라
고 할 수 있다.

전 세계 많은 사람들은 2010년 FIFA월드컵 남아프리카공화국대회 본
선에서 일명 '죽음의 조'에 포함된 브라질과 북한의 축구경기에서 경기
시작 전에 참가국의 국가(國歌)가 울려 퍼졌을 때 정대세가 흘린 뜨거운
눈물을 기억할 것이다. 경기는 1 대 2로 브라질에 패했지만 많은 미디어
와 인터넷에는 세계 최강을 자랑하는 브라질을 상대로 호각의 경기력을
보여준 북한팀에 대한 찬사가 이어지기도 하였다. 특히 경기 시작 전에
눈물을 흘린 정대세에 대한 관심도 높았으며 인터넷에서도 큰 화제가 되

었다. 정대세는 경기가 끝난 후 기자들로부
터 눈물을 흘린 이유에 대해 질문을 받았을
때 축구선수로서 월드컵에 출전하여 세계 최
강의 브라질과 경기를 한다는 것에 감동했다
는 취지의 답변을 내놓았다. 하지만 정대세
의 눈물은 정대세가 차마 말로 표현하지 못한
여러 가지 감정들이 일거에 분출한 결과가
아닐 수 없다. 물론 정대세 스스로 밝힌 바

〈그림 20〉 정대세의 눈물[34]

34) 『연합뉴스』 2010년 6월 16일자.

와 같이 축구선수로서 월드컵이라는 꿈의 무대에서 최고의 선수들을 상
대로 경기를 한다는 사실만으로 충분히 감동적일 것이다. 그런데 정대세
의 눈물의 이면에는 한국과 북한, 그리고 일본이라는 3개국에 대한 복합
적인 감정과 재일코리안이라는 마이너리티로서의 아이덴티티의 교차가
크게 작용하였을 것이다. 그러한 점에서 정대세의 눈물은 단순히 축구선
수로서 뿐만 아니라 3개국의 경계인으로서 살아가는 재일코리안 디아스
포라 전체의 삶을 반영한 것으로 해석할 수 있다. 한편 정대세의 눈물은
또 다른 시각에서 본다면 3개국의 경계인이라는 부자유에도 불구하고
오히려 마이너리티로서의 아이덴티티의 가치를 극대화할 수 있는 가능
성을 보여준 측면에서는 보다 새로운 평가가 필요하다고 판단된다.

마지막으로 재일코리안 4세 축구선수 이충성은 1985년 도쿄도 니시도
쿄시에서 태어났다. 조선학교인 도쿄조선제9초급학교를 졸업하였으며
5학년 때부터 축구를 시작하였다. 중학교와 고등학교는 일본학교인 호
야(保谷)시립야나기사와(柳沢)중학교와 도쿄도립타나시(田無)고등학교를
졸업하였다. 중학교에 진학한 후 국적을 한국으로 변경하였다.

2004년 FC 도쿄에서 프로로 데뷔하여 이후 가시와 레이솔 등에서 활약
하였다. 2004년에는 박성화 감독이 이끄는 한국 U-19 축구 국가대표팀
선수로도 발탁되었다. 하지만 대표팀 훈련 중에 팀원들과의 불화로 일본
으로 귀국하였다. 이 무렵의 불화에 대해 이충성은 함께 훈련을 하던 한
국인 동료들로부터 '반쪽바리'라는 욕설과 비방이 있었다고 밝힌 바 있
다. 그러나 이 부분에 대한 진의여부는 불명확하며 당시의 팀원들로부터
문제제기도 있었다고 알려지고 있다. 그 후 이충성은 2007년 일본 올림
픽 대표팀(U-23) 발탁을 권유받고 일본으로 귀화하였다. 이름은 리 다다
나리(Lee Tadanari)로 개명하였다. 리 다다나리라는 이름은 한자명 이충
성(李忠成)을 일본어로 훈독한 이름이다. 2009년에는 산프레체 히로시마

로 이적되었으며, 2011년에는 2011년 AFC 아시안컵에서 알베르토 자케로 니 감독이 이끄는 일본 국가대표팀에 발탁되었다. 이 대회 결승전에서 교체 투입되어 결승골을 터뜨리며 일본의 아시안컵 우승을 견인하였다. 2011년 8월에는 한일전에서 일본이 3 대 0으로 우승하는데 공헌하였다. 이 경기 이후 한국에서는 이충성에 대해 비난여론이 일어났으며 이충성의 일본귀화를 문제 삼기도 하였다. 한편 일본에서도 귀화는 하였지만 재일코리안 출신이라는 부정적 반응이 혐한들 사이에서 논란을 만들기도 하였다. 2012년에는 유럽팀 사우스햄튼으로 이적하여 활약하였다. 2013년에는 성적부진 등으로 친정팀이었던 FC 도쿄에 임대 이적되었다가 2014년에 일본팀 우라와 레드 다이아몬즈로 이적하여 활동하였다.

4. 재일코리안 스포츠 선수와 귀화문제

재일코리안이 실질적으로 일본국적을 상실하는 것은 1952년 4월 28일의 샌프란시스코강화조약이 발효되는 시점부터이다. 그리고 이날로부터 재일코리안에 대한 일본의 귀화행정이 시작되었다. 재일코리안이 일본으로의 귀화를 신청하기 위해서는 소정의 귀화 요건을 갖추어야 하며 동시에 복잡하고 번거로운 수속절차를 거쳐야 한다. 물론 최근에는 귀화를 위한 수속절차가 일정부분 간소화되었다고는 하지만 여전히 시간과 수고를 필요로 하는 문제임에는 틀림없다.

재일한국인의 일본으로의 귀화는 2000년대 이후 매년 1만여 명의 추세로 증가하고 있다. 재일코리안에게 있어서 귀화는, 원래 귀화라는 용어에 '군주에게 귀의하여 복종한다'는 의미도 내포되어 있어서일지 모르지만, 민족에 대한 배신으로 생각하는 측면이 강하게 남아 있다. 한편 일본

사회에서는 귀화는 '일본인'이 되는 것을 의미한다는 이미지가 강하며, 귀화를 한 사람에 대해 '귀화를 했다면 일본인답게 처신하고 일본문화를 배우라'는 등 동화를 강요하는 듯한 압력도 가해졌다. 그리고 이러한 동화압력은 재일코리안에게 자신의 출신이나 민족명(본명)을 밝히지 못하고 통명(일본명)을 사용해야 하는 불이익을 감내하게 했으며 정치적 사회적 배제와 차별을 겪을 수밖에 없도록 하였다. 이러한 사정 때문에 특히 재일코리안 1세들의 귀화에 대한 저항감은 그 어느 세대보다 강했다고 할 수 있다.

물론 최근에는 민족적 아이덴티티와 국적의 문제를 분리시켜서 인식하는 경향도 나타나기 시작했다. 다시 말해서 재일코리안으로서 자신의 출신을 소중하게 생각하며 일본사회에서 살아간다는 것을 국적을 바꾸지 않는다는 입장으로 동일시하지 않는 사고방식이 등장한 것이다. 그러면서 국적변경이 민족적 아이덴티티를 버리는 것과 동일하다고 판단하는 사고방식에 대한 비판도 대두되기 시작하였다. 그리고 이러한 사고방식은 재일코리안 3세나 4세 등의 젊은 세대들 사이에서 그 수는 미미할지 모르지만 증가하고 있는 것은 분명하다. 귀화를 신청하는 사람들의 가치관이 다양해지고 국적과 민족을 벗어나 일본 국적취득을 통해 '코리아계 일본인'으로 살아가고자 하는 재일코리안은 그 활동 분야도 다양해졌다.

과거 일본사회에서 이른바 유명인으로 활동한 재일코리안의 상당수는 자신의 출신이나 민족적 아이덴티티를 있는 그대로 밝히지 못하거나 주저할 수밖에 없는 경우가 자주 있었다. 그 대표적인 예는 앞서 기술한 프로레슬링의 역도산이라고 할 수 있다. 역도산은 재일코리안 사회에서는 한반도 출신이라는 이야기가 공공연한 사실로 회자되었지만 역도산 자신은 한반도 출신이라는 민족적 아이덴티티를 철저하게 봉인했던 인물이다. 그것은 역도산 본인의 문제라기보다 자신의 출신과 민족적 아이덴티티를 공표했을 때 감수해야 할 일본사회의 불이익을 너무도 잘 알고 있었기 때문에 내린 결정으로 보아야 할 것이다. 그리고 이러한 경향은 역도산 이외에도 스포츠계나 연예계 등에서 활약하는 많은 재일코리안들에게 일종의 금기처럼 자리 잡기도 하였다.

물론 야구계의 장훈이나 연예계의 미야코 하루미와 같이 스스로 민족적 아이덴티티를 공개한 유명인도 있다. 그러나 이들도 자신들이 현역으로 활동하던 중에는 민족명이 아닌 통명인 일본명을 사용해야 했으며 여러 가지 비방과 어려움을 겪어야만 했다. 장훈은 현역 야구선수를 은퇴한 후 다음과 같이 말하고 있다.

> 하리모토 이사오입니다. 본명은 장훈이라고 합니다. 항상 자기소개를 할 때 여러 가지 분노가 치밀어 올랐습니다. 세계가 넓다고는 하지만, 자기를 소개할 때 두 개의 이름을 사용하는 것은 재일동포인 우리 민족뿐이지 않겠습니까[35]

장훈은 자신이 현역 시절에 매번 자신을 소개할 때 두 개의 이름을 사용해야 했다고 한다. 한편으로 이 이야기는 장훈은 스스로 재일코리안의 민족적 아이덴티티를 굳이 감추려고 하지는 않았지만 항상 '분노'를 느끼고 있었으며 그만큼 심리적 갈등이 있었음을 밝힌 것이다. 이 때문에 장훈은 현역 시절에 야구선수로서 활약을 하면 할수록 민족을 멸시하는 비난을 들어야만 했으며 때로는 괴한으로부터 피습을 당하기도 하였다. 그리고 이와 같은 경험은 장훈에게 많은 심리적 갈등을 만들었을 것이며 정도의 차이는 있지만 당시의 많은 재일코리안도 공감하는 이야기였을 것이다.

---

35) https://www.footballchannel.jp/2013/05/04/post4302/4/ 기사(2013年05月04日(Sat)8時21分配信).

재일코리안 선수들의 민족적 정체성이나 본명의 사용 또는 국적이나
귀화문제는 스포츠계의 다른 종목에서도 많은 에피소드를 남기고 있다.
일본 축구계에 지금의 J리그가 발족하기 전인 1950년대 60년대에 이미
재일코리안 축구선수들이 일본축구계의 주목을 받으며 활약하고 있었
다. 예를 들면 1958년에는 주오대학이 처음으로 전국대회 우승을 했을
때 활약한 김명식, 58년과 59년에 간사이학원대학을 천황배에서 연속 우
승을 이끈 공격수 이창석(李昌碩), 그리고 호세이대학의 강창윤, 릿교대
학의 안성기 등이 있었다. 특히 이창석은 당시 축구계에 최고의 선수로
그 무렵 일본 국가대표팀으로 발탁되어 활약하였고 나중에 일본축구협
회 명예회장을 역임한 가와후치 사부로(川淵三郎)로부터 극찬을 받은 선
수이다. 이창석은 많은 실업팀은 물론 다케노코시 시게마루(竹腰重丸)
당시 일본 국가대표팀 감독으로부터도 일본대표팀 합류를 권유받았다.
그러나 당시의 대부분의 일본 실업팀과 국가대표팀의 합류 조건은 이름
을 일본명으로 바꿀 것과 귀화를 전제로 한 것이었다. 그때마다 이창석
은 이들 팀의 조건을 모두 거부하였으며 결국 '재일조선인축구단'에 합류
하여 일본 전국을 돌며 기업팀, 지역선발팀, 대학팀 등과 경기를 펼쳤다.
이창석은 생전의 인터뷰에서 다음과 같이 이야기하였다.

나는 아버지에게 조선인으로서 긍지를 갖고 살아가라고 배웠다. 그래서 학
생 시절부터 이름도 계속해서 이창석을 사용했으며, 나 자신의 국적에도 신경
을 썼다. 그 때문에 차별을 받기도 했고 분노가 치밀었던 적도 많았지만 나
스스로 선택한 길을 후회하지는 않았다.[36]

이창석은 자신의 이름을 일본명으로 바꾸고 일본으로 귀화하여 일본

36) https://www.footballchannel.jp/2013/05/05/post4327/ 기사(2013年05月05日(Sun)9時55分配信).

사회에서 화려한 조명을 받을 수 있는 선택 대신 차별을 받더라도 자신의 본명과 민족적 아이덴티티를 지키려는 선택을 한 것이다. 이와 같은 선택은 비단 이창석만의 특별한 경우는 아닐 것이다. 자신의 본명과 민족적 아이덴티티를 지키기 위해 일본사회에서의 화려한 선수생활을 단념한 재일코리안 스포츠 선수는 이창석 외에도 적지 않을 것이다. 그리고 이러한 선택은 지금도 일본 스포츠계의 각 종목에서 활약하고 있는 재일코리안 선수들에게 갈등요소로 작용하고 있을 것이다. 그 대표적인 선수의 한 사람이 앞서 기술한 축구선수 이충성이라고 할 수 있다.

앞에서 살펴본 것처럼 이충성은 2004년에는 한국 U-19 국가대표팀에 합류했으며, 2007년에는 일본 올림픽대표팀(U-23) 합류에 앞서 이름을 리 다다나리(李忠成)로 바꾸고 일본으로 귀화를 선택하였다. 이 때문에 한국은 물론 재일코리안 사회에서도 그의 귀화에 대해 비난을 하거나 부정적인 의견이 비등하였다. 특히 현재까지도 귀화를 민족에 대한 배신행위로 규정하거나 악행으로 바라보는 일부의 사람들에게서는 마치 죄인을 다루듯 비난이 쏟아졌다. 그러나 일본으로 귀화를 선택한 재일코리안 스포츠 선수를 비난의 대상으로 삼는 것에 대해서는 분명 재고할 필요가 있다고 생각한다. 재일코리안 스포츠 칼럼니스트 신무광은 재일코리안 스포츠 선수들의 귀화문제에 대해 다음과 같이 기술하고 있다.

　　일본인들은 귀화의 무게나 심각함도 좀처럼 실감하기 힘들 것이라고 생각합니다. 그것은 당연하겠죠. 자기 나라에서 태어나 자랐기 때문에 자신의 민족성이나 귀속의식에 갈등하는 일은 없을 것이며, 나아가서 국가단위의 아이덴티티 크라이시스에 빠질 일도 없습니다. 다만 일본에서 재일코리안으로 태어난 우리들은 그 성장과정에서 항상 자신의 아이덴티티와 싸웁니다. 그 갈등 속에서 귀화라는 선택지도 생각하게 되지만, 좀처럼 결정하기 쉽지 않습니다. 그것은 한마디로는 도저히 설명할 수 없습니다. 이충성 선수도 그러했을

것이라고 생각합니다.[37]

신무광은 재일코리안의 귀화 문제는 단순한 국적취득의 문제가 아니라 당사자의 아이덴티티에 대한 끊임없는 갈등과 고뇌를 동반하는 복합적인 문제이며 쉽게 판단하거나 결정할 수 있는 문제가 아니라는 점을 지적하고 있다. 그와 함께 이충성의 귀화에 대해서도 공감을 표하고 있다. 실제로 이충성은 자신의 귀화와 관련해 많은 갈등과 고민을 거듭한 결과 어렵게 내린 결정이었다는 것을 밝히며 다음과 같이 이야기하고 있다.

일본에 귀화한 나의 결단에 찬반양론이 있다는 것을 알고 있습니다. 하지만 나는 나의 선택을 후회하지 않습니다. 재일코리안이라도 일본사회에서 공헌할 수 있다는 것을 증명하고 싶었고, 일본에 거주하는 재일코리안들에게 힘이 된다면 좋겠다고 생각해서 결단했습니다. 4세, 5세의 재일코리안 중에는 자신의 처지라고 할까, 자신이 코리안이라는 사실을 숨기고 있는 사람도 많습니다. 그렇게 부정적으로 생각하는 후배들에게 자신의 출신, 코리안으로서의 긍지를 가지고 긍정적으로 살아가자는 말을 하고 싶었기 때문에 귀화하더라도 이(李)라고 하는 이름은 끝까지 고집하였습니다. 이(李)라는 이름은 내가 코리안이라는 것을 나타내고 있으며, 귀화하더라도 이충성이라도 잘 할 수 있다는 것을 보여주고 싶다는 생각이 강했습니다. 내가 열심히 활약함으로써 사회에 무언가의 메시지를 전하고 싶었습니다.[38]

분명 이충성의 귀화는 일본, 한국, 재일코리안 사회 모두에 큰 파문을 일으킨 사건이었는지 모른다. 하지만 이충성의 귀화는 단지 자신의 성공과 영화를 위한 선택과는 다른 차원의 메시지를 담고 있었으며, 오히려 스스로의 민족적 아이덴티티는 더욱 강하게 지키고자 하였다는 것을 이

37) https://www.footballchannel.jp/2013/05/04/post4302/ 기사(2013年05月04日(Sat)8時21分配信).
38) https://www.footballchannel.jp/2013/05/05/post4327/ 기사(2013年05月05日(Sun)9時55分配信).

해할 수 있다.

재일코리안에게 있어서 일본에 귀화하는 문제는 당사자의 입장에서 보면 역사적인 문제를 담고 있는 문제이며, 그로 인해 적극적으로 논의하는 것조차 이루어지지 않았다. 그러나 현시점에서 재일코리안의 귀화는 단지 부정적인 의견으로 당사자를 비난할 만한 문제가 아니라 앞으로의 새로운 세대를 위해서라도 보다 폭넓은 시각으로 심층적인 논의가 필요한 문제가 아닐 수 없다. 특히 국적과 민족을 넘어 코리안계 일본인이라는 삶의 방식을 새롭게 모색한다는 차원에서도 귀화에 대한 시각의 변화는 절실하다고 판단된다.

5. 그 외의 주요 종목 재일코리안 스포츠 선수

종목	이름	출생 년도	활약내용
야구	이팔용 (후지모토 히데오)	1918년	부산 출신인 전 프로야구 선수, 코치, 감독, 해설사 등으로 활약하였다. 일본 프로야구사상 첫 퍼펙트게임 달성자로서 사상최연소 감독으로 역임하기도 하였다.
	긴죠 아키요	1945년	오사카부 출신인 재일코리안 2세인 전 프로야구 선수. 1966년 긴데츠 버펄로스에 입단하였으나, 제대로 된 출전기회를 부여받지 못하고, 외야수로서 1경기 출전하며, 1968년 은퇴했다.
	김일융 (니우라 히사오)	1951년	도쿄도 세타가야 구에서 출생하고 시즈오카 현에서 자랐으며 일본 프로 야구와 KBO 리그에서 뛰었던 한국계 일본인 투수이다. 귀화 전 한국명은 김일융(金日融)이며, 현재는 일본 후쿠오카 방송, 도호쿠 방송 야구 해설 위원, 한국 동아일보의 스포츠동아 일본 통신원으로 활동하고 있다.
	장명부 (후쿠시 히로아키)	1950년	돗토리현 출신인 재일코리언 프로야구 선수이다. 1969년 요미우리자이언츠로 입단하여 프로선수생활을 시작하였으며, 1983년에는 자신의 본명 장명부로 창설 2년차인 한국

종목	이름	출생년도	활약내용
			프로야구 삼미슈퍼스타스에 입단, 경이적인 성적으로 팀을 이끌었다. 그러나 1986년 빙그레 이글스(현 한화 이글스)로 이적하여 부진한 성적으로 이듬해 현역을 은퇴한다.
	강무지 (나카무라 다케시)	1967년	교토부 교토시 출신인 전 프로야구 선수, 현 프로야구 코치. 1984년 드래프트 1위로 쥬니치 드래곤스에 입단하면서, 요코하마 베이터스, 도호쿠 골덴이글스 등에서 활약하였다. 현 기아타이거즈 타격코치로 재임 중이다.
	이경일 (리 게이치)	1982년	오사카 출신인 전 프로야구 선수. 2000년 드레프트 8위로 요미우리 자이언츠에 입단하나 1군에 오르지 못하고 2004년 시즌 종료 후 현역을 은퇴하였다.
	유헌인 (가네토 노리히토)	1984년	효고현 아마가사키시 출신으로 재일코리언 3세로 대학교 3학년 때 일본으로 귀화했다. 2006년 대학, 사회인 드래프트에서 요미우리자이언츠에 입단. 현재 도호쿠 라쿠텐골덴이글스에 소속되어있다.
축구	박강조	1980년	효고현 출신으로 전 축구 선수(MF). 재일코리안 3세로서 1998년 J리그 교토퍼플상가에 입단하나 출장기회를 부여받지 못하고 1999년 해고당한다. 2000년에는 재일코리안으로서 K리그에서 경기하며, 동년 5월에는 한국 국가대표 축구선수로도 발탁되고, 시드니 올림픽 대표팀에도 선발된다. 2003년 자신의 연고지인 빗셀고베로 이적한다. 2007년에는 자신이 프로듀스하는 축구학교를 개설하기도 하며, 2008년 경기에서 전치 8개월이라는 큰 부상으로 재기가 불투명하였으나, 그해 11월에 복귀한다. 그러나 2009년 시즌부터 출전기회를 부여받지 못하고, 결국 2012년 12월 27일 돌연 현역은퇴를 발표한다.
	김명휘	1981년	효고현 출신으로 북한 국적을 보유한 전 프로축구 선수이다. 2011년 시즌을 끝으로 현역 은퇴를 발표했다.
	량용기	1982년	오사카부 센보쿠군 출신의 재일코리안 프로축구 선수(MF)이자, 북한 국가대표 축구선수이다. 프로축구선수라는 목표를 이루기 위해 대학으로 진학한 그는 실력을 인정받아 제프유나이티드이치하라, 가와사키프론타레에서 도전하나 계약을 선사시키지 못했다. 이때 J리그 데뷔를 포기하고 한국 K리그에서라도 데뷔를 노리고자 국적변경 신청을 하던 중, 고등학교 시절 감독의 추천으로 J2리그로 막 승격한 베가르타센다이에 연습생으로 입단, 프로계약을 일궈냈으며,

종목	이름	출생년도	활약내용
			이후 많은 경기에 출전하며, 2008~2009년 시즌에는 팀 주장 맡기도 하였으며, 현재도 현 소속팀에서 활약중이다.
	리한재	1982년	오카야마현 쿠라시키시 출신의 재일코리안 3세. 현 프로축구선수이자 북한 전 국가대표 프로축구선수이다(MF). 조선학교 출신으로 졸업과 동시에 2001년 J리그 산프레체 히로시마FC로 프로입단한 첫 선수이며, 2005년 북한 U-23대표 선수로도 발탁되어 부산아시아대회에도 출전했다. 2004년에는 북한 국가대표 축구 선수로도 발탁되며, 다양한 팀에서 활약하나 2017년 FC마치다세르비아에 소속되어 있다.
	리창강	1984년	아이치현 나고야시 출신의 재일코리안 3세인 아버지와 2세인 어머님에게서 자란 4세 프로축구 선수이다.(GK) 2009년 J리그 데뷔를 하면서 준수한 활약을 펼쳤으나, 2010년에 훈련중 부상을 입으면서 선수등록 말소 당한다. 현재 2012년부터는 코치로 재임 중에 있다.
	김영기	1985년	효고현 히메지시 출신인 프로축구 선수(GK). 본래 국적은 북한이었으나, 원정경기로 내한할 당시, 입국수속 절차가 복잡했던 것을 계기로 한국국적으로 변경한다. 대학 졸업 후 2007년 J2리그 쇼난벨마레에 입단, GK로서의 실력을 인정받아 2008년에는 전경기 출전했다. 그러나 2009년 개막 이전에 부상을 당하면서, 출전기회를 부여받지 못하게 되고, 이적을 거듭하며 활로를 모색하나, 2014년 AC나가노바르셀로에 이적 후 2016년 계약이 만료되어 퇴단한 상태이다.
	황성수	1987년	도쿄도 출신으로 재일코리안 프로축구 선수이다.(MF) 2010년 입단 쥬빌로이와타에 등록되었고, 2012년 첫 프로출전 한다. 또한 같은 해 처음으로 북한 국가대표 축구선수로 발탁되기도 한다. 2016년 현재 온센토리니타에 이적하여 현재 활약 중이다.
	손정륜	1991년	야마구치현 출신 프로축구 선수이다.(MF) 2013년에 에노파 야마구치에 완전 이적하였다.
복싱	김계덕	1957년	고베시 주오구 출신으로 재일코리안 3세인 전 프로복서이자 복싱 트레이너이다. 일본명 센리마 게이토쿠(千里馬 啓德)로 애칭은 천리마 계열으로 불리었다. 20세 때 고베권투회에 가입, 복싱을 시작하면서 21세에 프로데뷔 했다. 현역 시절부터 자신이 재일코리안임을 공언하였으며, 1983년 1월

종목	이름	출생년도	활약내용
			25일 일본 미들급 왕좌에 오르며, 2년간 5차 방어에 성공한다. 1984년 9월 15일 미국에서도 데뷔하여 승리를 거두며, 1985년 8월 23일에는 동양태평양 라이트헤비급 타이틀매치에 도전하였으나, 패하게 된다. 그 후 27세 현역 은퇴를 선언하고, 1986년 1월에 센리마고베복싱짐을 설립하여 후세대 양성을 위해 지도자로서 전환 복싱프로그램 해설자로서도 활약했다. 프로복싱전적 20전 12승(7KO) 8패
	홍창수	1974년	도쿄도 오타구 출신인 재일코리안 3세로서 1990년대~2000년대에 일본에서 활약한 전 남자 프로복서. 도쿄 조선고등고급학교를 졸업. 5세부터 15세에 이르기까지 부친의 도장에서 공수도를 배웠다. 경기 입장곡으로 '해안포병의 노래'(북한 군가)를 활용하였으며, 과거에는 북한 국적의 소유자였으나, 현재는 한국 국적으로 변경하였다. 1994년 9월 19일 오사카에서 프로데뷔 하였으며, 1996년 2월 18일에는 171cm 장신 이용한 아웃복서로서 전일본 플라이급 신인왕을 획득한다. 그 후 1999년 9월 17일 OPBG동양태평양 슈퍼플라이급 왕좌에 오르며 2차 방어에 성공한다. 2000년대 왕성한 활동을 벌이다가 2007년 은퇴를 발표했다.
	배재수	1978년	효고현 고베시 출신의 재일코리안 전 프로복서이다. 고베조선고급학교에서 복싱을 시작하여 3학년 때는 전국대회에서 좋은 성적을 거두었다. 졸업 후 센리바고베짐에 입문하고 1997년 12월 14일 프로데뷔 선수로서 활동하다가 2010년 7월 고베 롯코아일랜드에 Z복싱짐을 설립하고 현재 회장재임 중이다.
	이열리	1982년	오사카부 가도마시 출신인 재일코리언 전 프로복서이다. 제56대 일본 페더급왕자, 제30대 세계복싱연맹(WBA) 슈퍼밴덤급 왕좌, 제43대 동양태평양복싱연맹(OPBF) 동양태평양 페터급 왕좌이다. 2005년 9월 20일에 프로데뷔하였으며, 2013년에 이르기까지 프로복싱 통상 26전 20승(10KO) 4패 2무의 우수한 성적으로 활약하다가 은퇴하였다.
	김수연	1985년	아키타현 아키타시 출신으로 재일코리안 전 프로복서이다. 도호쿠조선초중고급학교 졸업. 카도에비호세키복싱짐 소속으로 제51대 일본 웰터급 왕좌에로 6차 방어에 성공했다. 2015년 11월 시점에서 6차 방어성공 횟수는 현역 왕좌최대기록으로서 동양태평양복싱연맹(OPBF) 웰터급 interim championship을 획득하고 있다. 2007년 7월 25일 프로데뷔를 시작으로

종목	이름	출생년도	활약내용
			프로통상 26전 24승(8KO) 2패를 기록하였으며, 2016년 9월 23일 자신의 공식블로그를 통해 현역에서 은퇴할 것을 표명했다.
	박태일	1985년	오사부 오사카시 출신 재일코리안 프로복서이다. 일본명 데이루 기노시타(帝里 木下)로 오른손잡이이면서도 왼손 복서이다. 제35대 일본 슈퍼플라이급 왕자에 오르며, 5차 방어에 성공하다. 현재 프로복싱 데뷔 이래 전적은 21전 19승(3KO) 1패 1무 우수한 성적을 거두고 있으며, 현재 센리마고베짐 소속이다.
프로레슬링	김일 (오키 긴타로)	1929년	전라남도 고흥군 금산면 출신인 프로레슬러이다. 그는 당시 영웅인 역도산을 동경하여, 1959년에 프로레슬러에 입문하고자 일본에 밀입국을 시도하다 체포당하나, 역도산이 그를 신변보호자로서 받아들여 같은 해 11월 프로레슬러로서 데뷔하게 된다. 1963년까지 일본뿐만 아니라 미국에서도 활약을 펼치나, 역도산이 세상을 떠나게 되면서 그의 뜻을 받들고자 한국에 귀국, 한국 프로레슬링 발전에 이바지하고자 노력했다.
	여건부 (호시노 간타로)	1943년	일본명은 호시노 다쓰오(星野 建夫)이며 효고현 고베시 출신으로 재일코리안 전 프로레슬러이다. 1961년 10월에 일본 프로레슬링에 입문하여 그해 12월에 데뷔한다. 1960~1970년대에 국내에서도 경기에 임하였으며, 한국 프로레슬링을 대표하는 아이콘으로도 널리 알려져 있다.
	표정덕 (타이거 도구치)	1948년	일본명은 도구치 마사노리(戸口 正德)이다. 도쿄 가츠시카구 출신으로 김일의 추천으로 1967년 3월 12일 일본 프로레슬링에 입문하게 된 재일코리안 2세 프로레슬러이다. 그는 1972년 미국으로 건너가 활약하였으며, 1976년 10월에 일시 귀국하여 일본 전일본 프로레슬링을 시작으로 일본에서 활발하게 활동한다.
	곽광웅 (조슈리키)	1951년	야마구치현 도쿠야마시 출신, 활동명 長州力(ちょうしゅうりき), 일본명 요시다 미츠오(吉田 光雄)로 재일코리안 2세 프로레슬러이다. 중등시절부터 아마츄어 레슬링 선수로서 일본국내 대회에서 우수한 성적을 걷었으며, 재일대한체육회의 소개로 뮌헨올림픽에 한국 레슬링대표로 선발되어 출전하기도 한다. 그 후, 신일본프로레슬링 본부장의 스카웃 제의로 1974년 프로레슬러에 전향하여, 활발하게 활동하다가 2011년에 은퇴한다. 현재도 트레이너로서 활약하고 있다.

종목	이름	출생 년도	활약내용
	김형호 (가네무라 고히로)	1970년	미에현 쓰시시 출신이다. 중학교시절부터 프로레슬링에 흥미를 갖게 되어 고등학교 시절 프로레슬링 경기에 출전하고자 도전하였으나, 신장이 작다는 이유로 불합격 판정을 받아 기회를 놓치는듯하나, 자신의 꿈을 포기하지 않고, 훈련에 매진한 결과, 1990년 12월 20일에 프로레슬러로서 데뷔한다. 1994년 3월 13일 경기를 끝으로 일시적으로 활동을 중단하나, 2002년 다시 링에 복귀하여 2015년 은퇴를 표명하기 전까지 1년간 가장 많은 경기에 출전한 선수로서도 유명하다.
	다카이와 다쓰히토	1972년	교토부 가메오카시 출신으로 자신 스스로가 재일코리안임을 밝힌 선수이다. 1992년 신일본프로레슬링 입단 테스트에 합격하여 데뷔하고, 그 후 지속적으로 다양한 경기에 출전하고 있으며, 블랙 타이거 마스크의 소유자로 알려져 있다.
	이재경	1989년	홋카이도 출신, 조선국적으로 활동명은 제이크 리(ジェイク・リー)이다. 2011년 전 일본 프로레슬링에 스카웃되면서 데뷔하였으며, 현재 활약 중인 선수이다.
공수도	강창수 (나카무라 히데오)	1913년	공수도권도회 초대회장
	최영의 (오야마 마쓰다쓰)	1923년	국제공수도연맹회장, 극진회관관장

1. 자료, 신문

『在日年鑑』

『朝聯文化』

『民主朝鮮』

『グランドオペラ 春香』(公演プログラムのパンフレット)

『동아일보』, 『매일신보』, 『민단신문』, 『연합뉴스』

『民青時報』, 『民青大阪』, 『解放新聞』, 『報知新聞』, 『朝日新聞』, 『読売新聞』, 『民衆新聞』, 『大衆新聞』, 『サッカーマガジン』, 『毎日新聞』

2. 단행본

강준식, 『최승희 평전』, 눈빛, 2012.

고두현, 『역도산 불꽃같은 삶』, 스크린 M＆B, 2004.

광주시립미술관, 『하정웅콜렉션 송영옥 탄생100년전 – 나는 어디에』, 2017.

구견서, 『일본영화의 시대성』, 제이앤씨, 2007.

栗田登, 윤덕주 역, 『인간 역도산』, 엔북, 2004.

국제고려학회 일본지부, 『재일코리안』, 선인, 2012.

김영희 · 김채원, 『전설의 무희 최승희』, 북페리타, 2014.

田中敬子, 한성례 역, 『내 남편 역도산』, 자음과 모음, 2004.

村松友視, 오석윤 역, 『조선청년 역도산』, 북＠북스, 2004.

민족미학연구소 역음,『姜理文 춤비평론1－한국 무용문화와 傳統』, 현대미학사, 2001.

서경식, 김혜신 역,『디아스포라의 기행－추방당한 자의 시선』, 돌베개, 2007.

서민호,『한국 현대 희곡사』, 고려대학교 출판부, 2004.

쓰카 고헤이,『딸에게 들려주는 조국』, 김은정 역, 이상북스, 2011.

예술의전당 토월극장,『야끼니꾸 드래곤』프로그램, 2011.

이순일, 육후연 역,『영웅 역도산』, 미다스북스, 2004.

이응수 외,『이야기 일본연극사』, 세종대학교출판부, 2011.

재일본대한체육회,『재일본대한체육회사』, 1992.

재일본대한체육회,『재일본대한체육회60년사 1953-2012』, 좋은땅, 2012.

재일본조선문학예술가동맹 미술부,『재일조선미술가화집』, 1962.

청암대학교 재일코리안연구소편,『재일코리안운동과 저항적 정체성』, 선인, 2016.

アリストテレス, 松本仁介訳,『詩学』, 岩波書店, 1997.

石井代蔵,『巨人の素顔』, 講談社, 1985.

呉圭祥,『ドキュメント在日本朝鮮人連盟1945-1949』, 岩波書店, 2009.

喜多由浩,『『イムジン河』物語 封印された歌の真実』, アルファベータブックス, 2016.

高嶋雄三郎,『崔承喜』, むくげ舎, 1981.

在日本朝鮮人体育連合会,『在日朝鮮人とスポーツ： 在日本朝鮮人体育連合会の50年』,
        在日本朝鮮人体育連合会 結成50周年記念実行委員会, 2004.

在日本朝鮮人連盟中央総本部文化部,『朝連資料第五集第二回全国文化部長会議録』, 1946.

在日本朝鮮人連盟中央総分部,「第十一回中央委員会議事録─文教局活動報告」, 1947.9.25.

鈴木道彦,『越境の時 1960年代と在日』, 集英社新書, 2007.

宋安鐘,『在日音楽100年』, 青土社, 2009.

曹龍達,『随筆春香伝 附オペラ台本』, 1948.

朝鮮民衆新聞社,『写真集 朝鮮開放1年』, 新幹社, 1994.

高木東六,『愛の夜想曲』, 講談社, 1985.

高木東六,『愛の夜想曲』, 日本図書センター, 2003.

白凛, 『在日朝鮮人美術史 1945-1962』, 明石書店, 2021.

朴慶植,『解放後在日朝鮮人運動史』, 三一書房, 1989.

朴慶植 編,『在日朝鮮人関係資料集成〈戦後編〉』第5巻, 不二出版, 2000.

松山猛, 『少年Mのイムジン河』, 木楽社, 2002.

山根俊郎, 『在日朝鮮人運動資料集1』, 長征社, 1990.

力道山, 『力道山自伝 空手チョップ世界を行く』, ベースボール · マガジン社, 1962.

3. 논문과 잡지 기사, 문서

공은아, 「다카기 도로꾸(高木東六)의 오페라 '춘향'」, 『음악학』 제8권, 한국음악학학
　　회, 2001.

권혁태, 「'재일조선인'과 한국사회 – 한국사회는 재일조선인을 어떻게 '표상'해왔는
　　가」, 『역사비평』 78권, 2007.

김명지, 「재일코리안 디아스포라 미술의 의의와 정체성 연구」, 전남대학교대학원
　　박사학위논문, 2013.

김병종, 「심의적 굴절양식의 여정 – 전화황화업50년전」, 『公間』, 1982.6.

김은영, 「디아스포라의 미술 – 재일조선인 작가를 중심으로」, 『도쿄 제9회 세계한
　　민족포럼논문집』, 전남대학교 세계한상문화연구단, 2008.

박동호, 「전후 일본영화에 나타난 재일조선인상」, 경상대학교대학원 박사학위논문,
　　2017.

이상우, 「월경하는 시선의 매력 – 정의신 연극과 「봄의 노래는 바다에 흐르고」」,
　　『봄의 노래는 바다에 흐르고』 프로그램, 남산예술센터, 2012.

이응수 · 윤석임 · 박태규, 「일본에서의 「春香伝」 수용 연구」, 『일본언어문화』 제19집,
　　한국일본언어문화학회, 2011.

정진세, 「동시대 재일한인연극 연구: 경계인의 형상화를 중심으로」, 한국예술종합
　　학교 예술전문사학위논문, 2013.

하정웅, 「구도의 예술 70년 재일교포 원로화가 전화황의 생애와 작품」, 『월간미술』,
　　1996.11.

한영혜, 「재일조선인 사회 민족무용의 전승과 아이덴티티」, 『일본비평』 창간호,
　　2009.

홍윤리, 「염원의 빛을 담은 예술가 전화황의 회화세계」, 『하정웅 콜렉션 특별전 염
　　원의 빛을 담은 예술가 – 전화황탄생100주년 기념전』, 광주시립미술관, 2009.

元容徳(在日朝鮮人連盟中央総本部文教部長),「"春香"の公演に際して」,『グランドオペ
　　ラ春香』(公演プログラムのパンフレット), 1948.

呉圭祥(在日朝鮮人歴史研究所研究部長),「＜解放5年, 同胞音楽事情―③＞地方巡演―
　　文化宣伝隊」,『朝鮮新報』, 2007년 8월 9일자.

川端康成,「舞姫崔承喜」,『文藝』, 1934.11.

金永吉,「「春香」上演に際して」,『随筆春香伝 附オペラ台本』, 曹龍達, 1948.

金永吉(永田絃次郎),「夢龍としての感想」,『グランドオペラ春香』(公演プログラムの
　　パンフレット), 1948.

金台俊,「「朝鮮小説史」から わが古典「春香伝」について」,『グランドオペラ春香』(公
　　演プログラムのパンフレット), 1948.

金理花,「在日朝鮮人運動における音楽活動―朝連文化部の事例から」,『日韓相互認
　　識」7号, 2016.

小林直弥,「崔承喜の足跡と創作舞踊への考察―中国と中央戯劇学院における資料を中
　　心に」,『日本大学芸術学部紀要』, 2008.

申鴻湜,「解説にかねて」,『グランドオペラ春香』(公演プログラムのパンフレット), 1948.

関忠亮,「オペラ"春香"のこと」,『テアトロ』第11巻第2号, カモミール社, 1949.

成恩暎,「終戦直後における在日朝鮮人の文化活動―在日朝鮮人連盟によるオペラ「春
　　香」の企画を中心に」,『年報地域文化研究』19, 東京大学大学院, 2010.

高木東六,「オペラ『春香』について 作曲者の言葉」,『グランドオペラ 春香』(公演プロ
　　グラムのパンフレット), 1948.

高木東六,「歌劇「春香」の作曲について」,『音楽芸術』第7巻第2号, 音楽之友社, 1949.

高柳俊男,「日本映画のなかの在日コリアン像」,『環 特集歴史のなかの在日』, 藤原書
　　店, 2002.

チャンソナ,「幻の名曲『イムジン河』の受難」,『文芸春秋』80(11), 2002.9.

外村大,「研究ノート 村山知義と朝鮮」, 한국민족운동사연구회 2005.10.

白凛,「解放後における在日朝鮮人美術」, 東京学芸大学, 修士学位論文, 2012.

服部瀧太郎,「上演を待たれる「春香」」,『グランドオペラ春香』(公演プログラムのパン
　　フレット), 1948.

韓吉彦,「朝鮮婦女解放運動の歴史的意義」,『民主朝鮮』第二巻第七号, 1947.1.

韓東渉,「解放女性의 길」,『朝聯文化』創刊号, 朝聯文化部, 1946.4.

藤井浩基,「高木東六作曲－歌劇〈春香〉の構想から完成まで」,『北東アジア文化研究』
　　　第11号, 鳥取短期大学, 2000.

朴貞順,「在日朝鮮同胞の民族舞踊を考える」,『朝鮮大学校学報』23권, 2013.

朴永泰,「朝鮮の女性」,『民主朝鮮』第一巻二号, 1946.5.

増井啓二,『日本オペラ史~1952』, 水曜社, 2003.

村山知義,「崔承喜讃」,『Sai Shoki Pamaphlet 1935 No.1』, 최승희무용연구소, 1935.11.

村山知義,「「春香伝」演出手帳」,『音楽芸術』第7巻第2号, 音楽之友社, 1949.

門間貴志,「朝鮮人と中国人のステレオタイプはいかに形成されたか」,『スクリーンの
　　　なかの他者』, 岩波書店, 2010.

山田耕作,「「春香」の初演に贐けて」,『グランドオペラ春香』(公演プログラムのパンフ
　　　レット), 1948.

梁仁實,「「やくざ映画における「在日」観」,『立命館産業社会論集』38(2), 2002.

李群生,「延安に戦へる 金命時女史会見記」,『民主朝鮮』第一巻二号, 1946.5.

李殷直,「春香伝과 朝鮮人民精神」,『朝聯文化』創刊号, 朝聯文化部, 1946.4.

李殷直,「春香伝과 朝鮮人民精神 (下)」,『朝聯文化』第2号, 朝聯文化部, 1946.

林光徹,「芸術と人民大衆－文化部活動報告に代えて」,『朝連文化』창간호, 1946.

4. 관련 사이트

건국고등학교 홈페이지(http://keonguk.ac.jp)

공정임,「극단 신주쿠양산박 김수진」인터뷰,『Bmnews』2007년 4월 19일 기사
　　　(http://www.newstage.co.kr)

광주시립미술관 하정웅미술관 홈페이지(http://artmuse.gwangju.go.kr)

극단 달오름 홈페이지(http://www.office-wink.com/tal-orum/kr/index.php)

대한체육회 홈페이지(https://www.sports.or.kr/index.do)

재일본조선인체육연합회 홈페이지(http://www.korea.co.jp/cheryon)

河鐘基, 在日と帰化 アイデンティティと格闘する在日フットボーラーの軌跡
　　　(https://www.footballchannel.jp/2013/05/04/post4302/4/)

찾아보기

【ㄱ】

『가극 춘향』 73, 74, 75, 76, 82, 90, 95

『GO』 148

고마쓰가와사건(小松川事件) 97, 98, 142

곽인식 21, 32, 33, 39, 48

귀화 204, 207, 208, 209, 211, 212, 213, 214

김수진 124, 127, 129, 148

김영길 60, 72, 74, 76, 78, 80, 85, 86, 87, 96

김희로사건 51, 97, 108

【ㄷ】

다카기 도로쿠(高木東六) 73, 74, 75, 76, 77, 78, 79, 80, 81, 82, 84, 85, 86, 87, 88, 89, 95, 96

동포위안대회 61, 62, 67, 69

『디어 평양』 149, 150

【ㅁ】

무라야마 도모요시(村山知義) 73, 76, 84, 85, 87, 91, 158

문승근 21, 50

문화공작대 66, 71, 122, 153

문화부활동보고 59, 61

【ㅂ】

『박치기』 97, 98, 101, 115, 148, 149

『밤을 걸고』 131, 148

배구자 151, 152

【ㅅ】

송영옥 21, 26, 29, 30, 42

쓰카 고헤이(つかこうへい) 124, 125, 126

【ㅇ】

안영학 204, 205

『야끼니꾸 드래곤』 128, 133, 134, 135

양영희 149

역도산 180, 188, 189, 190, 191, 192, 193, 194, 195, 196, 197, 198, 200, 201, 202, 209, 210

연립전 30, 31, 32, 33
유미리 124, 131, 132
이우환 39, 48, 50, 51
이중섭 22
이창석 211, 212
이충성 204, 207, 208, 212, 213
「임진강」 97, 98, 99, 100, 101, 102,
 103, 104, 105, 106, 107, 108, 109,
 110, 111, 112, 113, 114, 115

【ㅈ】
장훈 182, 202, 203, 204, 210
재일본대한체육회 176, 177, 178, 179,
 180, 181, 182, 183, 184
재일본조선예술협회 120
재일본조선인체육연합회 184, 185
재일본조선인체육협회 172, 173
재일본조선체육협회 173, 174, 175,
 176
재일조선미술가협회 27, 28, 36, 39
재일조선미술가화집 26, 28, 36, 38
재일조선미술회 26, 27, 28, 29, 30, 41
재일조선청년체육대회 184, 185
재일한국인체육대회 183
전화황 21, 26, 29, 30, 32, 33, 40
정대세 204, 205, 206, 207
정의신 124, 126, 127, 128, 129, 130,
 131, 134, 135, 147
『조련문화』 61, 63, 64, 79, 90, 92
조련문화부 58, 68, 79, 90, 92

조선독립축하음악대회 59, 61, 62
『조선미술』 30, 31, 33
조양규 21, 26, 29, 30, 45

【ㅊ·ㅍ】
최승희 139, 151, 152, 154, 155, 156,
 157, 158, 160, 161, 162, 163, 164
최양일 146, 147, 148
『피와 뼈』 128, 148, 149

【ㅎ】
하정웅 20, 21
한신교육투쟁기록화보 24, 25

황익구

청암대학교 재일코리안연구소 연구교수.
저서로는『交錯するの記憶－占領空間の文』(春風社, 2014),『異文化理解とパフォ マ ンス』(공저, 春風社, 2016),『재일코리안에 대한 인식과 담론』(공저, 도서출판 선 인, 2018),『재일코리안의 역사적 인식과 역할』(공저, 도서출판 선인, 2018),『일 제침략기 사진그림엽서로 본 제국주의의 프로파간다와 식민지 표상』(공저, 민속 원, 2019),『계몽의 기획과 신체』(공저, 도서출판 선인, 2019),『지식장의 변동과 공중위생』(공저, 도서출판 선인, 2021) 등이 있다. 논문으로는「식민지 초기 조 선의 위생풍속에 대한 식민권력의 이중성－미신담론을 중심으로」(『일본문화연 구』75호, 2020),「근대일본의 스포츠를 둘러싼 정치학과 식민지 조선－스포츠담 론의 행방과 '국민의 신체'」(『한일민족문제연구』40호, 2021) 등이 있다.